TÉCNICAS DE PESQUISA

O GEN | Grupo Editorial Nacional – maior plataforma editorial brasileira no segmento científico, técnico e profissional – publica conteúdos nas áreas de ciências sociais aplicadas, exatas, humanas, jurídicas e da saúde, além de prover serviços direcionados à educação continuada e à preparação para concursos.

As editoras que integram o GEN, das mais respeitadas no mercado editorial, construíram catálogos inigualáveis, com obras decisivas para a formação acadêmica e o aperfeiçoamento de várias gerações de profissionais e estudantes, tendo se tornado sinônimo de qualidade e seriedade.

A missão do GEN e dos núcleos de conteúdo que o compõem é prover a melhor informação científica e distribuí-la de maneira flexível e conveniente, a preços justos, gerando benefícios e servindo a autores, docentes, livreiros, funcionários, colaboradores e acionistas.

Nosso comportamento ético incondicional e nossa responsabilidade social e ambiental são reforçados pela natureza educacional de nossa atividade e dão sustentabilidade ao crescimento contínuo e à rentabilidade do grupo.

Marina de Andrade Marconi
Eva Maria Lakatos

TÉCNICAS DE PESQUISA

- Planejamento e execução de pesquisa
- Amostragens e técnicas de pesquisa
- Elaboração, análise e interpretação de dados

ATUALIZAÇÃO
João Bosco Medeiros

9ª EDIÇÃO

- O atualizador deste livro e a editora empenharam seus melhores esforços para assegurar que as informações e os procedimentos apresentados no texto estejam em acordo com os padrões aceitos à época da publicação, *e todos os dados foram atualizados pelo atualizador até a data da entrega dos originais à editora*. Entretanto, tendo em conta a evolução das ciências, as atualizações legislativas, as mudanças regulamentares governamentais e o constante fluxo de novas informações sobre os temas que constam do livro, recomendamos enfaticamente que os leitores consultem sempre outras fontes fidedignas, de modo a se certificarem de que as informações contidas no texto estão corretas e de que não houve alterações nas recomendações ou na legislação regulamentadora.

- Data do fechamento do livro: 18/01/2021

- O atualizador e a editora se empenharam para citar adequadamente e dar o devido crédito a todos os detentores de direitos autorais de qualquer material utilizado neste livro, dispondo-se a possíveis acertos posteriores caso, inadvertida e involuntariamente, a identificação de algum deles tenha sido omitida.

- Atendimento ao cliente: (11) 5080-0751 | faleconosco@grupogen.com.br

- Direitos exclusivos para a língua portuguesa
  Copyright © 2021, 2025 (3ª impressão) by
  Editora Atlas Ltda.
  Uma editora integrante do GEN | Grupo Editorial Nacional
  Travessa do Ouvidor, 11
  Rio de Janeiro – RJ – 20040-040
  www.grupogen.com.br

- Reservados todos os direitos. É proibida a duplicação ou reprodução deste volume, no todo ou em parte, em quaisquer formas ou por quaisquer meios (eletrônico, mecânico, gravação, fotocópia, distribuição pela Internet ou outros), sem permissão, por escrito, da Editora Atlas Ltda.

- Capa: Caio Cardoso
- Editoração de capa: Rejane Megale
- Editoração eletrônica: Set-up Time Artes Gráficas

- Ficha catalográfica

CIP-BRASIL. CATALOGAÇÃO NA PUBLICAÇÃO
SINDICATO NACIONAL DOS EDITORES DE LIVROS, RJ

M275t.
9. ed.

Marconi, Marina de Andrade
Técnicas de pesquisa / Marina de Andrade Marconi, Eva Maria Lakatos; atualização da edição João Bosco Medeiros. - 9. ed. – [3ª Reimpr.] - São Paulo : Atlas, 2025.

Inclui bibliografia e índice
ISBN 978-85-97-02659-7

1. Pesquisa - Metodologia. I. Lakatos, Eva Maria. II. Medeiros, João Bosco. III. Título.

21-68534
CDD: 001.42
CDU: 001.8

Meri Gleice Rodrigues de Souza - Bibliotecária - CRB-7/6439

*A meu filho Paulo,
minha neta Bruna
e meu neto Fernando*
M.A.M.

*A meu pai
Tibor Lakatos*
E.M.L.

Sumário

Prefácio da 9ª edição, xiii

1 Pesquisa, 1
   1   Conceitos e finalidades, 1
       1.1   Conceitos, 1
       1.2   Finalidades, 2
   2   Características, campos e tipos de pesquisa, 4
       2.1   Características, 4
            2.1.1   Procedimento sistematizado, 4
            2.1.2   Exploração técnica, sistemática e exata, 4
            2.1.3   Pesquisa lógica e objetiva, 4
            2.1.4   Organização quantitativa dos dados, 4
            2.1.5   Registro meticuloso e detalhado da pesquisa, 5
       2.2   Campo da pesquisa social, 5
       2.3   Tipos de pesquisa, 6
   3   Planejamento da pesquisa, 9
       3.1   Preparação da pesquisa, 10
            3.1.1   Decisão, 10
            3.1.2   Especificação de objetivos, 10
            3.1.3   Elaboração de um plano, 11
            3.1.4   Constituição de equipe de trabalho, 11
            3.1.5   Levantamento de recursos e cronograma, 11
       3.2   Fases da pesquisa, 11
            3.2.1   Escolha do tema, 11
            3.2.2   Levantamento de dados, 12
            3.2.3   Formulação do problema, 13
            3.2.4   Definição dos termos, 14
            3.2.5   Construção de hipóteses, 15
            3.2.6   Indicação de variáveis, 16
            3.2.7   Delimitação da pesquisa, 16
            3.2.8   Amostragem, 17
            3.2.9   Seleção de métodos e técnicas, 17

          3.2.10   Organização do instrumental de pesquisa, 18
          3.2.11   Teste de instrumentos e procedimentos, 19
   3.3   Execução da pesquisa, 19
          3.3.1   Coleta de dados, 19
          3.3.2   Seleção, codificação e tabulação dos dados, 20
          3.3.3   Análise e interpretação dos dados, 22
          3.3.4   Representação dos dados: tabelas, quadros e gráficos, 24
          3.3.5   Conclusões, 26
   3.4   Relatório, 26

2   Amostragem, 29
   1   Universo e amostra, 29
   2   Amostragem probabilista, 30
       2.1   Amostragem aleatória simples, 30
       2.2   Amostragem sistemática, 32
       2.3   Amostragem aleatória de múltiplo estágio, 32
       2.4   Amostragem por área, 33
       2.5   Amostragem por conglomerados ou grupos, 34
       2.6   Amostragem de vários degraus ou estágios múltiplos, 35
       2.7   Amostragem de fases múltiplas, multifásica ou em várias etapas, 36
       2.8   Amostragem estratificada, 37
       2.9   Amostra-tipo, amostra principal, amostra *a priori* ou amostra-padrão, 40
   3   Amostragem não probabilista, 41
       3.1   Amostra intencional, 42
       3.2   Amostra por *juris*, 42
       3.3   Amostra por tipicidade, 43
       3.4   Amostra por cotas, 43
   4   Resumo, 46
   5   Equiparação de grupos, 50

3   Técnicas de pesquisa, 53
   1   Conceito de técnica, 53
   2   Documentação indireta, 53
       2.1   Pesquisa documental, 53
            2.1.1   Fonte de documentos, 55
                  2.1.1.1   Arquivos públicos, 55
                  2.1.1.2   Arquivos particulares, 55
                  2.1.1.3   Fontes estatísticas, 56
            2.1.2   Tipos de documento, 57
                  2.1.2.1   Escritos, 57
                  2.1.2.2   Outros, 61
       2.2   Pesquisa bibliográfica, 63
            2.2.1   Tipos de fonte bibliográfica, 63
                  2.2.1.1   Imprensa escrita, 64

2.2.1.2 Meios audiovisuais, 64
2.2.1.3 Material cartográfico, 65
2.2.1.4 Publicações, 66
3 Documentação direta, 75
   3.1 Pesquisa de campo, 75
      3.1.1 Pesquisas quantitativas descritivas, 76
      3.1.2 Pesquisas exploratórias, 78
   3.2 Pesquisa experimental, 79
   3.3 Pesquisa-ação participativa, 80
   3.4 Pesquisa de laboratório, 82
4 Observação direta intensiva, 83
   4.1 Observação, 83
      4.1.1 Observação assistemática, 85
      4.1.2 Observação sistemática, 86
      4.1.3 Observação não participante, 86
      4.1.4 Observação participante, 86
      4.1.5 Observação individual, 87
      4.1.6 Observação em equipe, 87
      4.1.7 Observação na vida real, 88
      4.1.8 Observação em laboratório, 88
   4.2 Entrevista, 88
      4.2.1 Objetivos, 89
      4.2.2 Tipos de entrevista, 89
      4.2.3 Vantagens e limitações, 90
      4.2.4 Preparação da entrevista, 91
      4.2.5 Diretrizes da entrevista, 92
5 Observação direta extensiva, 94
   5.1 Questionário, 94
      5.1.1 Vantagens e desvantagens, 94
      5.1.2 Elaboração de questionário, 95
      5.1.3 Pré-teste, 96
      5.1.4 Classificação das perguntas, 97
         5.1.4.1 Perguntas abertas, 97
         5.1.4.2 Perguntas fechadas ou dicotômicas, 98
         5.1.4.3 Perguntas de múltipla escolha, 99
      5.1.5 Conteúdo, vocabulário, bateria, 104
      5.1.6 Deformação das perguntas, 105
      5.1.7 Ordem das perguntas, 109
   5.2 Formulário, 110
      5.2.1 Vantagens e desvantagens, 110
      5.2.2 Apresentação de formulário, 111
   5.3 Medidas de opinião e atitudes, 112
   5.4 Escalas, 113
6 Outras técnicas, 125
   6.1 Testes, 125

6.2 Sociometria, 126
6.3 Análise de conteúdo, 129
6.4 História de vida, 136
    6.4.1 Origem e conceito, 137
    6.4.2 Conceitos, 137
    6.4.3 Características, 137
    6.4.4 Importância, 138
    6.4.5 Fases da história de vida, 138
    6.4.6 Roteiro, 139
    6.4.7 Tema para pesquisa com história de vida, 139
6.5 História oral, 140
    6.5.1 Origem, 140
    6.5.2 Conceitos, 141
    6.5.3 Características, 141
    6.5.4 Críticas, 143
    6.5.5 Importância, 143
    6.5.6 Diretrizes da entrevista, 143
    6.5.7 Planejamento da pesquisa, 143
6.6 Técnicas de pesquisa mercadológica, 144

4 Organização dos dados coletados, 149
1 Estabelecimento de categorias, 149
2 Codificação, 151
    2.1 Classificação, 151
    2.2 Operações de código, 152
    2.3 Pré-codificação das perguntas, 153
    2.4 Código qualitativo, 154
    2.5 Validez da codificação, 156
3 Tabulação, 156
4 Distribuição de frequências, 161
    4.1 Classe de valores, 163
    4.2 Redução dos dados, 164

5 Análise e interpretação dos dados, 167
1 Introdução, 167
2 Medidas de posição, 167
    2.1 Dados não tabulados, 168
        2.1.1 Média ($\bar{X}$), 168
        2.1.2 Mediana (Md), 168
        2.1.3 Moda (Mo), 170
    2.2 Dados tabulados, 170
        2.2.1 Média aritmética, 170
        2.2.2 Mediana, 174
        2.2.3 Quartis, 175
        2.2.4 Decis, 179

    2.2.5 Percentis, 179
    2.2.6 Moda, 181
    2.2.7 Relações entre média aritmética, mediana e moda, 183
3 Medidas de dispersão (variabilidade), 185
  3.1 Amplitude total, 187
  3.2 Amplitude semiquartil (Q), 188
  3.3 Desvio-padrão (σ), 189
    3.3.1 Dados não tabulados, 189
    3.3.2 Dados tabulados, 190
4 Comparação de frequências, 194
  4.1 Razão, 194
  4.2 Proporção, 196
  4.3 Percentagem, 196
  4.4 Taxas, 202
    4.4.1 Taxa de natalidade (ou de fecundidade), 202
    4.4.2 Taxa de crescimento, 203
5 Apresentação dos dados, 204
  5.1 Série estatística, 204
    5.1.1 Série temporal, cronológica ou marcha, 204
    5.1.2 Série geográfica, territorial ou regional, 205
    5.1.3 Série categórica ou especificada, 206
    5.1.4 Série ordenada ou distribuição de frequências, 206
  5.2 Representação escrita, 207
  5.3 Semitabela, 207
  5.4 Tabela ou quadro, 207
    5.4.1 Elementos de uma tabela, 208
    5.4.2 Normas gerais de representação de tabelas, 210
    5.4.3 Tabelas complexas, 210
  5.5 Gráficos, 214
    5.5.1 Gráficos de base matemática, 215
    5.5.2 Gráficos de base não matemática, 225
  5.6 Construção de gráficos, 228
6 Teste de hipóteses como instrumental de validação da interpretação (estatística inferencial), 229
  6.1 Teste t de Student, 231
  6.2 Teste de χ^2 (qui quadrado), 233
7 Análise na pesquisa qualitativa: pesquisa social e estatística, 237

6 Trabalhos científicos, 241
1 Conceito e características, 241
2 Relatório, 242
  2.1 Estrutura do relatório, 243
    2.1.1 Comentário a elementos pré-textuais, 244
    2.1.2 Comentário a elementos textuais, 244
    2.1.3 Comentário a elementos pós-textuais, 247

2.2 Redação e estilo, 248
3 Relatório progressivo, 249
4 Trabalho de conclusão de curso, dissertação de mestrado, tese de doutorado, 250
    4.1 Trabalho de conclusão de curso (TCC), 252
        4.1.1 Conceito, 252
        4.1.2 Características, 253
        4.1.3 Comentário a alguns elementos da estrutura do TCC (monografia), 254
            4.1.3.1 Escolha do tema, 254
            4.1.3.2 Introdução, desenvolvimento, conclusão, 255
    4.2 Dissertação de mestrado, 256
    4.3 Tese de doutorado, 256
5 Artigo científico, 257
6 Resenha crítica, 259

7 **Apresentação de citações diretas e indiretas e elaboração de referências bibliográficas, 263**
    1 Citações diretas e indiretas, 263
        1.1 Citação direta, 263
        1.2 Citação indireta, 267
        1.3 Citação de citação, 268
        1.4 Supressão e acréscimo, 268
        1.5 Destaque, 269
        1.6 Sistemas de chamada, 269
    2 Prática de elaboração de referências bibliográficas, 276
        2.1 Livros, 277
        2.2 Parte de um livro (capítulo), 283
        2.3 Trabalhos acadêmicos: teses de doutorado e dissertações de mestrado, 284
        2.4 Artigos de periódicos (revistas), 285
        2.5 Artigos de jornais, 286
        2.6 Eventos, 287
        2.7 Referência legislativa, 288
        2.8 Jurisprudência, 289
        2.9 Documento audiovisual (filmes, vídeos), 290
        2.10 Documento sonoro, 291
        2.11 Documento iconográfico, 291
        2.12 Documento cartográfico, 291
        2.13 Correspondência, 292

Referências, 295

Índice remissivo, 309

Prefácio da 9ª edição

Como já anunciamos em edição anterior, também nesta edição estamos contando com atualizações realizadas pelo Prof. João Bosco Medeiros, especialista em metodologia científica, bem como nas normas da Associação Brasileira de Normas Técnicas (ABNT), três delas de grande interesse para este livro: a que trata de elaboração de referências bibliográficas (NBR 6023), a que regula as citações diretas e indiretas (NBR 10520) e a que cuida dos trabalhos acadêmicos (NBR 14724). Além de professor da área, ele é autor do livro *Redação científica* (13. ed., 2019) e coautor de *Metodologia científica na pesquisa jurídica* (9. ed., 2017), *Redação de artigos científicos* (2016), *Comunicação científica* (2008), *Redação técnica* (2010), *Manual para elaboração de referências bibliográficas* (2001). Como profissional de editoração, o Prof. João Bosco cuidou do texto de nossos livros desde a primeira edição.

Com o Prof. João Bosco mantivemos diálogo para aprimoramento da obra durante décadas: ele sugeria cortes, acréscimos, atualizações. Agora, assume nesta obra um trabalho ainda mais direto, responsabilizando-se por atualizações de conteúdo e bibliográficas.

Nesta edição, além de reescrever o capítulo 7, em virtude de alteração da NBR 6023, que trata de referências bibliográficas, ele ocupou-se com:

- Acertos ortográficos, pontuação, acentuação.
- Acertos gramaticais: concordância nominal e verbal, regência verbal e nominal.
- Supressão de textos.
- Supressão de marcas de subjetividade oriundas de adjetivos, advérbios modalizadores, aspas, destaques.
- Divisão de parágrafos.
- Junção de parágrafos.

- Acréscimo de textos.
- Reformulações parafrásticas de alguns textos.
- Apresentação de novas referências bibliográficas.
- Reformulação de título de capítulos e seções.
- Reestruturação das seções capitulares.

As alterações realizadas objetivaram atualizar a obra e oferecer aos leitores um livro que possa atender às suas necessidades de estudo e pesquisa na elaboração de textos de qualidade científica.

Marina de Andrade Marconi

1
Pesquisa

1 CONCEITOS E FINALIDADES

1.1 Conceitos

São inúmeros os conceitos sobre pesquisa; os estudiosos ainda não chegaram a um consenso sobre o assunto.

Segundo Asti Vera (1979, p. 9, 12), o "significado da palavra não parece ser muito claro ou, pelo menos, não é unívoco", pois há vários conceitos sobre pesquisa, nos diferentes campos do conhecimento humano. Entende ainda que o ponto de partida da pesquisa encontra-se no "problema que se deverá definir, examinar, avaliar, analisar criticamente, para depois ser tentada uma solução".

De acordo com o *Webster's International Dictionary,* pesquisa é uma indagação minuciosa ou exame crítico e exaustivo na procura de fatos e princípios; uma diligente busca para averiguar algo. Pesquisar não é apenas procurar a verdade; é encontrar respostas para questões propostas, utilizando métodos científicos.

Ander-Egg (1978, p. 28) vai além: para ele, a pesquisa é um "procedimento reflexivo sistemático, controlado e crítico, que permite descobrir novos fatos ou dados, relações ou leis, em qualquer campo do conhecimento". A pesquisa, portanto, é um procedimento formal, com método de pensamento reflexivo, que requer tratamento científico e se constitui no caminho para se conhecer a realidade ou para descobrir verdades parciais.

A pesquisa tem para Rummel (1977, p. 3) dois significados: em sentido amplo, engloba todas as investigações especializadas e completas; em sentido restrito, abrange os vários tipos de estudos e de investigações mais aprofundados.

Abramo (1979, p. 25) aponta a existência de dois princípios gerais, válidos na investigação científica, que podem ser assim sintetizados: "objetividade e sistematização de informações fragmentadas"; indica, ainda, princípios particulares: aqueles que são válidos para a pesquisa, em determinado campo do conhecimento, e os que dependem da natureza especial do objeto da ciência em pauta.

A pesquisa tem importância fundamental no campo das Ciências Sociais, principalmente na obtenção de soluções para problemas coletivos.

O desenvolvimento de um projeto de pesquisa compreende os seguintes passos:

a) Seleção do tema ou problema para a investigação.
b) Definição e diferenciação do problema.
c) Levantamento de hipóteses de trabalho.
d) Coleta, sistematização e classificação dos dados.
e) Análise e interpretação dos dados.
f) Relatório do resultado da pesquisa.

1.2 Finalidades

A finalidade da pesquisa é "descobrir respostas para questões, mediante a aplicação de métodos científicos", afirmam Selltiz, Jahoda, Deutsch e Cook (1965, p. 5). Esses métodos, mesmo que, às vezes, não obtenham respostas fidedignas, são os únicos que podem oferecer resultados satisfatórios ou de total êxito.

Para Trujillo Ferrari (1974, p. 171), uma pesquisa tem como objetivo "tentar conhecer e explicar os fenômenos que ocorrem no mundo existencial", ou seja, como esses fenômenos operam, qual a sua função e estrutura, quais as mudanças efetuadas, por que e como se realizam, e até que ponto podem sofrer influências ou ser controlados.

São duas as finalidades da pesquisa, para Bunge (1972, p. 9): "acumulação e compreensão" dos fatos levantados. Esse levantamento de dados se faz por meio de hipóteses precisas, formuladas e aplicadas sob a forma de respostas às questões (problema da pesquisa).

A pesquisa sempre parte de um tipo de problema, de uma interrogação. Dessa maneira, ela vai responder às necessidades de conhecimento de certo problema ou fenômeno. Várias hipóteses são levantadas e a pesquisa pode invalidá-las ou confirmá-las.

As finalidades da pesquisa apontadas por Trujillo Ferrari (1974, p. 173-174) são:

a) Pura: as pesquisas puras visam melhorar o conhecimento, pois permitem o desenvolvimento da metodologia, na obtenção de diagnósticos e estudos cada vez mais aprimorados dos problemas ou fenômenos.

Exemplo: Teoria da relatividade.

b) Prática: pesquisas práticas são aplicadas com determinado objetivo prático.

Exemplo: Aplicação da energia nuclear.

Selltiz, Jahoda, Deutsch e Cook (1965, p. 61) entendem que são finalidades das pesquisas:

a) Familiaridade em relação a certo fenômeno ou obtenção de novos esclarecimentos sobre ele, visando ao desenvolvimento de hipóteses ou à formulação de um problema preciso.
b) Exatidão na representação das características grupais, individuais ou de situações.
c) Frequência de um fenômeno ou de determinado tipo de relações.
d) Análise de hipóteses causais.

Os planos de pesquisa variam de acordo com sua finalidade.

Toda pesquisa deve basear-se em uma teoria, que serve como ponto de partida para a investigação bem-sucedida de um problema. A teoria, como instrumento de ciência que é, é utilizada para conceituar os tipos de dados a serem analisados. Para ser válida, deve apoiar-se em fatos observados e provados, resultantes da pesquisa. A pesquisa dos problemas práticos pode levar à descoberta de princípios básicos e, frequentemente, fornece conhecimentos que têm aplicação imediata.

2 CARACTERÍSTICAS, CAMPOS E TIPOS DE PESQUISA

2.1 Características

Tomando Best (1972, p. 8-9) como base, podem-se resumir as características da pesquisa da seguinte maneira:

2.1.1 Procedimento sistematizado

É aquele por meio do qual novos conhecimentos são coletados. A pesquisa não é apenas confirmação ou reorganização de dados já conhecidos ou escritos nem mera elaboração de ideias; ela exige comprovação e verificação. Dá ênfase ao descobrimento de princípios gerais, transcende as situações particulares e utiliza procedimentos de amostragem, para inferir algo para a totalidade ou conjunto da população.

2.1.2 Exploração técnica, sistemática e exata

O investigador, baseando-se em conhecimentos teóricos anteriores, planeja cuidadosamente o método a ser utilizado, formula problema e hipóteses, registra sistematicamente os dados e os analisa com a maior exatidão possível. Para efetuar a coleta dos dados, utiliza instrumentos adequados, bem como emprega todos os meios necessários, a fim de obter maior exatidão na observação humana, no registro e na comprovação de dados.

2.1.3 Pesquisa lógica e objetiva

Deve utilizar todas as provas possíveis para o controle dos dados coletados e dos procedimentos empregados. O investigador não se pode deixar envolver pelo problema; deve olhá-lo objetivamente, sem emoção. Não deve tentar justificar ou buscar somente os dados que confirmem suas hipóteses, mas comprovar, o que é mais importante do que justificar.

2.1.4 Organização quantitativa dos dados

Os dados devem ser, quanto possível, expressos em medidas numéricas. O pesquisador deve ser paciente e não ter pressa, pois as descobertas significativas resultam de procedimentos cuidadosos e não apressados. Isentando-se de fazer juízo de valor, deixa que os dados e a lógica levem à solução real, verdadeira.

2.1.5 Registro meticuloso e detalhado da pesquisa

Ao elaborar o texto da pesquisa ou relatório, faz-se referência à metodologia utilizada, assim como à bibliografia; a terminologia também deve ser cuidadosamente definida e os fatores limitativos apontados. Todos os resultados são registrados com a maior objetividade possível. Conclusões e generalizações devem ser feitas com precaução, levando-se em conta as limitações da metodologia, dos dados recolhidos e dos erros humanos de interpretação.

2.2 Campo da pesquisa social

A pesquisa social é um processo que utiliza metodologia científica, por meio da qual se podem obter novos conhecimentos no campo da realidade social. O *American Journal of Sociology* publicou um esquema organizado pela Sociedade Americana de Sociologia, indicando o campo que a pesquisa social abrange (ANDER-EGG, 1978, p. 30):

1. Natureza e personalidade humanas.
2. Povos e grupos culturais.
3. A família.
4. Organização social e instituição social.
5. População e grupos territoriais:
   a) Demografia e população.
   b) Ecologia.
6. A comunidade rural.
7. A conduta coletiva:
   a) Periódica.
   b) Recreação, comemorações, festivais.
8. Grupos antagônicos e associativos:
   a) Sociologia da religião.
   b) Sociologia da educação.
   c) Tribunais e legislação.
   d) Mudança social e evolução social.
9. Problemas sociais, patologia social e adaptações sociais:
   a) Pobreza e dependência.
   b) Crime e delinquência.

c) Saúde.

d) Enfermidade.

e) Higiene.

10. Teoria e métodos:

a) Estudo de casos individuais.

b) Teoria sociológica e histórica.

Esse esquema engloba, de forma geral, as instituições sociais, as áreas de cooperação e conflito, os problemas sociais. Todas as variedades das relações humanas estão incluídas no total dos problemas enfocados pela pesquisa social. Todavia, o esquema não está completo. Um dos aspectos não enfocados refere-se à comunicação e, especificamente, às medidas de opinião e atitudes.

2.3 Tipos de pesquisa

Os critérios para a classificação dos tipos de pesquisa variam de acordo com o enfoque dado pelo autor. A divisão obedece a interesses, condições, campos, metodologia, situações, objetivos, objetos de estudo etc.

Ander-Egg (1978, p. 33) apresenta dois tipos:

a) Pesquisa básica pura ou fundamental: procura o progresso científico, a ampliação de conhecimentos teóricos, sem a preocupação de utilizá-los na prática. É uma pesquisa formal, que tem em vista generalizações, princípios, leis. Tem por meta o conhecimento pelo conhecimento.

b) Pesquisa aplicada: caracteriza-se por seu interesse prático, isto é, que os resultados sejam aplicados ou utilizados, imediatamente, na solução de problemas que ocorrem na realidade.

Além dessas duas classificações, Best (1972, p. 12-13) acrescenta mais três:

a) Histórica: "descreve o que era". O processo focaliza quatro aspectos: investigação, registro, análise e interpretação de fatos ocorridos no passado, para, por meio de generalizações, compreender o presente e predizer o futuro.

b) Descritiva: "delineia o que é" e aborda também quatro aspectos: descrição, registro, análise e interpretação de fenômenos atuais, objetivando o seu funcionamento no presente.

c) Experimental: "descreve o que será" – quando há controle sobre determinados fatores; a importância encontra-se nas relações de causa e efeito.

Hymann (1967, p. 107-108) indica dois tipos:

a) Descritiva: simples descrição de um fenômeno.
b) Experimental: levantamentos explicativos, avaliativos e interpretativos, que têm como objetivos a aplicação, a modificação e/ou a mudança de alguma situação ou fenômeno.

Há os que a classificam em:

a) Individual: realizada apenas por um indivíduo.
b) Grupal: constituída por uma equipe formada por especialistas de vários campos do conhecimento humano.

Selltiz, Jahoda, Deutsch e Cook (1965, p. 61-62) apontam três esquemas:

a) Estudos formulativos, sistemáticos ou exploratórios: enfatizam a descoberta de ideias e discernimentos.
b) Estudos descritivos: descrevem um fenômeno ou situação, mediante um estudo realizado em determinado espaço-tempo.
c) Estudos de verificação de hipóteses causais: englobam a explicação científica e, em consequência, a sua previsão. A explicação pode levar à formulação de leis se a investigação atingir setores avançados.

Rummel (1972, p. 3) classifica as pesquisas em:

a) Pesquisa bibliográfica: utiliza materiais escritos.
b) Pesquisa de ciência da vida e ciência física (experimental): pode ser realizada no campo ou em laboratório.
c) Pesquisa social: visa melhorar a compreensão de ordem, de grupos, de instituições sociais e éticas.
d) Pesquisa tecnológica ou aplicada (prática): objetiva a aplicação dos tipos de pesquisa relacionados às necessidades imediatas dos diferentes campos da atividade humana.

Há, ainda, os que subdividem os tipos de pesquisa em:

a) Monodisciplinar: pesquisa realizada apenas em um campo do conhecimento científico.

b) Interdisciplinar: pesquisa em uma área de fenômenos estudados por investigadores de diferentes campos das Ciências Sociais: Antropologia Social, Economia Política, Psicologia Social, Socioeconomia etc. O problema pode ser enfocado de modo distinto, mas há uma correlação entre todos eles, por se tratar de um mesmo fenômeno (PARDINAS, 1977, p. 159).

Outros tipos de pesquisa podem ser encontrados, como o elaborado por Perseu Abramo (1979, p. 34-44), apresentado aqui de forma simplificada:

(1) Segundo os campos de atividade humana ou os setores do conhecimento:
  a) Monodisciplinares.
  b) Multidisciplinares.
  c) Interdisciplinares.
(2) Segundo a utilização dos resultados:
  a) Pura, básica ou fundamental.
  b) Aplicada.
(3) Segundo os processos de estudo:
  a) Estrutural.
  b) Histórico.
  c) Comparativo.
  d) Funcionalista.
  e) Estatístico.
  f) Monográfico.
(4) Segundo a natureza dos dados:
  a) Pesquisa de dados objetivos ou de fatos.
  b) Pesquisa subjetiva ou de opiniões e atitudes.
(5) Segundo a procedência dos dados:
  a) De dados primários.
  b) De dados secundários.
(6) Segundo o grau de generalização dos resultados:
  a) Censitária.
  b) Por amostragem (não probabilista ou aleatória).

(7) Segundo a extensão do campo de estudo:
   a) Levantamentos, sondagens, surveys etc.
   b) Pesquisas monográficas ou de profundidade.
(8) Segundo as técnicas e os instrumentos de observação:
   a) Observação direta (participante ou não participante).
   b) Observação indireta (consulta bibliográfica e documental, questionários e formulários, entrevistas, histórias de vida, biografias).
(9) Segundo os métodos de análise:
   a) Construção de tipos.
   b) Construção de modelos.
   c) Tipologias e classificações.
(10) Segundo o nível de interpretação:
   a) Pesquisa identificativa.
   b) Pesquisa descritiva.
   c) Pesquisa mensurativa.
   d) Pesquisa explicativa.

3 PLANEJAMENTO DA PESQUISA

Examinaremos a seguir três componentes da pesquisa:

1. Preparação da pesquisa
   a) Decisão.
   b) Especificação dos objetivos.
   c) Elaboração de um esquema.
   d) Constituição da equipe de trabalho.
   e) Levantamento de recursos e cronograma.
2. Fases da pesquisa
   a) Escolha do tema.
   b) Levantamento de dados.
   c) Formulação do problema.
   d) Definição dos termos.
   e) Construção de hipóteses.
   f) Indicação de variáveis.
   g) Delimitação da pesquisa.
   h) Amostragem.

i) Seleção de métodos e técnicas.
j) Organização do instrumental de observação.
k) Teste dos instrumentos e procedimentos.
3. Execução da pesquisa
   a) Coleta de dados.
   b) Elaboração dos dados.
   c) Análise e interpretação dos dados.
   d) Representação dos dados.
   e) Conclusões.
4. Relatório de pesquisa

3.1 Preparação da pesquisa

3.1.1 Decisão

É a primeira etapa de uma pesquisa, o momento em que o pesquisador toma a decisão de realizá-la, no interesse próprio, de alguém ou de alguma entidade, como, por exemplo, o Conselho Nacional de Desenvolvimento Científico e Tecnológico (CNPq).

Nem sempre é fácil determinar o que se pretende investigar, e a realização da pesquisa é ainda mais difícil, pois exige do pesquisador dedicação, persistência, paciência e esforço contínuo.

A investigação pressupõe uma série de conhecimentos anteriores e metodologia adequada.

3.1.2 Especificação de objetivos

Toda pesquisa deve ter um objetivo determinado para saber o que se vai procurar e o que se pretende alcançar. Deve partir, afirma Ander-Egg (1978, p. 62), "de um objetivo limitado e claramente definido, sejam estudos formulativos, descritivos, sejam de verificação de hipóteses".

O objetivo torna explícito o problema, aumentando os conhecimentos sobre determinado assunto. Para Ackoff (1975, p. 27), "o objetivo da ciência não é somente aumentar o conhecimento, mas o de aumentar as nossas possibilidades de continuar aumentando o conhecimento".

Para Cervo, Bervian e Silva (2014, p. 75), "os objetivos que se têm em vista definem a natureza do trabalho, o tipo de problema a ser selecionado, o material a coletar". Eles podem ser intrínsecos ou extrínsecos, teóricos ou práticos, gerais ou específicos, de curto ou de longo prazo.

Respondem às perguntas: *Por quê? Para quê? Para quem?*

3.1.3 Elaboração de um plano

Desde que se tenha tomado a decisão de realizar uma pesquisa, deve-se pensar na elaboração de um plano que poderá ser ou não modificado e que facilite a sua viabilidade. O plano auxilia o pesquisador a conseguir uma abordagem mais objetiva, imprimindo ordem lógica ao trabalho.

O plano consiste em elencar hierarquicamente, à semelhança de um sumário, os tópicos que serão objeto da pesquisa.

Para que as fases da pesquisa se processem normalmente, tudo deve ser bem estudado e planejado, inclusive a obtenção de recursos materiais, humanos e de tempo.

3.1.4 Constituição de equipe de trabalho

Esse é outro aspecto importante no início da pesquisa: engloba recrutamento e treinamento de pessoas, distribuição das tarefas ou funções, indicação de locais de trabalho e todo o equipamento necessário ao pesquisador.

A pesquisa também pode ser realizada apenas por uma pessoa.

Responde à pergunta: *Quem?*

3.1.5 Levantamento de recursos e cronograma

Quando a pesquisa é solicitada por alguém ou por alguma entidade, que vai patrociná-la, o pesquisador deverá fazer previsão de gastos, especificando cada um deles. Seria, portanto, um orçamento aproximado do montante (não rígido) de recursos necessários. Deve haver recursos financeiros para levar a cabo o estudo. Um cronograma, para executar a pesquisa em suas diferentes etapas, não poderá faltar.

Responde às perguntas: *Quanto? Quando?*

3.2 Fases da pesquisa

3.2.1 Escolha do tema

Tema é o assunto que se deseja estudar e pesquisar. O trabalho de definir adequadamente um tema pode, inclusive, perdurar por toda a pesquisa. Nesse caso, deverá ser frequentemente revisto.

Escolher um tema significa:

a) Selecionar um assunto de acordo com as inclinações, as possibilidades, as aptidões e as tendências de quem se propõe elaborar um trabalho científico.

b) Encontrar um objeto que mereça ser investigado cientificamente e que tenha condições de ser formulado e delimitado em função da pesquisa.

O assunto escolhido deve ser exequível e adequado em termos tanto dos fatores externos quanto dos internos ou pessoais.

A disponibilidade de tempo, o interesse, a utilidade e a determinação para se prosseguir o estudo, apesar das dificuldades, e levá-lo a cabo devem ser considerados. As qualificações pessoais, em termos de *background* da formação universitária, também são importantes.

A escolha de um assunto sobre o qual, recentemente, foram publicados estudos deve ser evitada, pois uma nova abordagem torna-se mais difícil. O tema deve ser preciso, bem determinado e específico.

Responde à pergunta: *O que será explorado?*

3.2.2 Levantamento de dados

Para a obtenção de dados, podem ser utilizados três procedimentos: pesquisa documental, pesquisa bibliográfica e contatos diretos.

A pesquisa bibliográfica é um apanhado geral sobre os principais trabalhos já realizados, revestidos de importância por serem capazes de fornecer dados atuais e relevantes relacionados com o tema. O estudo da literatura pertinente pode ajudar a planificação do trabalho, evitar duplicações e certos erros, e representa uma fonte indispensável de informações. Pode ainda orientar as indagações.

A soma do material coletado, aproveitável e adequado variará de acordo com a habilidade do investigador, de sua experiência e capacidade em descobrir indícios ou subsídios importantes para o seu trabalho.

Antes de iniciar qualquer pesquisa de campo, o primeiro passo é a análise minuciosa de todas as fontes documentais que sirvam de suporte à investigação projetada.

A investigação preliminar (estudos exploratórios) deve ser realizada por intermédio de dois recursos: documentos e contatos diretos.

Os principais tipos de documentos são:

a) Fontes primárias: dados históricos, bibliográficos e estatísticos; informações, pesquisas e material cartográfico; arquivos oficiais e particulares; registros em geral; documentação pessoal (diários, memórias, autobiografias); correspondência pública ou privada etc.
b) Fontes secundárias: imprensa em geral e obras literárias.

Contatos diretos, pesquisa de campo ou de laboratório, são realizados com pessoas que podem fornecer dados ou sugerir possíveis fontes de informações úteis.

A pesquisa bibliográfica e a de campo podem ser executadas concomitantemente.

3.2.3 Formulação do problema

Problema é uma dificuldade, teórica ou prática, no conhecimento de alguma coisa de real importância, para a qual se deve encontrar uma solução.

Definir um problema significa especificá-lo em detalhes precisos e exatos. Na formulação de um problema, deve haver clareza, concisão e objetividade. Esses requisitos facilitam a construção da hipótese central.

O problema deve ser levantado, formulado, de preferência em forma interrogativa e delimitado com indicação das variáveis que intervêm no estudo e de possíveis relações entre si.

É um processo contínuo de pensar reflexivo, cuja formulação requer conhecimentos prévios do assunto (materiais informativos), ao lado de uma imaginação criadora.

A proposição do problema é tarefa complexa, pois extrapola a mera identificação, exigindo os primeiros reparos operacionais: isolamento e compreensão dos fatores específicos que constituem o problema no plano de hipóteses e de informações.

A gravidade de um problema depende da importância dos objetivos e da eficácia das alternativas.

"A caracterização do problema define e identifica o assunto em estudo", ou seja, "um problema muito abrangente torna a pesquisa mais complexa"; quando "bem delimitado, simplifica e facilita a maneira de conduzir a investigação" (MARINHO, 1980, p. 55).

Uma vez formulado o problema, devem-se seguir as etapas previstas, para atingir o proposto.

O problema, antes de ser considerado apropriado, deve ser analisado sob o aspecto de sua valoração:

a) Viabilidade: pode ser eficazmente resolvido por meio da pesquisa.
b) Relevância: deve ser capaz de trazer conhecimentos novos.
c) Novidade: estar adequado ao estágio atual da evolução científica.
d) Exequibilidade: pode levar a uma conclusão válida.
e) Oportunidade: atender a interesses particulares e gerais.

Uma forma de conceber um problema científico é relacionar vários fatores (variáveis independentes) com o fenômeno em estudo.

O problema pode tomar diferentes formas, de acordo com o objetivo do trabalho. Pardinas (1977, p. 121-125) apresenta os seguintes tipos:

a) Problema de estudos acadêmicos: estudo descritivo, de caráter informativo, explicativo ou preditivo.
b) Problema de informação: coleta de dados a respeito de estruturas e condutas observáveis, dentro de uma área de fenômenos.
c) Problema de ação: campo de ação onde determinados conhecimentos são aplicados com êxito.
d) Investigação pura e aplicada: estuda um problema relativo ao conhecimento científico ou à sua aplicabilidade.

Podem chamar-se problemas de diagnóstico, de propaganda, de planificação ou de investigação.

Responde às perguntas: *O quê? Como?*

3.2.4 Definição dos termos

O objetivo principal da definição dos termos é torná-los claros, compreensivos, objetivos e adequados.

É importante definir todos os termos que possam dar margem a interpretações errôneas. O uso de termos apropriados, de definições corretas, contribui para a melhor compreensão da realidade observada.

Alguns conceitos podem estar perfeitamente ajustados aos objetivos ou aos fatos que eles representam. Outros, todavia, menos usados, podem oferecer ambiguidade de interpretação e ainda há aqueles que precisam ser compreendidos com um significado específico. Muitas vezes, as divergências de certas palavras ou expressões são devidas às teorias ou áreas do conhecimento que as enfocam sob diferentes aspectos. Por isso, os termos devem ser definidos, esclarecidos, explicitados.

Se o termo utilizado não condiz ou não satisfaz ao requisito que lhe foi atribuído, ou seja, não tem o mesmo significado intrínseco, causando dúvidas, deve ser substituído ou definido de forma que evite confusão de ideias.

O pesquisador não está precisamente interessado nas palavras, mas nos conceitos que elas indicam, nos aspectos da realidade empírica que elas mostram.

Há dois tipos de definições:

a) Simples: apenas traduz o significado do termo ou expressão menos conhecida.
b) Operacional: além do significado, ajuda, com exemplos, na compreensão do conceito, tornando clara a experiência no mundo extensional.

3.2.5 Construção de hipóteses

Hipótese é uma proposição que se faz na tentativa de verificar a validade de resposta existente para um problema. É uma suposição que antecede a constatação dos fatos e tem como característica uma formulação provisória. Deve ser testada para determinar sua validade. Correta ou errada, de acordo ou contrária ao senso comum, a hipótese sempre conduz a uma verificação empírica.

A função da hipótese, na pesquisa científica, é propor explicações para certos fatos e, ao mesmo tempo, orientar a busca de outras informações.

A clareza da definição dos termos da hipótese é condição de importância fundamental para o desenvolvimento da pesquisa.

Praticamente, não há regras para a formulação de hipóteses de trabalho de pesquisa científica, mas é necessário que haja embasamento teórico e que ela seja formulada de tal maneira que possa servir de guia na tarefa da investigação.

Os resultados finais da pesquisa poderão comprovar ou rejeitar as hipóteses; neste caso, podem ser reformuladas e outros testes terão de ser realizados para sua comprovação.

Na formulação de hipóteses úteis, há três dificuldades principais, apontadas por Goode e Hatt (1969, p. 75):

(a) Ausência ou o desconhecimento de um quadro de referência teórico claro.
(b) Falta de habilidade para utilizar logicamente esse esquema teórico.

(c) Desconhecimento das técnicas de pesquisa existentes para ser capaz de expressar adequadamente a hipótese.

No início de qualquer investigação, devem-se formular hipóteses, embora, nos estudos de caráter meramente exploratório ou descritivo, seja dispensável sua explicitação formal. A utilização de uma hipótese é necessária para que a pesquisa apresente resultados úteis, ou seja, atinja níveis de interpretação mais altos.

3.2.6 Indicação de variáveis

Ao colocar o problema e a hipótese, deve-se também fazer a indicação das variáveis dependentes e independentes. Elas devem ser definidas com clareza e objetividade e de forma operacional.

Todas as variáveis que possam interferir ou afetar o objeto em estudo devem ser não só levadas em consideração, mas também devidamente controladas, para impedir comprometimento ou risco de invalidar a pesquisa.

3.2.7 Delimitação da pesquisa

Delimitar a pesquisa é estabelecer limites para a investigação. A pesquisa pode ser limitada em relação:

a) Ao assunto, selecionando um tópico, a fim de impedir que se torne ou muito extenso ou muito complexo.

b) À extensão, porque nem sempre se pode abranger todo o âmbito no qual o fato se desenrola.

c) A uma série de fatores (como meios humanos, econômicos e de exiguidade de prazo) que podem restringir o seu campo de ação.

Nem sempre há necessidade de delimitação da pesquisa, pois o próprio assunto e seus objetivos podem estabelecer limites.

Ander-Egg (1978, p. 67) apresenta três níveis de limites, quanto:

a) Ao objeto, que consiste na escolha de maior ou menor número de variáveis que intervêm no fenômeno a ser estudado. Selecionado o objeto e seus objetivos, estes podem condicionar o grau de precisão e especialização do objeto.

b) Ao campo de investigação, que abrange dois aspectos: limite no tempo, quando o fato deve ser estudado em determinado momento, e limite no espaço, quando deve ser analisado em certo lugar. Trata-se evidentemente da indicação do quadro histórico e geográfico em cujo âmbito se localiza o assunto.

c) Ao *nível de investigação,* que engloba três estágios: exploratórios, de investigação e de comprovação de hipóteses, já referidos anteriormente. Cada um deles exige rigor e refinamento metodológico.

Após a escolha do assunto, o pesquisador pode decidir ou pelo estudo de todo o universo da pesquisa, ou apenas sobre uma amostra. Na impossibilidade de pesquisar todos os indivíduos do grupo ou da comunidade que deseja estudar, devido à escassez de recursos ou à premência do tempo, utiliza uma amostragem, que consiste em obter um juízo sobre o total (universo), mediante a compilação e exame de apenas uma parte, a amostra, selecionada por procedimentos científicos.

O valor desse sistema vai depender de:

a) A amostra ser suficientemente representativa ou significativa.
b) A amostra conter todos os traços característicos numa proporção relativa ao total do universo.

3.2.8 Amostragem

A amostra é uma parcela convenientemente selecionada do universo (população); é um subconjunto do universo.

Os processos pelos quais se determina a amostragem são descritos em detalhe no Capítulo 2 deste livro.

3.2.9 Seleção de métodos e técnicas

Os métodos e as técnicas a serem empregados na pesquisa científica podem ser selecionados desde que se estabelece o problema a ser resolvido, a formulação das hipóteses e a delimitação do universo ou da amostra.

A seleção do instrumental metodológico está, portanto, diretamente relacionada com o problema a ser estudado. A escolha dependerá dos vários fatores relacionados com a pesquisa, ou seja, a natureza dos fenômenos, o objeto da pesquisa, os recursos financeiros, a equipe humana e outros elementos que possam surgir no campo da investigação.

Tanto os métodos quanto as técnicas devem adequar-se ao problema a ser estudado, às hipóteses levantadas que se queira confirmar, ao tipo de informantes com que se vai entrar em contato.

Nas investigações, em geral, nunca se utiliza apenas um método ou uma técnica e nem somente aqueles conhecidos, mas todos os que forem necessários ou apropriados para determinado caso. Na maioria das vezes, há uma combinação de dois ou mais deles, usados concomitantemente.

3.2.10 Organização do instrumental de pesquisa

A elaboração ou organização dos instrumentos de investigação necessita de tempo; é uma etapa importante no planejamento da pesquisa.

Em geral, as obras sobre pesquisa científica oferecem esboços práticos que servem de orientação na montagem dos formulários, questionários, roteiros de entrevistas, escalas de opinião ou de atitudes e outros aspectos, além de dar indicações sobre o tempo e o material necessários à realização de uma pesquisa.

Ao se falar em organização do material de pesquisa, dois aspectos devem ser apontados:

a) Organização do material para investigação, anteriormente referido.
b) Organização do material de investigação, que seria o arquivamento de ideias, reflexões e fatos que o investigador vem acumulando no transcurso de sua vida.

Iniciadas as tarefas de investigação, é necessário preparar não só os instrumentos de observação, mas também o dossiê de documentação relativo à pesquisa: pastas, cadernos, livretos, principalmente fichários.

Lebret (1961, p. 100) indica três tipos de fichários:

a) De pessoas visitadas ou entrevistadas, ou que se pretende visitar, com alguns dados essenciais.
b) De documentação, em que aparecem os documentos já lidos, ou a serem consultados, com as devidas referências;
c) Dos indivíduos pesquisados, ou objetos de pesquisa, vistos em sentido estatístico: pessoas, famílias, classes sociais, indústrias, comércios, salários, transportes etc.

O arquivo deve conter também, cuidadosamente organizados, resumos de livros, recortes de periódicos, notas e outros materiais necessários à ampliação de conhecimentos.

3.2.11 Teste de instrumentos e procedimentos

Elaborados os instrumentos de pesquisa, o procedimento mais utilizado para averiguar a sua validade é o teste preliminar ou pré-teste. Consiste em testar os instrumentos da pesquisa sobre uma pequena parte da população do universo ou da amostra, antes de ser aplicado definitivamente, a fim de evitar que a pesquisa chegue a um resultado falso. Seu objetivo, portanto, é verificar até que ponto esses instrumentos têm realmente condições de garantir resultados isentos de erros.

Em geral, é suficiente realizar a mensuração em 5% ou 10% do tamanho da amostra, dependendo do número absoluto dos processos mensurados.

Deve ser aplicado por investigadores experientes, capazes de determinar a validez dos métodos e dos procedimentos utilizados.

Nem sempre é possível prever todas as dificuldades e problemas decorrentes de uma pesquisa que envolva coleta de dados. Questionários podem não funcionar; as perguntas podem ser subjetivas, mal formuladas, ambíguas, de linguagem inacessível; os respondentes podem reagir negativamente, ou se mostrar equívocos; a amostra pode ser inviável (grande ou demorada demais). Assim, a aplicação do pré-teste poderá evidenciar possíveis erros e possibilitar a reformulação do questionário definitivo.

Para que o estudo ofereça boas perspectivas científicas, certas exigências devem ser levadas em consideração: fidelidade da aparelhagem, precisão e consistência dos testes; objetividade e validez das entrevistas e dos questionários ou formulários; critério de seleção da amostra.

O pré-teste pode ser aplicado a uma amostra aleatória representativa ou intencional. Quando aplicado com muito rigor, dá origem ao que se designa por pesquisa-piloto.

3.3 Execução da pesquisa

3.3.1 Coleta de dados

Etapa da pesquisa em que se inicia a aplicação dos instrumentos elaborados e das técnicas selecionadas, para recolher os dados previstos.

É tarefa cansativa e toma, quase sempre, mais tempo do que se espera. Exige do pesquisador paciência, perseverança e esforço pessoal, além do cuidadoso registro dos dados e de um bom preparo anterior.

Outro aspecto importante é o perfeito entrosamento das tarefas organizacionais e administrativas com as científicas, obedecendo aos prazos estipulados, aos orçamentos previstos, ao preparo do pessoal. Quanto mais planejamento for feito previamente, menos desperdício de tempo haverá no trabalho de campo propriamente dito, facilitando a etapa seguinte.

O rigoroso controle na aplicação dos instrumentos de pesquisa é fator fundamental para evitar erros e defeitos resultantes de entrevistadores inexperientes, ou de informantes tendenciosos.

São vários os procedimentos para a realização da coleta de dados, que variam de acordo com as circunstâncias, ou com o tipo de investigação. Em linhas gerais, as técnicas de pesquisa são:

a) Coleta documental.
b) Observação.
c) Entrevista.
d) Questionário.
e) Formulário.
f) Medidas de opiniões e de atitudes.
g) Técnicas mercadológicas.
h) Testes.
i) Sociometria.
j) Análise de conteúdo.
k) História de vida.

Estas técnicas serão vistas, em detalhes, no capítulo seguinte.

3.3.2 Seleção, codificação e tabulação dos dados

Após a coleta de dados realizada de acordo com os procedimentos indicados anteriormente, eles são elaborados e classificados de forma sistemática. Antes da análise e interpretação, os dados devem seguir os seguintes passos: seleção, codificação, tabulação.

A. Seleção

É o exame minucioso dos dados. De posse do material coletado, o pesquisador deve submetê-lo a uma verificação crítica, a fim de detectar falhas ou erros, evitando informações confusas, distorcidas, incompletas, que podem prejudicar o resultado da pesquisa.

Muitas vezes, o pesquisador, não sabendo quais aspectos são mais importantes, registra grande quantidade de dados; outras vezes, talvez por instruções mal compreendidas, os registros ficam incompletos, sem detalhes suficientes. A seleção cuidadosa de dados pode apontar tanto o excesso como a falta de informações. Neste caso, a volta ao campo, para reaplicação do instrumento de observação, pode sanar tais falhas. A seleção concorre também para evitar posteriores problemas de codificação.

B. Codificação

É a técnica operacional utilizada para categorizar os dados que se relacionam. Mediante a codificação, os dados são transformados em símbolos, podendo ser tabelados e contados.

A codificação divide-se em duas partes: (1) classificação dos dados, agrupando-os sob determinadas categorias; (2) atribuição de um código, número ou letra, tendo cada um deles um significado. Codificar quer dizer transformar o que é qualitativo em quantitativo, para facilitar não só a tabulação dos dados, mas também sua comunicação.

A técnica da codificação não é automática, pois exige certos critérios ou normas por parte do codificador, que pode ser ou não o próprio pesquisador.

C. Tabulação

É a disposição dos dados em tabelas, possibilitando mais facilidade na verificação das inter-relações entre eles. É uma parte do processo técnico de análise estatística, que permite sintetizar os dados de observação conseguidos pelas diferentes categorias e representá-los graficamente. Dessa forma, podem ser mais bem compreendidos e interpretados mais rapidamente.

Os dados são classificados pela divisão em subgrupos e reunidos de modo que as hipóteses possam ser comprovadas ou refutadas.

A tabulação pode ser feita à mão ou à máquina. Em projetos menos ambiciosos, geralmente se utiliza a técnica de tabulação manual, que requer menos tempo e esforço, lida com pequeno número de casos e com poucas tabulações mistas e é menos dispendiosa. Em estudos mais amplos, com números de casos ou de tabulações mistas bem maiores, o emprego do computador é o indicado:

economiza tempo, esforço, diminui as margens de erro e, nesse caso, fica mais econômico (ver seção 3 do Capítulo 4).

3.3.3 Análise e interpretação dos dados

Uma vez manipulados os dados e obtidos os resultados, o passo seguinte é a análise e interpretação destes, constituindo-se ambas no núcleo central da pesquisa (ver o Capítulo 5, que aborda minuciosamente a análise e interpretação dos dados).

Para Best (1972, p. 152), a análise e interpretação dos dados "representa a aplicação lógica, dedutiva e indutiva, do processo de investigação". A importância dos dados está não neles mesmos, mas no fato de proporcionarem respostas às investigações.

Análise e interpretação são duas atividades distintas, mas estreitamente relacionadas e, como processo, envolvem duas operações, que serão vistas a seguir.

A. Análise (ou explicação)

É a tentativa de evidenciar as relações existentes entre o fenômeno estudado e outros fatores. Essas relações podem ser "estabelecidas em função de suas propriedades relacionais de causa-efeito, produtor-produto, de correlações, de análise de conteúdo etc." (TRUJILLO FERRARI, 1974, p. 178) (ver Capítulo 5).

Em síntese, a elaboração da análise, propriamente dita, é realizada em três níveis:

a) Interpretação: verificação das relações entre as variáveis independente e dependente, e da variável interveniente (anterior à dependente e posterior à independente), a fim de ampliar os conhecimentos sobre o fenômeno (variável dependente).

b) Explicação: esclarecimento sobre a origem da variável dependente e necessidade de encontrar a variável antecedente (anterior às variáveis independente e dependente).

c) Especificação: explicitação sobre até que ponto as relações entre as variáveis independente e dependente são válidas (como, onde e quando).

Na análise, o pesquisador entra em mais detalhes sobre os dados decorrentes do trabalho estatístico, a fim de conseguir resposta para suas indagações, e procura estabelecer as relações necessárias entre os dados obtidos e as hipóteses formuladas. Estas são comprovadas ou refutadas, mediante a análise.

B. Interpretação

É a atividade intelectual que procura dar significado mais amplo às respostas, vinculando-as a outros conhecimentos. Em geral, a interpretação significa a exposição do verdadeiro significado do material apresentado, em relação aos objetivos propostos e ao tema. Esclarece não só o significado do material, mas também faz ilações mais amplas dos dados discutidos.

Na interpretação dos dados da pesquisa, é importante que eles sejam colocados de forma sintética e de maneira clara e acessível.

Dois aspectos são importantes:

a) Construção de tipos, modelos, esquemas. Após os procedimentos estatísticos, realizados com as variáveis, e a determinação de todas as relações permitidas ou possíveis, de acordo com a hipótese ou problema, é chegado o momento de utilizar os conhecimentos teóricos, a fim de obter os resultados previstos.

b) Ligação com a teoria. Esse problema aparece desde o momento inicial da escolha do tema. É de ordem metodológica e pressupõe definição em relação às alternativas disponíveis de interpretação da realidade social.

Para proceder à análise e interpretação dos dados, devem-se levar em consideração dois aspectos: (1) planejamento bem elaborado da pesquisa, para facilitar a análise e a interpretação; (2) complexidade ou simplicidade das hipóteses ou dos problemas, que requerem abordagem adequada, mas diferente; a primeira exige mais tempo, mais esforço e é mais difícil de ser verificada; na segunda, ocorre o contrário.

Mesmo com dados válidos, é a eficácia da análise e da interpretação que determinará o valor da pesquisa.

Best (1972, p. 150-152) aponta alguns aspectos que podem comprometer o êxito da investigação:

a) Confusão entre afirmações e fatos. As afirmações devem ser comprovadas, tanto quanto possível, antes de serem aceitas como fatos.

b) Incapacidade de reconhecer limitações tanto em relação ao grupo quanto pelas situações, ou seja, tamanho, capacidade de representação e a própria composição, que pode levar a resultados falsos.
c) Tabulação descuidada ou incompetente realizada sem os cuidados necessários, apresentando, por isso, traços mal colocados, somas equivocadas etc.
d) Procedimentos estatísticos inadequados levam a conclusões sem validade, em consequência de conhecimentos errôneos ou limitações nesse campo.
e) Erros de cálculo podem ocorrer em virtude de se trabalhar com um número considerável de dados e de se realizarem muitas operações.
f) Defeitos de lógica, falsos pressupostos, podem levar a analogias inadequadas, a confusões entre relação e causa e/ou à inversão de causa e efeito.
g) Parcialidade inconsciente do investigador de deixar-se envolver pelo problema, inclinando-se mais à omissão de resultados desfavoráveis à hipótese e enfatizando mais os dados favoráveis.
h) Falta de imaginação, que impede a descoberta de dados significativos e/ou a capacidade de generalizações, sutilezas que não escapariam a um analista mais sagaz. A imaginação, a intuição e a criatividade podem auxiliar o pesquisador, quando bem treinadas.

3.3.4 Representação dos dados: tabelas, quadros e gráficos

A. Tabelas

É um método estatístico sistemático de apresentar os dados em colunas verticais ou fileiras horizontais, que obedece à classificação dos objetos ou materiais da pesquisa.

É bom auxiliar na apresentação dos dados, uma vez que facilita, para o leitor, a compreensão e a interpretação rápida da massa de dados; com apenas uma olhada, poderá apreender importantes detalhes e relações. Todavia, seu propósito mais importante é ajudar o investigador na distinção de diferenças, semelhanças e relações, pela clareza e destaque que a distribuição lógica e a apresentação gráfica oferecem às classificações.

Quanto mais simples for a tabela, concentrando-se sobre limitado número de ideias, melhor: ela fica mais clara, mais objetiva. Quando são muitos os dados, é preferível utilizar um número maior de tabelas, para não reduzir o seu valor interpretativo.

O que caracteriza a boa tabela é a capacidade de apresentar ideias e relações independentemente do texto de informações.

Constituem regras para a utilização das tabelas: (1) no texto, a tabela deve identificar-se pela palavra escrita com letra maiúscula, seguida de um algarismo arábico correspondente; (2) o título é colocado dois espaços abaixo da palavra TABELA e é ordenado em forma de pirâmide invertida, não se usando pontuação terminal; (3) o título principal deve ser curto, indicando claramente a natureza dos dados apresentados; esporadicamente, pode aparecer um subtítulo.

A fonte dos dados, representados na ilustração, deve ser posta abaixo da tabela, com nome do autor, ano de publicação, página.

Tabelas e quadros não são sinônimos:

- **Tabela** apresenta informações tratadas de forma estatística (ver IBGE, 1993). Para a NBR 14724, é uma ilustração com dados elaborados segundo cálculos estatísticos. Consiste em um cruzamento de conceitos (palavras) e números para explicar uma ideia (cf. TOMASI; MEDEIROS, 2008, p. 13).
- **Quadro** é definido na seção 4.2.2.2 da NBR 12256 como "apresentações de tipo tabular que não emprega dados estatísticos". Tanto os quadros como as tabelas "são numerados, consecutiva e independentemente, em algarismos arábicos".

B. Gráficos

São figuras que servem para a representação dos dados. O termo é usado para grande variedade de ilustrações: gráficos, esquemas, mapas, diagramas, desenhos etc.

Os gráficos, utilizados com habilidade, podem evidenciar aspectos visuais dos dados, de forma clara e de fácil compreensão. Em geral, são empregados para dar destaque a certas relações significativas. A representação dos resultados estatísticos com elementos geométricos permite uma descrição imediata do fenômeno.

Existem numerosos tipos de gráficos estatísticos, mas todos eles podem formar dois grupos:

a) Gráficos informativos, que são os que objetivam dar ao público ou ao investigador um conhecimento da situação real, atual, do problema estudado. Devem ser feitos com cuidados tais que o desenho impressione bem, tenha algo de atraente; esse cuidado artístico, porém, não deve ser exagerado a ponto de prejudicar o observador na apreensão fácil dos dados.

b) Gráficos analíticos (históricos, políticos, geográficos), cujo objetivo, além do de informar, é fornecer ao pesquisador elementos de interpretação, cálculos, inferências, previsões. Devem conter o mínimo de construções e ser simples. Podem ser usados também como gráficos de informação. Serão vistos juntamente com as tabelas de frequências.

Os gráficos ainda podem ser: linear, de barras ou colunas, circular ou de segmentos, de setores, diagramas, pictóricos, cartogramas, organogramas etc. (ver seção 4.5 do Capítulo 5).

3.3.5 Conclusões

Última fase do planejamento e organização do projeto de pesquisa, que explicita os resultados finais considerados relevantes.

As conclusões devem estar vinculadas à hipótese de investigação, cujo conteúdo foi comprovado ou refutado.

Em termos formais, conclusão é uma exposição factual sobre o que foi investigado, analisado, interpretado; é uma síntese comentada das ideias essenciais e dos principais resultados obtidos, explicitados com precisão e clareza.

Ao redigir as conclusões, o pesquisador deve apontar os problemas que ficaram sem solução (se houver), a fim de que no futuro possam ser estudados pelo próprio autor ou por outros.

Em geral, a conclusão não se restringe a simples conceitos pessoais, mas apresenta inferências sobre os resultados, evidenciando aspectos válidos e aplicáveis a outros fenômenos, indo além dos objetivos imediatos.

Sem a conclusão, o trabalho parece não estar terminado. A introdução e a conclusão de qualquer trabalho científico, em geral, são as últimas partes a serem redigidas e devem estar em harmonia, ou seja, os objetivos propostos na introdução devem aparecer como cumpridos na conclusão.

3.4 Relatório

Exposição geral da pesquisa, desde o planejamento às conclusões, incluindo os processos metodológicos empregados. Deve ter como base a lógica, a imaginação e a precisão e ser expresso em linguagem simples, objetiva, concisa e coerente (ver seção 2 do Capítulo 6).

Tem a finalidade de dar informações sobre os resultados da pesquisa, se possível com detalhes, para que eles possam alcançar relevância.

São importantes a objetividade e o uso do registro linguístico que goza de prestígio, o chamado nível "culto" da linguagem. Em relação ao uso da pessoa verbal, há variação: há pesquisas em que prevalece a impessoalidade e outras que admitem o uso da primeira pessoa do plural; e há ainda até pesquisas que admitem o uso da primeira pessoa do singular.

Selltiz, Jahoda, Deutsch e Cook (1965, p. 517) apontam quatro aspectos que o relatório deve abranger:

(a) Apresentação do problema ao qual se destina o estudo.
(b) Processos de pesquisa: plano de estudo, método de manipulação da variável independente (se o estudo assumir a forma de uma experiência), natureza da amostra, técnicas de coleta de dados, método de análise estatística.
(c) Os resultados.
(d) Consequências deduzidas dos resultados.

LEITURA RECOMENDADA

CASTRO, Claudio de Moura. *A prática da pesquisa*. 2. ed. São Paulo: Pearson Prentice Hall, 2014. Cap. 3.

FEITOSA, Vera Cristina. *Redação de textos científicos*. 2. ed. Campinas: Papirus, 1995. Cap. 4.

GIL, Antonio Carlos. *Métodos e técnicas de pesquisa social*. 6. ed. São Paulo: Atlas, 2016. Cap. 16.

GOODE, William J.; HATT, Paul K. *Métodos em pesquisa social*. Tradução de Carolina Martuscelli Bori. 3. ed. São Paulo: Nacional, 1969. Cap. 8.

HIRANO, Sedi (org.). *Pesquisa social*: projeto e planejamento. São Paulo: T. A. Queiroz, 1979. Caps. 2 e 3.

MARINHO, Pedro. *A pesquisa em ciências humanas*. Petrópolis: Vozes, 1980. Caps. 1 e 2.

MEDEIROS, João Bosco. *Redação científica*: a prática de fichamentos, resumos, resenhas. 13. ed. São Paulo: Atlas, 2019. Cap. 2.

TOMASI, Carolina; MEDEIROS, João Bosco. *Comunicação científica*: normas técnicas para redação científica. São Paulo: Atlas, 2008. Cap. 2.

MICHEL, Maria Helena. *Metodologia e pesquisa científica em ciências sociais*: um guia prático para acompanhamento da disciplina e elaboração de trabalhos monográficos. 3. ed. São Paulo: Atlas, 2015. Cap. 3.

RUDIO, Franz Victor. *Introdução ao projeto de pesquisa científica*. 42. ed. Petrópolis: Vozes, 2014. Caps. 4, 5 e 6.

SELLTIZ, Claire; JAHODA, Marie; DEUTSCH, Morton; COOK, Stuart W. *Métodos de pesquisa nas relações sociais*. Tradução de Dante Moreira Leite. São Paulo: Editora Pedagógica e Universitária, 1974. Caps. 1, 2, 3.

TRUJILLO FERRARI, Alfonso. *Metodologia da ciência*. 3. ed. Rio de Janeiro: Kennedy, 1974. Caps. 6 e 7.

2
Amostragem

1 UNIVERSO E AMOSTRA

Quando se deseja colher informações sobre um ou mais aspectos de um grupo grande ou numeroso, verifica-se, muitas vezes, ser praticamente impossível fazer um levantamento do todo. Daí a necessidade de investigar apenas uma parte dessa população ou universo. Surge então um problema: escolher uma parte (ou amostra), de tal forma que ela seja a mais representativa possível do todo e, a partir dos resultados obtidos, relativos a essa parte, poder inferir, o mais legitimamente possível, os resultados da população total, se esta fosse verificada (pesquisa censitária).

Universo ou população é o conjunto de seres animados ou inanimados que apresentam pelo menos uma característica em comum. Se N é o número total de elementos do universo ou população, ele pode ser representado pela letra X maiúscula, tal que $X_N = X_1; X_2; ...; X_N$.

Amostra é uma porção ou parcela, convenientemente selecionada do universo (população); é um subconjunto do universo. Se n é o número de elementos da amostra, esta pode ser representada pela letra x minúscula, tal que $x_n = x_1; x_2; ...; x_n$, onde $x_n < X_N$ e $n \leq N$.

O universo ou população de uma pesquisa depende do assunto a ser investigado. A amostra, porção ou parcela do universo, que realmente será submetida à verificação, é obtida ou determinada por uma técnica específica de amostragem.

Há duas grandes divisões no processo de amostragem (determinação da amostra a ser pesquisada): a probabilista e a não probabilista.

2 AMOSTRAGEM PROBABILISTA

As técnicas de amostragem probabilistas, ou aleatórias, ou ao acaso, desenvolveram-se, sob o aspecto teórico, principalmente a partir da década de 1930. Sua característica primordial é poderem ser submetidas a tratamento estatístico, que permite compensar erros amostrais e outros aspectos relevantes para a representatividade e significância da amostra.

É por esse motivo que, hoje, dificilmente se aceita uma amostragem não probabilista, exceto naqueles casos (raros) em que a probabilista não pode ser empregada.

2.1 Amostragem aleatória simples

Para Yule e Kendall (*In:* MANN, 1970, p. 110), "a escolha de um indivíduo, entre uma população, é ao acaso (aleatória), quando cada membro da população tem a *mesma probabilidade* de ser escolhido".

A ênfase dada para a "mesma probabilidade" exclui o que se poderia chamar de "escolha quase ao acaso", geralmente escolha pessoal. Dois exemplos ilustram esse ponto. Primeiro, uma pesquisa que exige entrevista de certo número de estudantes de várias classes. Pedindo-se aos professores a escolha "ao acaso" de alguns alunos, é quase certo que a amostra viria a conter um número mais elevado de estudantes "cooperativos" e "inteligentes", pois a tendência, consciente (para causar boa impressão da classe) ou mesmo inconsciente, seria de dar preferência a tais alunos. Segundo, um trabalho que necessita de uma amostra de casas comerciais. Obtendo um catálogo de empresas, poderíamos abrir o livro em qualquer página e selecionar aquelas cujo nome nosso primeiro olhar focalizasse. Mas, se o catálogo fosse usado, certas páginas teriam maior tendência para se abrir, ocasionando, como resultado, a seleção das casas comerciais mais populares. E se, em vez da escolha pessoal, fossem enumerados todos os componentes da população, colocados seus respectivos números em uma urna ou outro recipiente qualquer, por meio de papéis dobrados, fichas, bolinhas etc., e misturados bem, e retirados número por número? Novamente, poderia haver elementos estranhos ao processo, interferindo nele. No ato de misturar, as coisas mais pesadas têm a tendência de se acumular no fundo e nos lados do recipiente, ao passo que as mais leves se posicionam no centro e em cima. Assim, nem todas teriam a mesma chance de ser sorteadas.

É por esse motivo que o processo de amostragem aleatória simples lança mão da *tabela de números aleatórios* (também denominada *tábua de números equiprováveis*). Essas tabelas foram obtidas por meio de computadores, com complexa programação baseada em cálculos estatísticos; elas fornecem uma amostra inteiramente ao acaso de números dispostos em colunas e linhas, por várias páginas.

O exemplo a seguir, reproduzido parcialmente, foi transcrito da obra de Kendall e Smith, *Tables of random sampling numbers* (cf. BOYD JR.; WESTFALL, 1978, p. 338).

3125	8144	5454	6703	2444	1518	3387	8772	6538	7532
1496	9980	1454	3074	3889	9230	2398	1598	3947	6917
4905	4956	3551	6836	6512	8312	9238	6663	8606	9580
9967	5765	1446	9288	0555	2591	8307	5280	5948	7869
5414	9534	9318	7827	5558	8651	7679	9983	5528	8922
5750	3489	9914	5737	6677	8288	7957	0899	1918	7684
9867	7825	0690	3990	2075	5402	8168	1601	0830	7544
4099	0087	9042	8818	0716	0373	6561	0855	3654	5997

O procedimento é o seguinte: numeram-se *todos* os componentes da população, dando a cada um deles apenas um número. A seguir, determina-se o total de componentes da amostra e, utilizando a tabela de números aleatórios, selecionam-se os elementos a serem pesquisados.

Exemplo: Há 980 alunos em uma faculdade. Deseja-se entrevistar 450, com a finalidade de obter sua opinião sobre os aspectos teórico e prático das disciplinas ali lecionadas. Depois de numerados todos os alunos, de 1 a 980, escolhe-se uma página da tabela, iniciando em qualquer ponto e indo para qualquer direção. A seleção deve ser de grupos de três algarismos, em virtude do total de alunos ser 980. (Se, em 9.000 estudantes, se desejasse uma amostra de 1.800, seriam escolhidos grupos de quatro algarismos.) No caso, inicia-se na segunda coluna de quatro algarismos, desprezando o último e indo de cima para baixo. Sem levar em consideração os números superiores a 980, encontra-se, para os primeiros 15 sorteados, a seguinte sequência: 814, 495, 576, 348, 782, 008, 545, 145, 355, 144, 069, 670, 307, 683 e 782.

A amostra aleatória simples pode apresentar dois tipos:

a) Sem reposição, que é tipo mais utilizado, em que cada elemento só pode entrar uma vez para a amostra.

b) Com reposição, que é aquela em que os elementos da população podem entrar mais de uma vez para a amostra.

2.2 Amostragem sistemática

É uma variação da precedente. A população, ou a relação de seus componentes, deve ser *ordenada*, de forma tal que cada elemento seja identificado, univocamente, pela posição.

Exemplos: Lista de membros de uma associação, guia das ruas de uma cidade, indexação (por ordem alfabética) por meio de cartões, uma fila de pessoas, prédios de uma rua etc.

Supondo um sistema de indexação por cartões dos componentes de uma empresa, em que cada elemento é representado por um e somente um cartão, num total de 1.000, e que a amostra fosse de 100 elementos a serem pesquisados sobre a alimentação fornecida no refeitório da organização, escolhe-se aleatoriamente um número entre 1 e 10; por exemplo, o número 8. A seguir, podem-se escolher os componentes cujos cartões estejam nas seguintes ordens: 8, 18, 28, 38, 48, 58, 68, 78, 88, 98 ..., 988, 998.

A amostragem sistemática é eficiente à medida que a listagem, a fila, a disposição dos prédios etc. esteja misturada no que se refere à característica em estudo. Por exemplo, deseja-se estudar a renda dos trabalhadores. Uma listagem por ordem alfabética dos componentes de uma empresa estará inteiramente misturada em relação a essa característica; não ocorrerá isso, se ela estiver por ordem crescente ou decrescente de salários ou funções executadas.

2.3 Amostragem aleatória de múltiplo estágio

Consiste em dois ou mais estágios, com o emprego de amostragem aleatória simples e/ou sistemática em cada um dos estágios.

Exemplo: Pesquisa sobre a correlação entre titulação e obras editadas de professores públicos em um Estado. A Secretaria da Educação fornece listas impressas de professores, por município, num total de 300 páginas. Três são as etapas no processo da escolha da amostra: (1) seleção, no grupo de páginas correspondentes a cada município, de, por exemplo, 10 municípios; (2) seleção de páginas do conjunto referente a cada município, por exemplo, 5 páginas por município; (3) seleção de 10 nomes em cada página. Haveria no final 500 professores. Pode-se operar com a tabela de números aleatórios em cada estágio se o número de nomes em cada página for igual ou, se isso acontecer para o número de folhas por município, intercalar a amostragem aleatória simples com a sistemática. Para a escolha de 10 municípios (entre, por exemplo, 30), utiliza-se a tabela já reproduzida. Tomando os dois últimos números de cada coluna de quatro algarismos e iniciando na primeira e indo da esquerda para a direita, há os municípios (previamente numerados) na seguinte sequência: 25, 3, 18, 30, 17, 5, 12, 6, 7 e 14. A seguir, para a escolha de cinco páginas por município, seriam numeradas as páginas correspondentes a cada um e, seguindo a tabela, selecionadas cinco. Por fim, para a escolha de dez nomes de cada folha, ou tabela, supondo que cada folha contém o mesmo número de nomes, por exemplo, 20, pode-se selecionar um número entre 1 e 10 – 3 e escolher os nomes de números 3, 6, 9, 12, 15, 18, 1, 4, 7 e 10.

No exemplo, a sequência da amostragem, para o múltiplo estágio, foi: aleatória simples, aleatória simples e aleatória simples ou sistemática. Mas poderia ser, em outro caso, aleatória simples, sistemática, aleatória simples; sistemática, aleatória simples, sistemática; ou outra combinação qualquer.

2.4 Amostragem por área

Uma das formas de variação da amostragem aleatória simples é por área, utilizada quando não se conhece a totalidade dos componentes da população, ou é passível de ser encontrada mais facilmente, por meio de mapas cartográficos ou fotos aéreas, como geralmente ocorre com pesquisas da área rural. Se a apresentação dos mapas já é quadriculada, podem-se tomar os quadrados como unidades; caso contrário, devem ser divididos. Para essa divisão, podem-se utilizar quadrados, limites administrativos como distritos ou bairros de uma cidade, zonas eleitorais etc.

De acordo com o tipo de pesquisa, vários são os procedimentos de uma amostragem por área:

a) Sorteiam-se aleatoriamente as áreas e toda a população de cada uma delas é pesquisada.
b) Há necessidade de homogeneização das áreas para que sejam representativas. Dividem-se primeiro as regiões em zonas e, dentro delas, áreas homogêneas, procedendo-se ao sorteio aleatório das que serão pesquisadas.
c) As áreas são sorteadas de forma aleatória e, dentro delas, escolhidas aleatoriamente as pessoas ou estabelecimentos a serem pesquisados; temos então amostragem em dois estágios, combinando-se a amostragem por áreas com a aleatória simples.

Exemplo: Pesquisa para verificar o tipo de condução mais utilizado entre a residência e o local de trabalho pelos moradores de uma cidade de pequeno porte (procedimento "c").

2.5 Amostragem por conglomerados ou grupos

Outra forma de amostragem que se apresenta como variação da aleatória simples é a de conglomerados ou de grupos. O nome *conglomerados* ou *grupos* deriva do fato de os conglomerados serem considerados grupos formados e/ou cadastrados da população.

Exemplos: Escolas, empresas, igrejas, clubes, favelas etc. A exigência básica é que o indivíduo, objeto da pesquisa, pertença a um e apenas um conglomerado; por exemplo, um estudante não pode estar cadastrado (matriculado) em duas escolas ao mesmo tempo.

A amostragem por conglomerados ou grupos é rápida, barata e eficiente, e a unidade de amostragem não é mais o indivíduo, mas um conjunto, facilmente encontrado e identificado, cujos elementos já estão ou podem ser rapidamente cadastrados. O único problema é que os conglomerados raramente são do mesmo tamanho, o que torna difícil ou até mesmo não permite controlar a amplitude da amostra. Recorre-se geralmente a técnicas estatísticas para contornar tal dificuldade.

As necessidades específicas da pesquisa determinam, também no caso da amostragem por conglomerados, os procedimentos a seguir:

a) Os conglomerados são sorteados de forma aleatória e todos os componentes dos conjuntos escolhidos são pesquisados.
b) Os conglomerados são subdivididos em outros conjuntos e o sorteio aleatório se faz entre os subgrupos, sendo pesquisados todos os seus elementos.

Exemplo: Desejando estudar as relações sociais nas empresas químicas, pode-se considerar que apresentam diferenças no que diz respeito ao tamanho; querendo obter uma amostra representativa sob esse aspecto, faz-se a divisão em subconjuntos de pequeno, médio e grande portes, selecionando aleatoriamente empresas em cada subgrupo e pesquisando todos os seus elementos.

c) Alguns conglomerados são escolhidos aleatoriamente e, em cada um, os indivíduos a serem pesquisados são sorteados de forma aleatória simples; há então amostragem em dois estágios, combinando a de conglomerados com a aleatória simples.
d) Os conglomerados são subdivididos em subgrupos e a seleção se faz em três estágios: alguns são sorteados aleatoriamente e, em cada aglomerado escolhido, são sorteados, também de forma aleatória, alguns subgrupos; finalmente, nos subgrupos selecionados, são escolhidas de forma aleatória as pessoas a serem pesquisadas. Essa forma de amostragem também combina as técnicas de conglomerados com a do aleatório simples.

As duas últimas formas de amostragem apresentadas denominam-se também *amostragem de vários degraus*.

Exemplo: Pesquisa das técnicas de aferição do conhecimento, utilizadas por professores das escolas públicas e privadas de ensino médio, em um município (procedimento "c").

2.6 Amostragem de vários degraus ou estágios múltiplos

Esse tipo de amostragem combina as anteriores, em duas, três, quatro ou mais etapas. Na realidade, a amostragem de estágios múltiplos pode ter n degraus e utilizar, segundo a necessidade, a aleatória simples, a sistemática, por área e por conglomerados, todas essas técnicas ou algumas, e quantas vezes forem necessárias.

> *Exemplo*: Duverger (1976, p. 154-155) indica a técnica de amostragem empregada nos EUA para estudos em zonas rurais: sorteiam-se condados (divisões administrativas que funcionam como conglomerados) e, a seguir, unidades intermediárias no interior dos condados escolhidos; essas unidades intermediárias sorteadas são quadriculadas e, pela técnica de amostragem de áreas, sorteiam-se quadras; finalmente, no interior das unidades (quadras) escolhidas, a população é recenseada, formando listas, das quais se extrai, aleatoriamente, uma pessoa em cada três ou quatro, para ser entrevistada, por exemplo, sobre consumo de leite.

2.7 Amostragem de fases múltiplas, multifásica ou em várias etapas

Tecnicamente, difere da anterior, pois o procedimento é diverso. Consiste basicamente no sorteio de uma amostragem bem ampla que é submetida a uma investigação rápida e pouco profunda (primeira fase); o conhecimento obtido nessa fase permite extrair da amostra mais ampla uma menor, que será objeto de uma pesquisa aprofundada (segunda fase).

> *Exemplos*: É ainda Duverger (1976, p. 155-156) quem os apresenta. Se se deseja efetuar uma pesquisa sobre pessoas com mais de 65 anos, em cada cidade, não existem listas que permitam localizar esses indivíduos. Recorre-se, então, ao cadastro de moradias, extraindo aleatoriamente (primeira fase) um número elevado de residências, por exemplo, 50.000. Faz-se uma investigação rápida para saber em quais domicílios há pessoas com mais de 65 anos. Relacionando essas habitações, pode-se, então, sortear uma amostra de 1.000 ou 2.000 pessoas que constituirão a base para a pesquisa propriamente dita (segunda fase).

Uma pesquisa sobre despesas e consumo em lares, realizada nos EUA, utilizou também essa técnica. Um sorteio puro e simples de moradias levaria a um número elevado de famílias com rendimento médio e a poucas categorias de elevados e baixos rendimentos. Dessa forma, procedeu-se à pesquisa em duas fases: (1) selecionou-se uma amostra grande, que foi submetida a rápida investigação, visando classificá-la segundo o montante dos recursos; (2) todos os lares dos extratos extremos (rendimentos muito elevados ou muito baixos) foram pesquisados em profundidade, mas as famílias de rendimento médio foram sujeitas a um sorteio, estudando-se a fundo apenas uma parte delas.

2.8 Amostragem estratificada

Ao contrário dos conglomerados, grupos já existentes na população e frequentemente já cadastrados como tal, os estratos são formados pelo pesquisador, segundo as necessidades de seu estudo. Infelizmente, como o afirmam Festinger e Katz (1974, p. 187), a base para a constituição de estratos são geralmente atributos dos indivíduos, como idade, sexo, etnia, nacionalidade, profissão, renda, e não variáveis mais interessantes, como constituição psicológica ou história social da pessoa, já que estas não se acham disponíveis.

Ao formar os estratos, deve-se atentar para que todos os elementos da população estejam enquadrados neles e que nenhum indivíduo possa ser colocado em dois estratos diferentes, relativos ao mesmo atributo. Outra preocupação do pesquisador deve ser a de tornar os estratos os mais homogêneos possível, sendo, ao mesmo tempo, os diversos estratos heterogêneos uns em relação aos outros.

A estratificação deve ser adaptada a cada pesquisa que se deseja realizar. Um conjunto de estratos adequados para uma pesquisa de opinião pública pouco interesse terá para uma investigação sobre o peso e a estatura de estudantes ou a análise da população economicamente ativa. O ideal é que, ao planejar um estudo, o pesquisador faça um exame cuidadoso sobre os estratos a serem utilizados, com vista à sua eficácia para a pesquisa em pauta. Convém também não esquecer que o número de estratos a serem utilizados em cada estudo depende, até certo ponto, da amostra total: uma amostra relativamente pequena, se subdividida por vários estratos, redunda num número de elementos em cada estrato que pode deixar de ser significativo (inclusive torna-se extremamente difícil o tratamento estatístico de quantidades reduzidas de elementos por estrato). Por sua vez, a extração de um número suficiente de unidades de cada estrato, para que a amostra (estratificada) seja representativa, acabará por aumentar em demasia o tamanho total da amostra, o que aumenta a duração e o custo da pesquisa.

A amostra estratificada mais simples é a que contém dois estratos; por exemplo, sexo masculino e sexo feminino. À medida que outras variáveis são acrescidas para a formação dos estratos, o número destes cresce de forma geométrica. Se se acrescentar ao sexo a procedência (brasileiro ou estrangeiro), serão quatro os estratos: homem brasileiro, mulher brasileira, homem estrangeiro, mulher estrangeira. Se fossem incluídos "acima dos 30 anos" e "30 anos ou menos", seriam oito os estratos. Se a variável "faixa etária" tiver cinco valores (até 15 anos incompletos; de 15 a 30 anos incompletos; de 30 a 45 anos incompletos; de 45 a 60 anos incompletos; 60 anos e mais), haverá um total de 20 estratos. Dessa forma, quando se trabalha com mais de dois estratos, é necessária uma matriz de classificação, que indicará, entre outras, a incidência percentual de cada estrato na população.

Na amostragem estratificada, também de acordo com os objetivos da pesquisa, pode-se proceder de diferentes formas:

a) Retirar de cada estrato, de forma aleatória, amostras rigorosamente iguais. Tal procedimento serve para evitar distorções por parte de atributos que apresentem maior incidência na população. Como exemplo, pode-se voltar à pesquisa citada na seção 1.7, realizada nos EUA, sobre despesas e consumo em lares. Uma amostragem aleatória simples de famílias levaria à inclusão, na pesquisa, de maior número de famílias com rendimento médio. Estratificadas as famílias por rendimento, pode-se evitar essa distorção, entrevistando o mesmo número de famílias com baixo, médio e alto rendimento (o problema de localização dessas famílias conduziria, naturalmente, à amostragem de fases múltiplas; portanto, *a amostragem estratificada lança mão, para a escolha dos elementos da população a serem pesquisados, de técnicas aleatórias já descritas*. Quando as amostras, retiradas dos estratos, são iguais, o processo denomina-se *amostragem estratificada não proporcional*. Um estudo, realizado por Lakatos, pode ser outro exemplo desta técnica. A pesquisa visava descobrir as aspirações dos trabalhadores de empresas industriais e comerciais da Baixada Santista, Santo André, São Bernardo e São Caetano (ABC) e Vale do Paraíba. A amostragem utilizada para o sorteio das empresas a serem pesquisadas foi a de vários degraus: foram considerados seis conglomerados, compreendendo as empresas industriais das três regiões e as comerciais das mesmas regiões. A seguir, os seis conglomerados foram subdivididos em 18 subgrupos, de acordo com o porte (tamanho): pequeno, médio e grande. As empresas em cada um dos 18 subgrupos foram considerados subconjuntos e sorteadas de forma aleatória. Nas empresas escolhidas, fez-se a estratificação do total de componentes segundo cinco estratos, de acordo com a função exercida. Em seguida, o sorteio aleatório simples das pessoas a serem pesquisadas obedeceu à proporção de 15% dos componentes da empresa, em número rigorosamente igual de cada estrato (categoria funcional). Como a amostra eliminou uma possível distorção, na análise dos resultados finais, que seria ocasionada pela opinião do maior número de empregados não qualificados, semiqualificados ou especializados existentes nas empresas, pôde-se concluir que, independentemente da região (Baixada Santista, ABC ou Vale do Paraíba), independentemente do tipo de empresa (industrial ou comercial) e independentemente do tamanho da empresa (pequeno, médio ou grande porte), as aspirações dos trabalhadores variaram primordialmente em função de sua categoria funcional. No quadro da página seguinte, veja exemplo da Empresa A.

b) De cada estrato, por meio de técnicas aleatórias, retirar amostras proporcionais à população total contida em cada um. Essa técnica recebe o nome de *amostragem estratificada proporcional*. Para que se possa colher, em cada estrato, uma amostra proporcional à sua extensão, é necessário conhecer de antemão a proporção de população pertencente a cada um. Dependendo do estudo, lança-se mão de várias fontes de informação: dados censitários nacionais, estaduais, regionais etc., listas dos componentes de empresas, sindicatos, faculdades e similares. É importante, para a técnica da amostragem estratificada proporcional, que as informações sobre as proporções da população por estrato não estejam desatualizadas, pois, se assim for, perde-se a vantagem oferecida por ela. Para Mann (1970, p. 114), a estratificação proporcional "protege a representatividade da amostra, ao assegurar que os grupos conhecidos da população sejam representados com justiça na amostra". Como exemplo, volte-se à pesquisa das aspirações dos trabalhadores. Faça de conta que a finalidade é verificar se as aspirações variam de acordo com o ramo de produção (industrial) da empresa. O universo (ou população) é, agora, composto por empresas industriais (independentemente do tamanho) da Baixada Santista, do ABC e do Vale do Paraíba. Pode-se considerar a totalidade dessas empresas de cada região como um conglomerado, dividido em subconjuntos segundo o ramo de produção, subdivididos estes, por sua vez, em unidades (as empresas). Estas deverão ser sorteadas por processo aleatório, simples ou sistemático, baseado em listas das empresas. Cada empresa escolhida terá seus componentes estratificados de acordo com a função exercida, verificando-se a incidência percentual de cada estrato por empresa. O sorteio aleatório dos elementos a serem pesquisados obedecerá agora à proporção das pessoas contidas em cada estrato, como a seguir se pode observar na Empresa B (os números são hipotéticos).

ESTRATOS	EMPRESA A			EMPRESA B		
	COMPONENTES		AMOSTRA	COMPONENTES		AMOSTRA
	N	%	N	N	%	N
I	1.200	10	360	40	5	10
II	1.440	12	360	80	10	20
III	2.160	18	360	120	15	30
IV	2.400	20	360	176	22	44
V	4.800	40	360	384	48	96
Total	12.000	100	1.800	800	100	200

Na pesquisa, o foco de interesse apresenta-se agora deslocado em relação ao anterior: desejando-se saber a opinião de todos os componentes de empresas de determinado tipo, por exemplo, de produtos farmacêuticos, é essencial que as categorias funcionais sejam representadas "com justiça" na amostra, ou seja, não contenha maior número de elementos de uma categoria e nenhuma de outra. É esta a função da amostragem estratificada proporcional: as categorias funcionais aparecerão na amostra de acordo com sua incidência real em cada empresa.

Finalizando, é importante acentuar que a amostragem estratificada não significa um abandono de processos aleatórios, pois estes são utilizados em todas as etapas, inclusive na seleção dos elementos dentro das camadas (estratos).

2.9 Amostra-tipo, amostra principal, amostra *a priori* ou amostra-padrão

As diferentes denominações são uma tentativa de tradução da expressão inglesa *master sample*, já que esse tipo de amostragem foi desenvolvido nos EUA.

Esse tipo de amostra consiste não em uma diferença de técnica em relação às já descritas, mas no uso particular delas, em situação específica. Geralmente, as amostras são constituídas para determinado estudo e em função dele. Entretanto, principalmente os institutos de pesquisa, que constantemente estão realizando diferentes tipos de estudos, podem ter interesse em constituir uma amostra-tipo, isto é, uma amostra bem ampla, muito mais numerosa do que as utilizadas para pesquisas específicas; nestas, realiza-se o sorteio da amostra definitiva entre a amostra principal.

Portanto, a amostra-tipo ou principal vem a ser a escolha, por intermédio das diferentes formas de amostragem aleatória já descritas, de uma amostra bem ampla da população do país, estado, região ou cidade, estratificada segundo múltiplos critérios e utilizada como "reserva", à qual se recorre, para o sorteio (de forma aleatória) de amostras "sob medida", utilizadas em pesquisas específicas, como hábito de leitura de jornais e revistas; consumo *per capita*, nas famílias, de medicação autorreceitada; opinião sobre a legalização do aborto.

Dois fatores são essenciais para a constituição de uma amostra-tipo válida: (1) a utilização, nas sucessivas etapas de sua formação, de técnicas rigorosamente aleatórias, baseadas em informações seguras e atualizadas sobre a população; (2) a atualização constante da amostra, seguindo tão de perto quanto possível a evolução da população. Evita-se, assim, a dificuldade que surge em muitas pesquisas em relação ao uso, na seleção da amostra, de cadastros, fichários ou dados censitários antigos e desatualizados.

> *Exemplo:* O *Bureau of Census* americano. Baseando-se em fotos aéreas e plantas de cidades, construiu-se uma amostra-tipo rural e uma urbana. A rural está formada por 67.000 "áreas-unidades", que compreendem 1/18 do território agrícola do país. Tendo por base essas áreas, selecionaram-se três amostras: uma que compreende 1/54 das terras, outra, 1/54 das explorações agrícolas e a terceira, 1/54 da população rural. A *master sample* urbana, por sua vez, permite determinar amostras de habitações, estabelecimentos comerciais, indústrias etc.

3   AMOSTRAGEM NÃO PROBABILISTA

A característica principal das técnicas de amostragem não probabilista é a de que, não fazendo uso de formas aleatórias de seleção, torna-se impossível a aplicação de fórmulas estatísticas para o cálculo, por exemplo, entre outros, de erros de amostra. Dito de outro modo, não podem ser objeto de certos tipos de tratamento estatístico.

3.1 Amostra intencional

O tipo mais comum de amostra não probabilista é a denominada *intencional*. Nesta, o pesquisador está interessado na opinião (ação, intenção etc.) de determinados elementos da população, mas não representativos dela. Seria, por exemplo, o caso de se desejar saber como pensam os líderes de opinião de determinada comunidade. O pesquisador não se dirige, portanto, à massa, isto é, a elementos representativos da população em geral, mas àqueles que, segundo seu entender, pela função desempenhada, cargo ocupado, prestígio social, exercem as funções de líderes de opinião na comunidade. Ele pressupõe que essas pessoas, por palavras, atos ou atuações, têm a propriedade de influenciar a opinião dos demais.

Uma vez aceitas as limitações da técnica, em que a principal delas é a impossibilidade de generalização dos resultados do inquérito à população, ela tem a sua validade dentro de um contexto específico.

Exemplo: Pesquisa de opinião dos diretores de faculdades de comunicação social sobre a extinção da obrigatoriedade do diploma universitário para o exercício da profissão de jornalista.

3.2 Amostra por *júris*

Técnica utilizada principalmente quando se deseja obter informações detalhadas, durante certo espaço de tempo, sobre questões particulares.

A utilização mais comum de amostra por *júris* prende-se, em geral, a estudos realizados por órgãos oficiais, principalmente sobre orçamento familiar ou programas de rádio e TV (audiência). Essa técnica funciona da seguinte forma: são selecionadas donas de casa representativas, do ponto de vista de classes socioeconômicas, pedindo-lhes que preencham longos relatórios ou diários de despesas, com a finalidade de descobrir como são distribuídos os gastos no que se refere ao orçamento familiar. Geralmente, os componentes dos *júris* recebem certa quantia como recompensa pelo trabalho de manter os diários, mas não o suficiente para alterar de modo significativo seu padrão de vida ou influir no tipo de aquisições que realizam. Quanto à audiência dos programas, os *júris* diferem das pesquisas diárias, semanais ou quinzenais de audiência: eles recebem uma lista de programas, acompanhados de questionários sobre estes, que devem preencher à medida que ouvem tais programas, ou assistem a eles. São selecionados, levando-se em conta, principalmente, a classe social, a escolaridade, a idade e o sexo.

Outros exemplos poderiam apontar: correlação entre orçamento familiar e hábitos alimentares; utilização diária da residência por parte dos aposentos; comportamento das crianças em relação a animais domésticos.

3.3 Amostra por tipicidade

Em determinados casos, considerações de diversas ordens impedem a escolha de uma amostra probabilista, ficando a cargo do pesquisador a tentativa de buscar, por outras vias, uma amostra representativa. Uma das formas é a procura de um subgrupo que seja *típico*, em relação ao total da população. Nos termos de Ackoff (1975, p. 161), "tal subgrupo é utilizado como 'barômetro' da população. Restringem-se as observações a ele e as conclusões obtidas são generalizadas para o total da população".

A hipótese subjacente à escolha de uma comunidade típica é que ela se apresenta típica no que concerne a um conjunto de propriedades, isto é, $A, B, ..., N$, inferindo-se daí que é também típica em relação à característica X, objeto da pesquisa. Em outras palavras, os valores de X tendem a alterar-se da mesma forma que se alteram os valores $A, B, ..., N$ e, portanto, a maneira como X se relaciona com $A, B, ..., N$ tem de ser típica, não se admitindo que na cidade, comunidade, grupo ou subgrupo escolhido ela seja atípica.

> *Exemplo*: Pesquisa de um grupo típico de drogados, visando obter dados sobre os fatores que levam os consumidores de drogas injetáveis a partilhar seringas e agulhas, apesar da elevada possibilidade de serem contaminados pela Aids.

Como a amostragem por tipicidade sofre das mesmas restrições aplicáveis a outras técnicas não probabilistas, isto é, os erros de amostragem e desvios não podem ser computados, tal técnica deve restringir-se às situações em que: (a) os possíveis erros não apresentam gravidade maior; e (b) é praticamente impossível a amostragem probabilista.

Como curiosidade, pode-se citar que Curitiba, Paraná, é considerada uma cidade típica, onde se realiza grande número de pesquisas, cujos resultados tendem a ser generalizados para outras cidades de médio e grande portes.

3.4 Amostra por cotas

A técnica não probabilista mais utilizada em levantamentos de mercado (prévias eleitorais e sondagem de opinião pública) é a de cotas. Até hoje, não obstante o desenvolvimento de diversas técnicas probabilistas de fácil utilização, muitos institutos de pesquisa empregam o sistema de cotas, o que tem dado margem a acesas polêmicas com os que aplicam as técnicas probabilistas.

A amostragem por cotas pressupõe três etapas: (1) classificação da população em termos de propriedades que se presume (ou se sabe) serem relevantes para a característica a estudar (para tanto, é necessário acesso a dados censitários, cadastros, listas e outras fontes de representação da população); (2) construção de uma "maquete" da população a ser pesquisada, com a determinação, relativa à amostra total, da proporção da população que deve ser colocada em cada classe ou estrato (com base na sua constituição conhecida, presumida ou estimada); (3) fixação de cotas para cada entrevistador, que terá a responsabilidade de selecionar as pessoas a serem pesquisadas, de tal modo que a amostra total venha a conter a proporção de cada classe ou estrato, tal como foi fixado na segunda etapa.

Enquanto se trabalha nas duas primeiras fases, a amostragem por cotas assemelha-se à estratificada. Entretanto, na última fase, a escolha pessoal do pesquisador, inteiramente livre (dentro dos parâmetros de cotas fixadas), substitui o sorteio aleatório (nominal ou personalizado) daquela técnica probabilista.

Exemplo: Pesquisa relativa à opinião dos habitantes de um município sobre o desempenho do prefeito. Os controles de cotas, dados aos pesquisadores, podem ser independentes ou inter-relacionados. Vamos partir da pressuposição de que o pesquisador deve entrevistar 100 pessoas. Suponhamos que a população geral é composta de 52% de mulheres, 48% de homens; 14% entre 16 e 25 anos incompletos, 36% entre 25 e 45 incompletos, 36% entre 45 e 65 incompletos e 14% com 65 e mais; 10% da classe socioeconômica A, 15% da B, 25% da C e 50% da D. Com cotas independentes, o pesquisador deverá entrevistar:

SEXO		IDADE		CLASSE SOCIOECONÔMICA	
Mulheres	52	16 ⊢ 25	14	A	10
Homens	48	25 ⊢ 45	36	B	15
		45 ⊢ 65	36	C	25
		65 e mais	14	D	50
TOTAL	**100**		**100**		**100**

Amostragem 45

Por sua vez, as cotas inter-relacionadas exigem:

SEXO	IDADE		CLASSE SOCIOECONÔMICA	
Mulheres 52	16 ⊢ 25	7	A B C D	1 1 2 3
	25 ⊢ 45	19	A B C D	2 3 5 9
	45 ⊢ 65	19	A B C D	2 3 5 9
	65 e mais	7	A B C D	1 1 2 3
Homens 48	16 ⊢ 25	7	A B C D	1 1 2 3
	25 ⊢ 45	17	A B C D	2 3 4 8
	45 ⊢ 65	17	A B C D	2 3 4 8
	65 e mais	7	A B C D	1 1 2 3

O que se pode observar nas cotas inter-relacionadas é a necessidade de arredondamento na classificação das pessoas a pesquisar. É preciso que o planejador da distribuição de cotas para cada pesquisador compense esta distorção, de modo que o total das cotas não se desvie da proporção determinada pela maquete da população, previamente construída.

Na técnica de cotas, além do problema, comum a todas as formas de amostragem não probabilista, da não aplicabilidade de fórmulas estatísticas para correção de possíveis desvios, aparecem os erros essencialmente humanos dos entrevistadores que "torcem" as informações. Nada mais tentador (após um longo dia de trabalho, em que falta entrevistar apenas uma mulher entre 25 e 45 anos, da classe socioeconômica C, comerciária etc.) do que encaixar uma que corresponda a todas as exigências e tenha "apenas" 48 anos... Pode-se perfeitamente perceber que um acúmulo de tais desvios, por parte de vários pesquisadores, prejudica a proporcionalidade das cotas.

4 RESUMO

Ackoff (1975, p. 169-173) apresenta um resumo das principais vantagens e desvantagens das técnicas mais importantes de amostragem, que foram reproduzidas com ligeiras variações.

TIPO	DESCRIÇÃO	VANTAGENS	DESVANTAGENS
A. Aleatória simples	Atribuir a cada elemento da população um número único; selecionar a amostra utilizando números aleatórios.	1. Requer mínimo conhecimento antecipado da população. 2. Livra de possíveis erros de classificação. 3. Facilita a análise de dados e o cálculo de erros.	1. O conhecimento da população que o pesquisador possa ter é desprezado. 2. Para a mesma extensão da amostra, os erros são mais amplos do que na amostragem estratificada.
B. Sistemática	Usar ordem natural ou ordenar a população; selecionar ponto de partida aleatório entre 1 e 10; selecionar a amostra segundo intervalos correspondentes ao número escolhido.	1. Dá como efeito a estratificação e, portanto, reduz a variabilidade em comparação com A, se a população é ordenada com respeito à propriedade relevante. 2. Simplifica a colheita de amostra; permite verificação fácil.	1. Se o intervalo de amostragem se relaciona a uma ordenação periódica da população, pode ser introduzida variabilidade crescente. 2. Se há efeito de estratificação, as estimativas de erro tendem a ser altas.
C. Aleatória de múltiplo estágio	Usar uma forma de amostragem aleatória em cada um dos estágios, quando há pelo menos dois estágios.	1. Oferece listas de amostragem, identificação e numeração necessárias apenas para elementos das unidades de amostragem selecionadas. 2. Diminui os custos de viagem se as unidades de amostragem são definidas geograficamente.	1. Os erros tendem a ser maiores do que em A ou B, para a mesma extensão da amostra. 2. Os erros crescem com o decréscimo do número de unidades de amostragem escolhidas.

TIPO	DESCRIÇÃO	VANTAGENS	DESVANTAGENS
D. Estratificada 1. Proporcional	Escolher de cada unidade de amostragem uma amostra aleatória proporcional à extensão da unidade de amostragem.	1. Assegura representatividade com respeito à propriedade que dá a base para classificar as unidades; garante, pois, menor variabilidade que A ou C. 2. Decresce a possibilidade de deixar de incluir elementos da população por causa do processo classificatório. 3. Podem ser avaliadas as características de cada estrato e, pois, feitas comparações.	1. Sob pena de aumentar o erro, requer informação acurada acerca da proporção de população em cada estrato. 2. Se não há listas estratificadas disponíveis, prepará-las pode ser dispendioso; possibilidade de classificação errônea e, pois, de aumento da variabilidade.
2. Não proporcional	É a mesma que a anterior, exceto que a extensão da amostra não é proporcional à extensão da unidade de amostragem, mas ditada por considerações analíticas ou de conveniência.	É mais eficiente do que a anterior para comparação de estratos.	Menos eficaz do que a 1 para determinar características da população, isto é, maior variabilidade para a mesma extensão da amostra.
E. Por conglomerado	Selecionar unidades de amostragem por alguma forma de amostragem aleatória; as unidades últimas são grupos; selecioná-los aleatoriamente e fazer contagem completa de cada uma.	1. Possibilita baixos custos de campo se os conglomerados são definidos geograficamente. 2. Requer relacionamento de indivíduos apenas nos conglomerados escolhidos 3. Podem ser avaliadas as características dos conglomerados, bem como da população.	1. Erros maiores, para extensões semelhantes, do que os que ocorrem em outras amostras probabilistas. 2. Capacidade para colocar elemento da população em um só conglomerado é exigida; a incapacidade de assim agir pode resultar em duplicação ou omissão de indivíduos.

TIPO	DESCRIÇÃO	VANTAGENS	DESVANTAGENS
		4. É suscetível de utilização em amostras subsequentes, visto que os selecionados são os conglomerados e não os indivíduos e a substituição de indivíduos pode ser permitida.	
F. Por tipicidade	Selecionar um subgrupo de população que, à luz das informações disponíveis, possa ser considerado como representativo de toda a população; fazer contagem completa ou subamostragem desse grupo.	Reduz custo de preparação da amostra e do trabalho de campo, pois unidades últimas podem ser escolhidas de modo que fiquem próximas umas das outras.	1. Variabilidade e desvios das estimativas não podem ser controlados ou medidos. 2. Generalizações arriscadas ou considerável conhecimento da população e do subgrupo selecionado é requerido.
G. Por cotas	Classificar a população mediante uso de propriedades pertinentes; determinar a percentagem da amostra a recolher de cada classe: fixar cotas para cada pesquisador.	1. Igual a F. 2. Introduz algum efeito de estratificação.	Desvios devidos à classificação que o observador faz dos sujeitos e à seleção não aleatória em cada classe são introduzidos.

5 EQUIPARAÇÃO DE GRUPOS

O problema primordial nos planos experimentais e na análise das relações causais entre duas variáveis, quando se exige a seleção de dois ou mais grupos semelhantes, é como equiparar esses grupos. Três são as principais técnicas utilizadas nesses casos:

a) Comparação de par: é a mais difícil e trabalhosa. Exige que, para cada indivíduo de um dos grupos, corresponda outro, com as mesmas características consideradas relevantes para a investigação.

   Exemplo: A Profa. Gilda Alves Montans realizou uma pesquisa sobre métodos de ensino musical, partindo da hipótese de que o método A originaria um tipo de aprendizagem sensivelmente diferente do método B. A investigadora desejou exercer controle sobre quatro características que considerou poderem influir de forma direta (independentemente do método aplicado) sobre a aprendizagem: idade do aluno, tempo de estudo, tipo de instrumento e ambiente musical em casa. Para obter dois grupos semelhantes sob todos os aspectos relevantes, menos um (método de ensino), optou por uma comparação de par: se um aluno, ensinado pelo método A, tem oito anos de idade, estuda há três anos, toca violino e tem alguém em casa que toca um instrumento musical, deverá ser encontrado outro aluno com essas mesmas características, mas que está aprendendo pelo método B. Mesmo em uma análise superficial, percebe-se a dificuldade dessa técnica, pois podem acumular-se casos originais sem par. Entretanto, do ponto de vista da precisão, é superior às outras duas.

b) Comparação de frequência: menos precisa, mas mais fácil, a comparação por frequência exige também a determinação das características relevantes para a pesquisa. Uma vez conhecidas, procede-se da seguinte forma: se um grupo tem em média 45 anos, com 55% de mulheres, 63% de casados, 71% de católicos etc., seleciona-se outro grupo de tal forma que a composição relativa à idade média, sexo, estado civil, religião etc. seja similar.

   Exemplo: Pesquisa sobre opinião acerca da ordenação de mulheres na religião católica, com dois grupos, tendo sido dada uma conferência favorável ao assunto para os componentes de um deles.

c) Randomização: é a mais utilizada quando os grupos são de grande dimensão. É basicamente um processo probabilístico: as pessoas são selecionadas pela técnica aleatória simples ou sistemática e, a seguir, designadas alternativamente para cada um dos dois grupos. Se todos os elementos da população têm igual probabilidade de ser selecionados e a designação para cada grupo se faz ao acaso, há grande possibilidade de que os grupos sejam semelhantes.

Exemplo: Pesquisa de opinião sobre pena de morte, submetendo-se, antes, os integrantes de um dos grupos a um filme sobre violência urbana.

As três técnicas de equiparação de grupos visam obter maior precisão e grau de confiança. O único senão que se pode apontar é que o levantamento das características, supostas influentes, nas duas primeiras técnicas pode revelar-se falho, deixando de lado aspectos que, na realidade, seriam importantes para a investigação. Quanto à terceira, ela é isenta de erro sistemático, consciente ou inconsciente ao selecionar grupos, mas isso não garante que eles sejam exatamente iguais. Portanto, a função primordial das três técnicas é evitar, o mais possível, distorções que ocorreriam inevitavelmente se não se utilizassem esses processos.

LEITURA RECOMENDADA

ACKOFF, Russell L. *Planejamento de pesquisa social*. Tradução de Leonidas Hegenberg, Octanny Silveira da Mota. 2. ed. São Paulo: EPU: Edusp, 1975. Caps. 4, 6, 7, 8.

BLALOCK JR., H. M. *Introdução à pesquisa social*. Tradução de Elisa L. Caillaux. 2. ed. Rio de Janeiro: Zahar, 1976. Cap. 3.

CASTO, Claudio de Moura. *A prática da pesquisa*. 2. ed. São Paulo: Pearson Prentice Hall, 2014. Cap. 6.

FESTINGER, Leon; KATZ, Daniel. *A pesquisa na psicologia social*. Tradução de Gastão Jacinto Gomes. Rio de Janeiro: Fundação Getulio Vargas, 1974. Segunda Parte, Cap. 5.

GATTI, Bernadete A.; FERES, Nagib Lima. *Estatística básica para ciências humanas*. São Paulo: Alfa-Omega, 1975. Cap. 3.

SAMPIERI, Roberto Hernández; COLLADO, Carlos Fernández; LUCIO, María del Pilar Baptista. *Metodologia de pesquisa*. Tradução de Daisy Vaz de Moraes. 5. ed. Porto Alegre: Penso, 2013. Caps. 8 e 13.

VENDRAMINI, Claudete Maria Medeiros. Estatística e delineamento de pesquisa. *In:* BAPTISTA, Makilim Nunes; CAMPOS, Dinael Corrêa de. *Metodologias de pesquisa em ciências*: análises quantitativa e qualitativa. 2. ed. Rio de Janeiro: LTC, 2016. Cap. 17.

3
Técnicas de pesquisa

1 CONCEITO DE TÉCNICA

Técnica é um conjunto de preceitos ou processos de que se serve uma ciência ou arte. É a habilidade para usar esses preceitos ou normas, a parte prática. Toda ciência utiliza inúmeras técnicas na obtenção de seus propósitos.

2 DOCUMENTAÇÃO INDIRETA

Toda pesquisa implica o levantamento de dados de variadas fontes, quaisquer que sejam os métodos ou técnicas empregados. Esse material-fonte geral é útil não só por trazer conhecimentos que servem de *background* ao campo de interesse, como também para evitar possíveis duplicações e/ou esforços desnecessários. Pode, ainda, sugerir problemas e hipóteses e orientar para outras fontes de coleta.

O levantamento de dados é a fase da pesquisa realizada com intuito de recolher informações prévias sobre o campo de interesse. Primeiro passo de qualquer pesquisa científica, ele é feito de duas maneiras: pesquisa documental (ou de fontes primárias) e pesquisa bibliográfica (ou de fontes secundárias).

2.1 Pesquisa documental

A característica da pesquisa documental é que a fonte de coleta de dados está restrita a documentos, escritos ou não, constituindo o que se denomina de fontes primárias. Estas podem ser recolhidas no momento em que o fato ou fenômeno ocorre, ou depois.

Utilizando essas três variáveis (fontes escritas ou não; fontes primárias ou secundárias; contemporâneas ou retrospectivas), podemos apresentar um quadro que auxilia a compreensão do universo da pesquisa documental. É evidente que dados secundários, obtidos de livros, revistas, jornais, publicações avulsas e teses, cuja autoria é conhecida, não se confundem com documentos, isto é, dados de fontes primárias. Existem registros, porém, em que a característica primária ou secundária não é tão evidente, ocorrendo o mesmo com algumas fontes não escritas. Daí nossa tentativa de estabelecer diferenciação entre eles.

	ESCRITOS		OUTROS	
	PRIMÁRIOS	SECUNDÁRIOS	PRIMÁRIOS	SECUNDÁRIOS
CONTEMPORÂNEOS	Compilados na ocasião pelo autor	Transcritos de fontes primárias contemporâneas	Produzidos pelo autor	Produzidos por terceiros
	Exemplos Documentos de arquivos públicos Publicações parlamentares e administrativas Estatísticas (censos) Documentos de arquivos privados Cartas Contratos	**Exemplos** Relatórios de pesquisa baseados em trabalho de campo de auxiliares Estudo histórico que recorre aos documentos originais Pesquisa estatística baseada em dados do recenseamento Pesquisa que usa a correspondência de outras pessoas	**Exemplos** Fotografias Gravações digitais Filmes Gráficos Mapas Outras ilustrações	**Exemplos** Material cartográfico Filmes comerciais Rádio Cinema Televisão
RETROSPECTIVOS	Compilados após o acontecimento pelo autor	Transcritos de fontes primárias retrospectivas	Analisados pelo autor	Produzidos por outros
	Exemplos Diários Autobiografias Relatos de visitas a instituições Relatos de viagens	**Exemplos** Pesquisa que recorre a diários ou autobiografias	**Exemplos** Objetos Gravuras Pinturas Desenhos Fotografias Canções Folclóricas Vestuário Folclore	**Exemplos** Filmes comerciais Rádio Cinema Televisão

Ao estudar as sociedades pré-letradas, o antropólogo encontra grande dificuldade em analisar essas sociedades, visto que elas não possuem registros escritos. Deve o pesquisador de campo, além das observações efetuadas, lidar com tradições orais. Estas tendem, ao longo das gerações, a adquirir elementos fantasiosos, transformando-se geralmente em lendas e mitos. Hoje, tanto o antropólogo social quanto o sociólogo encontram-se em outra situação: a maioria das sociedades é complexa, letrada e nelas o acúmulo de documentos vem ocorrendo há séculos. Talvez, o problema agora seja o excesso de documentação. Para que o investigador não se perca na floresta de escritos, deve iniciar seu estudo com a definição clara dos objetivos, para poder julgar que tipo de documentação será adequada às suas finalidades. Tem de conhecer também os riscos que corre de suas fontes serem inexatas, distorcidas ou errôneas. Por esse motivo, para cada tipo de fonte fornecedora de dados, o investigador deve conhecer meios e técnicas para testar tanto a validade quanto a fidedignidade das informações.

2.1.1 Fonte de documentos

2.1.1.1 Arquivos públicos

Podem ser municipais, estaduais e nacionais. Em sua maior parte, os arquivos públicos contêm:

a) Documentos oficiais, tais como: ordens régias, leis, ofícios, relatórios, correspondências, anuários, alvarás etc.
b) Publicações parlamentares: atas, debates, documentos, projetos de lei, impressos, relatórios etc.
c) Documentos jurídicos, oriundos de cartórios: registros de nascimentos, casamentos, desquites e divórcios, mortes; escrituras de compra e venda, hipotecas; falências e concordatas; testamentos, inventários etc.
d) Iconografia.

2.1.1.2 Arquivos particulares

A primeira distinção a ser feita é entre domicílios e instituições, pela diferença de material que eles mantêm:

a) Domicílios particulares: correspondência, memórias, diários, autobiografias etc.

b) Instituições de ordem privada, tais como bancos, empresas, sindicatos, partidos políticos, escolas, igrejas, associações e outros; nessas instituições se encontram registros, ofícios, correspondência, atas, memoriais, programas, comunicados etc.

c) Instituições públicas, do tipo delegacias, postos etc., quer voltadas ao trabalho, trânsito, saúde, quer atuando no setor de alistamento militar, atividade eleitoral, atividades de bairro e outros; colhem-se nessas instituições: dados referentes a criminalidade, detenções, prisões, livramentos condicionais; registro de automóveis, de acidentes, de contribuições e benefícios de seguro social, de doenças, de hospitalizações, de eleitores, de comparecimento à votação e registros profissionais.

2.1.1.3 *Fontes estatísticas*

A coleta e elaboração de dados estatísticos, inclusive censitários, está a cargo de vários órgãos particulares e oficiais, entre eles: Instituto Brasileiro de Geografia e Estatística (IBGE), Instituto Brasileiro de Opinião Pública e Estatística (Ibope), departamentos municipais e estaduais de estatística, Instituto Gallup etc. Os dados coletados são os mais diversos:

a) Características da população: idade, sexo, raça, escolaridade, profissão, religião, estado civil, renda etc.

b) Fatores que influem no tamanho da população: fertilidade, nascimentos, mortes, doenças, suicídios, emigração, imigração etc.

c) Distribuição da população: *habitat* rural e urbano, migração, densidade demográfica etc.

d) Fatores econômicos: mão de obra economicamente ativa, desemprego, distribuição dos trabalhadores pelo setor primário, secundário e terciário da economia, número de empresas, renda *per capita,* Produto Interno Bruto etc.

e) Moradia: número e estado das moradias, número de cômodos, infraestrutura (água, luz, esgoto etc.), equipamentos etc.

f) Meios de comunicação: rádio, televisão, telefone, gravadores, carros etc.

Os exemplos citados são os mais comuns, porém as fontes estatísticas abrangem os mais variados aspectos das atividades de uma sociedade, incluindo as manifestações patológicas e os problemas sociais.

2.1.2 Tipos de documento

2.1.2.1 Escritos

Os seguintes tipos de documentos escritos são mais comuns:

a) Documentos oficiais constituem geralmente a fonte mais fidedigna de dados. Podem dizer respeito a atos individuais ou, ao contrário, a atos da vida política, de alcance municipal, estadual ou nacional. O cuidado do pesquisador diz respeito ao fato de que ele não exerce controle sobre a forma como os documentos foram criados. Assim, deve não só selecionar o que lhe interessa, como também interpretar e comparar o material, para torná-lo utilizável.

b) Publicações parlamentares, em geral, são registros textuais das diferentes atividades das Câmaras e do Senado. Dificilmente se pode questionar sua fidedignidade, por contarem com um corpo de taquígrafos qualificados e, já em diversos países, utilizam-se fitas magnéticas para gravação das sessões. Entretanto, o pesquisador não pode deixar de conhecer exceções, como as apontadas por Mann (1970, p. 67-68), que reproduz as palavras de Isaac Deutscher sobre o 22º Congresso do Partido Comunista (Rússia): "As atas oficiais e enganadoras *maciçamente emendadas*, do Congresso..." Assim, existem países onde a história é regularmente reescrita, o mesmo acontecendo com as publicações parlamentares.

c) Documentos jurídicos constituem uma fonte rica de informes do ponto de vista sociológico, mostrando como uma sociedade regula o comportamento de seus membros e de que forma se apresentam os problemas sociais. O pesquisador deve saber, porém, que decisões jurídicas constantes de documentos são a ponta de um *iceberg*, principalmente quando se trata de julgamento por crimes políticos: muitos réus chegam ao tribunal com confissões "espontâneas", que servem de base para todo o processo posterior; assim, a decisão jurídica está viciada desde a base.

d) Dados estatísticos são colhidos diretamente e a intervalos geralmente regulares, quer abrangendo a totalidade da população (censos), quer utilizando-se da técnica da amostragem, generalizando os resultados a toda a população. Em outras palavras, em épocas regulares, as estatísticas recolhem dados semelhantes em lugares diferentes. A própria generalização de dados relevantes sobre a população permite ao investigador procurar correlações entre seus próprios resultados e os que apresentam as estatísticas nacionais ou regionais. Partindo do princípio de que as pesquisas com a utilização de questionários e, principalmente, formulários são bastante onerosas e, em geral, de aplicação limitada, o confronto dos dados obtidos com as estatísticas, mais extensas no espaço e no tempo, permite obter resultados mais significativos. Por outro lado, se as estatísticas são mais abrangentes, também são menos precisas. Os principais fatores que levam a erros são:

- Negligência: alguns erros clássicos em listas eleitorais devem-se ao fato de os falecidos continuarem inscritos, aumentando a percentagem de abstencionismo principalmente entre os idosos; os jovens que prestam serviço militar são obrigatoriamente inscritos, resultando em maior abstenção entre rapazes do que moças (os militares em atividade não votam e as jovens que se dão ao trabalho de inscrever-se em geral comparecem às urnas), principalmente em países onde o voto não é obrigatório.

- Forma de coleta de dados: o aumento do número de acidentes de automóvel ocasionados por embriaguez deve-se principalmente a um controle mais severo das condições do motorista; em países subdesenvolvidos, o aumento de certas taxas, como as de câncer, analfabetismo e outras, provém de diagnósticos mais exatos e registros mais precisos.

- Definição dos termos: uma modificação na definição do tipo e faixa de renda suscetível de pagar impostos fará variar o número de indivíduos isentos deles. Uma alteração da definição de população economicamente ativa, computando-se à parte os que trabalham meio período e/ou executam trabalhos temporários, impedirá a comparação dos resultados estatísticos e modificará o nível de desemprego. O estabelecimento de categorias profissionais tendo por base a indicação dos pesquisados levará a muitos desvios se a população não souber exatamente o conceito empregado pelos órgãos coletores.

- Informações recolhidas dos interessados: as principais distorções ocorrem quando o pesquisado não é *capaz* de dar a resposta correta (número de cabeças de gado, em estatísticas rurais), ou tem *razões* para fornecer dados inexatos (fraude fiscal). Pode ocorrer também que o entrevistado deseje valorizar-se, declarando-se bacharel quando só tem o ensino fundamental.

Grawitz (1975, v. 2, p. 122) especifica os principais cuidados que deve tomar o pesquisador que se utiliza de fontes estatísticas: "encontrar a definição exata da unidade coletada e generalizada; verificar a homogeneidade do elemento generalizado; verificar a homogeneidade da relação entre a quantidade medida mediante o total e seus diversos elementos, assim como a quantidade que interessa ao investigador; saber com referência a que devemos calcular as percentagens". Diversas são as formas pelas quais as estatísticas podem ser utilizadas pelos pesquisadores, mas as três a seguir exemplificadas são as principais:

- Correlação entre uma pesquisa limitada e os dados censitários: J. Riley (*Apud* GRAWITZ, 1975, v. 2, p. 119) cita uma pesquisa em que, por intermédio de questionários, procurou-se verificar a atitude das mulheres das novas gerações com relação ao trabalho da mulher casada. O primeiro passo da pesquisa foi um estudo das estatísticas, que revelavam aumento de mulheres casadas economicamente ativas, principalmente em correlação com o grau de escolaridade (correlação positiva). Na segunda fase, a aplicação do questionário revelou opinião positiva em relação à atividade da mulher casada, uniformemente distribuída entre as jovens, independentemente da categoria econômica de seus pais. Na terceira etapa, a análise dos dados estatísticos revelou o aumento do número de mulheres que trabalham em correlação positiva com o nível de instrução, porém apontou também decréscimo de mulheres empregadas em função da renda do marido. Ora, esses dois fatores (nível de instrução e nível econômico) geralmente atuam no mesmo sentido, o que não estava ocorrendo, fator que só pode ser verificado com a confrontação dos dados colhidos na pesquisa de campo com as estatísticas.
- Estudo baseado exclusivamente na análise e interpretação de dados existentes: Kenesaw M. Landis (*Apud* SELLTIZ et al., 1965, p. 358) demonstrou o grau de segregação racial existente em Washington, utilizando publicações do Departamento de Recenseamento "para indicar pressões sobre os negros para que vivessem reunidos em grandes números e em pequena área, e para exemplificar as más condições de habitação de que dispunham". Usou estatísticas oficiais de saúde com a finalidade de apontar as consequências advindas de

tais condições, como maior índice de mortalidade, principalmente ocasionada por tuberculose. Para demonstrar discriminação no trabalho, utilizou dados oficiais sobre emprego e registros de uma empresa industrial. Empregou dados coligidos pelo *Department of Research of the Washington Council of Social Agencies* para demonstrar a relação existente entre as más condições de habitação e as prisões de jovens, efetuadas pela polícia da cidade.

- Utilização dos dados estatísticos existentes para a verificação de uma teoria social. Em sua obra *O suicídio*, Émile Durkheim apresenta um exemplo esclarecedor de emprego de dados estatísticos. Outros pesquisadores antes dele já haviam tentado correlacionar os suicídios com estados psicopáticos, imitação, fatores raciais, fatores hereditários, fatores cósmicos e clima. Durkheim provou que, mantendo-se esses fatores constantes, o mesmo não acontecia com a taxa de suicídios. Em particular, para o clima, realizou uma análise mais extensa: verificou que, de fato, o índice de suicídios cresce regularmente de janeiro até junho, depois declina até dezembro. Se se deseja correlacionar suicídio com a temperatura, porém, os dados não são consistentes: mais suicídios ocorrem na primavera do que no outono, quando as temperaturas médias são mais elevadas. O pique dos suicídios ocorre em junho e não nos meses mais quentes, que são julho e agosto. Dessa forma, as regularidades sazonais realmente existentes nos índices de suicídio não podem, de forma alguma, ser explicadas pela temperatura. Propôs, então, que o índice de suicídio estaria ligado às atividades sociais e estas seriam sazonais. Postulou que "o suicídio varia na razão inversa do grau de integração dos grupos de que faz parte o indivíduo", especificamente as sociedades religiosa, doméstica e política (DURKHEIM, 1987, p. 199). A análise dos dados estatísticos comprovou a estatística, pois se encontram índices menores de suicídio entre católicos do que entre protestantes, entre casados do que entre solteiros, entre os que têm filhos do que entre os que não os possuem e durante épocas em que é maior o fervor nacional.

e) Publicações administrativas têm fidedignidade menor do que a dos documentos oficiais e jurídicos e das publicações parlamentares. Mais do que registro acurado do que se disse e fez, visa à imagem da organização quando dirigida aos clientes e ao público em geral, e à imagem e filosofia do administrador quando é de uso interno. É necessário um estudo do momento político, interno e externo, em que os documentos foram elaborados, para compensar certos desvios.

f) Documentos particulares consistem principalmente de cartas, diários, memórias e autobiografias. Os documentos particulares são importantes principalmente por seu conteúdo não oferecer apenas fatos, mas também o significado que eles tiveram para aqueles que os viveram, descritos em sua própria linguagem. Não é fácil diferenciar entre diários, memórias e autobiografias, pois, além de correlacionados, uns podem conter partes de outros. **Diário** seria o documento escrito na ocasião dos acontecimentos que descreve. **Memórias** consistem em reminiscências do autor em relação a determinado período, auxiliado ou não por diários, mas ele próprio pode não ser a personagem central. **Autobiografia** é um registro cronológico e sistemático da vida do autor, que se configura como personagem principal. Os principais problemas enfrentados pelo pesquisador ao lidar com documentos pessoais são:

- Falsificação: tentativa deliberada de fazer passar por autoria de determinada pessoa documento escrito por outra, que visa criar dificuldades a um estudioso ou obtenção de lucro.
- Apresentação errada do próprio autor: se se deve a autoengano, isto é, distorção da visão de si próprio, não traz problemas para o pesquisador que está interessado na autoimagem do autor: as discrepâncias entre esta e a imagem que outras pessoas têm do autor podem ser fonte interessante de estudo. Se o motivo, porém, é de autopromoção, ocorre distorção deliberada, que se configura em sério impedimento para análise do autor e seu papel em determinados acontecimentos.
- Desconhecimento dos objetivos: todo documento pessoal visa a determinado objetivo: expressar ideias e pontos de vista, relembrar acontecimentos e sentimentos, servir de libelo póstumo contra atos de arbítrio e de terror, justificativa de decisões tomadas etc. Quando o documento visa ao consumo público em data posterior, os variados objetivos introduzem diferentes distorções na exposição.

2.1.2.2 Outros

Constituem outros tipos de documentos:

a) Iconografia abrange a documentação por imagem, compreendendo gravuras, estampas, desenhos, pinturas etc., porém exclui a fotografia. É fonte preciosa sobre o passado, pois às vezes se constitui no único testemunho do aspecto humano da vida, permitindo verificar tendências do vestuário e quem o vestia, forma de disposição dos móveis e utensílios, assim como outros fatores, favorecendo a reconstituição do ambiente e estilo de vida das classes sociais do passado, da mesma forma que o cotidiano de nossos antepassados.

b) Fotografias têm a mesma finalidade da iconografia, porém referem-se a um passado menos distante.

c) Objetos, principalmente para os etnógrafos, constituem fator primordial de seus estudos. Outras ciências também fazem deles o cerne de algumas análises ou abordagens. Assim, os objetos permitem, em relação às diversas sociedades, verificar:

- O nível de evolução: objetos de osso, barro, bronze, ferro ou, atualmente, número de veículos, telefones, televisores ou aparelhos eletrodomésticos.
- O sentido da evolução: desde a invenção da roda até os progressos da automatização, do cachimbo e dos óculos até aviões e robôs, os objetos materiais desenvolvidos pela tecnologia rudimentar ou avançada permitem obter informações sobre como evolui uma sociedade.
- Os meios de produção são essenciais para a análise marxista, por constituir a infraestrutura que determina a superestrutura, ou seja, as formas que terão as relações sociais, políticas etc. Atualmente, muitos autores interessam-se pelas diferenciações que se apresentam entre os operários em função dos progressos técnicos, especificamente a automatização e a introdução do uso de robôs na linha de montagem.
- A significação valorativa quer do objeto símbolo (cachimbo da paz, cruz, bandeira) quer dos objetos que adquirem valor em decorrência do uso em determinado contexto (anel de noivado e de grau, distintivos de associações).

d) Canções folclóricas traduzem os sentimentos e valores de determinada sociedade, em dado contexto. Já as canções de autoria conhecida, muito antes da imprensa escrita ou falada, têm constituído um meio de expressão para a oposição tanto política como social.

e) Vestuário: dependendo da sociedade, constitui não apenas um símbolo de *status*, mas também de momentos sociais (enfeites e pinturas de guerra dos indígenas). Na Índia, a sociedade de castas levou ao auge o vestuário como sinal de posição social: quantidade de peças, qualidade dos tecidos, cores, disposição, enfeites eram características de cada casta e subcasta, permitindo, ao primeiro olhar, a diferenciação e, em consequência, a atitude hierarquizada das pessoas em relação a outras.

f) Folclore: constitui um rico acervo de costumes, objetos, vestuário, cantos, danças etc. O folclore permite a reconstituição do modo de vida da sociedade no passado, tanto de atos ligados a aspectos festivos como de atividades do dia a dia.

2.2 Pesquisa bibliográfica

A pesquisa bibliográfica, ou de fontes secundárias, abrange toda bibliografia já tornada pública em relação ao tema de estudo, desde publicações avulsas, boletins, jornais, revistas, livros, pesquisas, monografias, teses, material cartográfico etc. até meios de comunicação orais: rádio, gravações eletrônicas, audiovisuais, filmes e programas de televisão. Sua finalidade é colocar o pesquisador em contato direto com tudo o que foi escrito, dito ou filmado sobre determinado assunto, inclusive conferências seguidas de debates que tenham sido registrados de alguma forma (gravação ou transcrição verbal).

Para Manzo (1973, p. 32), a bibliografia pertinente "oferece meios para definir, resolver, não somente problemas já conhecidos, como também explorar novas áreas onde os problemas não se cristalizaram suficientemente". Ela tem por objetivo permitir ao cientista "o reforço paralelo na análise de suas pesquisas ou manipulação de suas informações" (TRUJILLO FERRARI, 1974, p. 230). Dessa forma, a pesquisa bibliográfica não é mera repetição do que já foi dito ou escrito sobre certo assunto, mas propicia o exame de um tema sob novo enfoque ou abordagem, chegando a conclusões inovadoras.

2.2.1 Tipos de fonte bibliográfica

Da mesma forma que as fontes de documentos, as bibliográficas variam, fornecendo ao pesquisador diversos dados e exigindo manipulação e procedimentos diferentes.

2.2.1.1 Imprensa escrita

Em forma de jornais e revistas, para sua utilização necessita de análise dos seguintes aspectos:

a) Independência: nos países totalitários, com raras exceções, toda imprensa está submetida às diretrizes do partido no poder; portanto, a margem de independência das fontes é praticamente nula. Por sua vez, o pressuposto teórico dos países democráticos é a independência dos órgãos de informação, pois o princípio da liberdade de imprensa é considerado corolário da liberdade de expressão assegurada pelo regime. Entretanto, existe distinção entre o princípio político e a realidade: o capital necessário para a manutenção da independência do órgão depende de uma série de fatores, sendo o principal a fonte de publicidade, que pode efetivamente controlar as diretrizes do órgão; da mesma forma, os modos de regulamentação e a censura exercem efeitos de maior ou menor influência.

b) Conteúdo e orientação: vários tipos de investigação podem ser levados a cabo sob esse aspecto, como tendências e espaço dedicados à política nacional e internacional, fatos diversos, notícias locais, esporte, acontecimentos policiais, publicidade etc.. Quando se trata de questões relativas à população, como educação, saúde etc., deve-se verificar o tom da mensagem: pessimismo, otimismo, sentimentalismo etc.

c) Difusão e influência: pode-se verificar a zona geográfica de distribuição e o tipo de população que é influenciada; a correlação entre posições do órgão e os resultados eleitorais; o prestígio do editorialista e outros profissionais que assinam suas matérias; o que as pessoas mais leem e a influência que sobre elas exercem as opiniões expressas e as informações.

d) Grupos de interesses: na chamada imprensa alternativa e a específica de categorias profissionais, pode-se verificar como esses grupos sociais apresentam as ideias dos dirigentes sobre seus objetivos, a atuação dos poderes públicos, os interesses regionais, nacionais e internacionais etc.

2.2.1.2 Meios audiovisuais

De certa forma, o que ficou dito para a imprensa escrita pode ser aplicado para os meios audiovisuais, rádio, filmes, televisão. Para ambas as formas de comunicação, é interessante a análise do conteúdo da própria comunicação, que apresenta os seguintes objetivos (BERELSON In: SELLTIZ; JAHODA; DEUTSCH; COOK, 1965, p. 377-378):

a) Questões referentes às características do conteúdo:
- Descrever tendências no conteúdo da comunicação.
- Delinear o desenvolvimento da erudição.
- Revelar diferenças internacionais no conteúdo da comunicação.
- Comparar os meios ou "níveis" de comunicação.
- Examinar o conteúdo da comunicação com relação aos objetivos.
- Construir e aplicar padrões de comunicação.
- Auxiliar operações técnicas de pesquisa.
- Revelar as técnicas de propaganda.
- Medir a "legibilidade" de materiais de comunicação.
- Descobrir características estilísticas.

b) Questões referentes aos criadores ou às causas do conteúdo:
- Identificar as intenções e outras características dos transmissores.
- Verificar o estado psicológico de pessoas e grupos.
- Identificar a existência de propaganda (fundamentalmente com objetivos legais).
- Obter informação política e militar.

c) Questões referentes a audiência ou efeitos do conteúdo:
- Refletir atitudes, interesses e valores ("padrões culturais") de grupos da população.
- Revelar o foco de atenção.
- Descrever as respostas de atitudes e de comportamento às comunicações.

2.2.1.3 Material cartográfico

Variará segundo o tipo de investigação que se pretende. Entre os mais importantes que se podem consultar, figuram os seguintes:

a) Mapa com divisão política e administrativa.
b) Mapa hidrográfico.
c) Mapa de relevo.

d) Mapa climatológico.
e) Mapa ecológico.
f) Mapa etnográfico.
g) Mapa de densidade de população.
h) Mapa de rede de comunicação.
i) Mapa com indicação de cultivos, modo de ocupação do solo, suas formas de utilização etc.
j) Gráfico e pirâmide da população.
k) Gráfico de importações e exportações, Produto Interno Bruto etc.

2.2.1.4 Publicações

Livros, teses, monografias, publicações avulsas, pesquisas, artigos científicos impressos ou eletrônicos etc. formam o conjunto de publicações, cuja pesquisa compreende quatro fases distintas:

a) Identificação.
b) Localização.
c) Compilação.
d) Fichamento.

A. Identificação

É a fase de reconhecimento do assunto pertinente ao tema em estudo que pode ser feito, lançando-se mão de catálogos das bibliotecas, das bibliografias, dos índices e *abstracts* especializados.

a) Catálogo: lista sumária, ordenada, de livros.
b) Índice: relação de artigos publicados em periódicos sobre determinado assunto.
c) Bibliografia: indexação de artigos de periódicos, livros, teses, folhetos, relatórios, comunicações e outros documentos sobre o mesmo tema.
d) *Abstracts*: publicações que, além de oferecerem elementos para identificar o trabalho, apresentam um resumo analítico.

O estudo das tabelas de conteúdo, dos prefácios, dos índices e do próprio texto dos livros permite ao pesquisador identificar e decidir se determinada obra convém ou não ao seu trabalho.

B. Localização

Depois de realizado o levantamento bibliográfico nos catálogos e fontes de referência, passa-se à localização das fichas bibliográficas, a fim de se obterem informações necessárias.

Consultar sistemas interbibliotecas e catálogos (nacionais e internacionais) disponíveis na Internet.

C. Compilação

Trata-se, aqui, de reunir sistematicamente referências, informações impressas e/ou inéditas.

A obtenção do material pode ser feita por meio de xerox, fotocópias ou microfilmes (mediante pagamento de pequena taxa), de separatas ou em fichas, nas bibliotecas em geral.

D. Fichamento

À medida que o pesquisador identifica os documentos, deverá, ao mesmo tempo, transcrever os dados nas fichas bibliográficas, com o máximo de exatidão e cuidado.

Para registrar os dados, pode-se fazê-lo por meio de fichas de papel, cujo formato internacional é de 7,5 × 12,5 cm, ou eletronicamente, abrindo pastas para os assuntos (temas). Nas anotações em fichas de papel ou eletrônicas, devem ser postos os elementos identificadores essenciais (referências bibliográficas), que permitem a identificação das publicações.

Elementos da referência bibliográfica, extraídos da publicação, seguem a seguinte ordem:

a) Autor (sobrenome e prenomes).
b) Organizador (se houver).
c) Título e subtítulo (do livro ou artigo; só o título é destacado).
d) Tradutor.
e) Número de edição (a partir da segunda).
f) Local de publicação.
g) Editora.
h) Ano de publicação.
i) Número de páginas ou de volumes (se houver).

Exemplos

Livros

MARCONI, Marina de Andrade. *Garimpos e garimpeiros em Patrocínio Paulista*. São Paulo: Secretaria da Cultura, Ciência e Tecnologia, 1978.

LAKATOS, Eva Maria; MARCONI, Marina de Andrade. *Sociologia geral*. 8. ed. São Paulo: Atlas, 2019.

MUSSOLINI, Gioconda (org.). *Evolução, raça e cultura*: leituras de antropologia física. São Paulo: Nacional: Edusp, 1969.

SOUZA, Aluísio José Maria de; REGO FILHO, Antonio Serafim; LINS FILHO, João Batista Correa; LYRA, José Hailton Bezerra; COUTO, Luiz Albuquerque; SILVA, Manuelito Gomes da. *Iniciação à lógica e à metodologia da ciência*. São Paulo: Cultrix, 1976.

ABRAMO, Perseu. Pesquisa em ciências sociais. *In*: HIRANO, Sedi (org.). *Pesquisa social*: projeto e planejamento. São Paulo: T. A. Queiroz, 1979.

DICIONÁRIO DE SOCIOLOGIA. Porto Alegre: Globo, 1970.

Artigos de revistas e de jornais

MARCONI, Marina de Andrade. Lundu Baiano: desafio coreográfico. *Revista Brasileira de Folclore*. Rio de Janeiro, v. 3, n. 5, p. 23-36, jan./abr. 1963.

MACEDO, Roberto. Ampliar ascensão social é menos difícil que desconcentrar renda. *O Estado de S. Paulo*, São Paulo, ano 141, n. 46132, p. A2, 6 fev. 2020.

Tese de doutorado

LAKATOS, Eva Maria. *O trabalho temporário*: nova forma de relação social no trabalho. 1979. Tese (Livre-Docência) – Fundação Escola de Sociologia e Política de São Paulo, São Paulo, 1979. 2 v.

Para mais informações, ver NBR 6023, da Associação Brasileira de Normas Técnicas. No Capítulo 7 deste livro, apresentamos uma síntese dessas normas.

O fichamento de qualquer documento (de fonte primária ou secundária) requer três etapas: (1) se em ficha de papel: *redação da ficha, classificação das fichas, comentários ou crítica documental e referências bibliográficas*; (2) se realizada eletronicamente: abertura de pasta com a designação do tema (assunto), redação da anotação, registrada em arquivos que são endereçados à pasta que os compreende; comentários ou crítica e informações referenciais.

1. Redação de ficha

No registro de conteúdo, o pesquisador deve anotar todos os elementos essenciais ao desenvolvimento do trabalho. São pontos básicos: selecionar o material e fazer anotações completas, bem redigidas e fiéis ao original.

Manzo (1973, p. 16) apresenta cinco tipos de anotações:

a) Comentário: explicitação do conteúdo, para sua melhor compreensão.
b) Informação geral: enfoque mais amplo sobre o conteúdo geral.
c) Glosa: explicitação ou interpretação de um texto obscuro para torná-lo mais claro.
d) Resumo: síntese das ideias principais ou resumo dos aspectos essenciais.
e) Citações diretas: transcrição literal de palavras ou trechos considerados relevantes. [Nas fichas, toda transcrição deve ser posta entre aspas. Ao redigir o trabalho, porém, se a citação ocupar até três linhas, ela terá aspas no início e no final da citação; se tiver mais de três linhas, ela terá um recuo lateral à esquerda de 4 cm; será composta em fonte menor que a do texto e terá espaço interlinear simples.]

As letras *a* e *c* são muito semelhantes. O *Dicionário Houaiss* (2001, p. 1458) registra que glosa é "anotação entre as linhas ou na margem de um texto para explicar o sentido de uma palavra ou esclarecer uma passagem obscura". Por extensão, é "observação crítica ao comportamento ou ao trabalho de alguém; parecer contrário, desaprovação, censura". O comentário ocupa-se não só de uma palavra, mas da totalidade de um texto.

Os fichamentos de leitura mais usuais são os de citação direta (transcrição literal) e os de resumo. São sempre acompanhados de referências bibliográficas (ver MEDEIROS, 2019, p. 113-131).

Deve-se registrar apenas um assunto em cada ficha de papel ou arquivo eletrônico (este deve estar dentro de uma pasta que abarca o mesmo tema tratado por diferentes autores). Se o conteúdo for extenso, o registro em ficha de papel pode ser feito em duas ou mais, que ficarão agrupadas.

Exemplos

FICHA DE COMENTÁRIO

ALMEIDA, Djanira Soares de Oliveira. *Ensinando e aprendendo a escrita*: momentos iniciais. Araraquara: Unesp, 1995. 236 p.

A A. apresenta um estudo comparativo entre dois grupos de alunos de escola pública de São Paulo, ambos do Ciclo Básico. Busca compreender diversos aspectos do processo ensino-aprendizagem, apresentando uma visão abrangente do trabalho do professor, das respostas dos alunos, das estratégias, dos materiais adotados e do produto obtido. Com base na teoria adotada e na análise dos dados, a autora chega à conclusão de que o mais importante no processo é o trabalho com a linguagem.

FICHA DE INFORMAÇÃO GERAL

ALMEIDA, Djanira Soares de Oliveira. *Ensinando e aprendendo a escrita*: momentos iniciais. Araraquara: Unesp, 1995. 236 p.

A obra resulta de pesquisa que visa à elaboração de tese de doutoramento em Letras. Tem caráter pedagógico e interdisciplinar; destina-se aos interessados em Psicolinguística, Metodologia, Linguística Aplicada e Alfabetização. Vale-se, como apoio teórico, das teorias linguísticas mais recentes sobre aquisição da linguagem escrita e de estudos de psicologia de Piaget, Wallon e Vygotsky sobre o desenvolvimento infantil. A pesquisa pretende oferecer contribuição para a reflexão sobre o problema da alfabetização no Brasil.

FICHA DE GLOSA

ALMEIDA, Djanira Soares de Oliveira. *Ensinando e aprendendo a escrita*: momentos iniciais. Araraquara: Unesp, 1995. 236 p.

A teoria psicogenética, proposta pelo psicólogo suíço Jean Piaget e desenvolvida pela pesquisadora argentina Emilia Ferreiro, procura explicar o desenvolvimento infantil no aspecto de aquisição da leitura e da escrita, levando em conta habilidades de aquisição enquanto construção de um sistema de representação, visto sob perspectiva do sujeito que aprende e não do adulto.

FICHA DE RESUMO

ALMEIDA, Djanira Soares de Oliveira. *Ensinando e aprendendo a escrita*: momentos iniciais. Araraquara: Unesp, 1995. 236 p.

A autora apresenta um estudo comparativo entre duas classes de alunos do Ciclo Básico, em fase de aquisição da leitura e da escrita, objetivando verificar, pelo processo e produto alcançados, em que medida a escola atua como intermediária entre o aluno e o conhecimento. Examina a linguagem praticada na escola, estabelecendo referenciais de uso da língua, ora como simples instrumento, ora como sistema de representação e objeto conceitual a ser adquirido.

FICHA DE CITAÇÕES DIRETAS

ALMEIDA, Djanira Soares de Oliveira. *Ensinando e aprendendo a escrita*: momentos iniciais. Araraquara: Unesp, 1995. 236 p.

Da obra:
"Mais que um mero código de transcrição do oral, a aquisição da escrita consiste no domínio de um sistema de representação, de um novo objeto de conhecimento" (p. 38).
"De todo modo, trabalha-se o significante em detrimento do significado, rompendo-se a relação indissolúvel entre as duas partes do signo" (p. 230).

Na obra:
Mello, Lélia Erbolatto de. Repensando a questão da textualidade da cartilha. In: Seminários do GEL, 39, 7-8, jun. 1991. Franca, *Anais*. Jaú: Lunigraf, 1992. p. 970-977.

Alguns autores apresentam apenas dois tipos de fichas: de resumo e bibliográfica.

Exemplos

FICHA DE RESUMO

> ALMEIDA, Djanira Soares de Oliveira. *Ensinando e aprendendo a escrita*: momentos iniciais. Araraquara: Unesp, 1995. 236 p.
>
> Análise de materiais e atividades didáticas, a partir de modelos linguísticos. *Cadernos de Educação*. Franca: Unesp, 2, 1998. p. 39-65.
>
> O uso de materiais didáticos deve ser precedido de ampla reflexão em torno dos pressupostos teóricos e dos modelos que subjazem a tais instrumentos de apoio pedagógico. Os materiais subsidiários ao ensino da leitura e da escrita prestam-se à decifração de sílabas e letras e a inferências sobre o trabalho criativo com a linguagem.

FICHA BIBLIOGRÁFICA

> ALMEIDA, Djanira Soares de Oliveira. *Ensinando e aprendendo a escrita*: momentos iniciais. Araraquara: Unesp, 1995. 236 p.
>
> Edição da Faculdade de História, Direito e Serviço Social. Franca, Unesp, Artigo publicado na revista *Cadernos de Educação*, 2, 1998.
>
> É uma reflexão sobre modelos e teorias linguísticas, materiais didáticos e práticas pedagógicas. Mostra como o uso de cartilhas se torna incompatível com a aquisição da língua materna, nas modalidades oral e escrita. Discute a aplicação de alguns modelos linguísticos em obras didáticas. Analisa conceitos como o da gramática tradicional e de estrutura, que subjazem às atividades propostas nesses manuais.

Nota: Os exemplos de fichas apresentados foram elaborados pela Profa. Dra. Djanira Soares de Oliveira e Almeida, da Unesp, a pedido.

2. Classificação das fichas

A ordenação das fichas de papel e a utilização de pastas eletrônicas que classificam arquivos facilitam o manuseio das anotações e o andamento do trabalho. Em geral, seguem a ordem alfabética, mas, se o trabalho for bem amplo, pode-se usar a ordem cronológica de publicação das obras.

As anotações podem ser por assunto (ou títulos de obras), por autores, por cronologia do aparecimento de determinados conceitos, teoria ou tratamento de determinados temas.

3. Crítica documental e bibliográfica

Antes de proceder ao fichamento de conteúdo, analisam-se as fontes, para verificar a sua real importância, seu grau de autenticidade e de veracidade.

A crítica dos documentos, obras e outras origens de dados, de fonte primária ou secundária, é essencial ao pesquisador. Costuma-se distinguir a crítica externa da interna.

A crítica externa trata da autenticidade ou do caráter genuíno do documento ou obra, com a finalidade de determinar se é admissível como evidência. De preferência, volta-se à análise da forma e aparência do trabalho, mais do que à significação do conteúdo, se bem que este também pode fornecer evidências. Divide-se em:

a) Crítica do texto: o objetivo é averiguar o valor do texto em pauta. Focaliza aspectos como: o texto é autógrafo, ou seja, escrito pela mão do autor? É um rascunho, é um texto definitivo? Foi escrito ou não para publicação? Se for cópia do autógrafo, foi ou não revista pelo autor? Se o texto está publicado, ele o foi com a participação do autor ou confiado a outra pessoa? Existem alterações de manuscrito para manuscrito, de edição para edição?

b) Crítica da autenticidade: tem por finalidade determinar o autor, o tempo e as circunstâncias da composição. Para tal, contribuem principalmente testemunhos externos, mas, quando estes são poucos, lança-se mão da própria análise interna da obra.

c) Crítica da origem: visa investigar a proveniência do texto e a averiguação de até que ponto pode ter sido decalcada sobre outro.

A crítica interna, por sua vez, trata da credibilidade ou significação e da fidedignidade dos dados apresentados no documento ou obra. Refere-se à demonstração da época, lugar e autoria, englobando, inclusive, a restauração da forma e linguagem original empregada pelo autor, pois até o sentido das palavras pode alterar-se com o tempo. Divide-se em:

a) Crítica da interpretação: averigua o sentido do que o autor quis exprimir (também denominada hermenêutica).

b) Crítica do valor interno: aprecia a obra, formando um juízo sobre a autoridade do autor.

c) Crítica da autoria: verifica se a forma e a linguagem se aplicam à época em que presumivelmente foi escrita a obra. Tenta-se determinar o lugar e se o trabalho apresenta as mesmas características de outros do mesmo autor para se ter certeza da autoria.

Ander-Egg (1978, p. 189-190) e Rummel (1977, p. 159-160) indicam uma série de questões que devem ser levantadas nas críticas externa e interna de um documento ou obra:

a) Onde foi feito? Geralmente, em materiais impressos, a localização do editor é indicada. Por outro lado, mais importante do que saber quem o publicou e em que lugar é descobrir onde e sob que condições foi escrito.

b) Quando foi escrito? Qual foi o lapso de tempo que decorreu entre o momento em que foi escrito e a época da publicação? Se não é fornecida uma data, esta pode ser determinada pelo conteúdo do documento ou da obra?

c) É um documento válido? As seguintes perguntas são relevantes para responder a essa questão: é original ou uma cópia? É um texto cabal ou foi adulterado (por erro ou fraude)? É cópia precisa ou foi mutilada? Apresenta-se sob sua forma completa ou foi parcialmente destruída?

d) Quem foi o autor? O que se pode saber ou descobrir sobre o autor, no que diz respeito à sua nacionalidade, profissão, cargo, formação, classe, filiações partidárias, religião, características mentais, parcialidades, interesses, *status* social, hábitos linguísticos? A autoria é verdadeira ou falsa, ou foi escrita por um "escritor fantasma"? O trabalho representa um caso de plágio ou falsificação?

e) O documento pode ser aceito como verdadeiro? Para a determinação da significação, honestidade e precisão do autor, devem-se levar em consideração as seguintes questões: "Qual a significação real? Por que o autor escreveu o documento? O escritor demonstra uma deturpação de fatos, resultante da vaidade? Estava o autor em tal posição que o provocaria a se desviar da verdade? O desejo de promoção o incitou a escrever, para agradar aos seus superiores? Trabalhou sob exagerada parcialidade política? Está expressando sentimentos para agradar ao público? Violou a verdade, pelo uso de artifícios literários? Era um bom observador? Quando registrou as suas observações? Os fatos são de tal natureza que não poderiam ser aprendidos apenas pela observação? O autor estava sendo posto em dúvida? Em que medida podem ser interpretadas afirmações anônimas ou de autor desconhecido? Alguns fatos são tão conhecidos, que seria difícil cometer erros a respeito deles? Os fatos são de tal natureza que tornam impossível a inexatidão?" (RUMMEL, 1977, p. 159-160).

f) Caso o autor pertença a uma organização, esta foi imparcial na coleta de dados ou teria algum interesse em determinado resultado? É importante constatar que a parcialidade pode ser consciente ou inconsciente. Em alguns casos, certas organizações têm preferências pessoais ou de grupo, ou, até, encontram-se a serviço de determinados interesses políticos, econômicos etc., cuja finalidade é influir sobre a opinião pública por intermédio da publicação de resultados ou parciais ou mesmo falsificados.

g) Se os resultados da pesquisa foram fundamentados em uma amostra do universo, esta era suficientemente representativa? E quais foram as técnicas empregadas para solucioná-la?

h) De que forma foi elaborado o instrumento de coleta de dados? Ele seguiu as normas metodológicas em sua preparação e apresentação?

i) Como se realizou o trabalho de coleta de dados? Os pesquisadores foram supervisionados pelo autor?

j) De que maneira se fez a tabulação e a análise dos dados colhidos? Utilizaram-se controles para testar o erro de estimativa da significância? Empregaram-se testes de hipóteses ou erros foram introduzidos pelo uso apenas de valores médios, coeficientes de correlação etc.?

k) O autor utilizou definições ou categorias adequadas ao problema que foi investigado?

3 DOCUMENTAÇÃO DIRETA

A documentação direta constitui-se, em geral, no levantamento de dados no próprio local onde os fenômenos ocorrem. Esses dados podem ser obtidos de duas maneiras: por meio da pesquisa de campo ou da pesquisa de laboratório.

3.1 Pesquisa de campo

Pesquisa de campo é a que é utilizada com o objetivo de conseguir informações e/ou conhecimentos sobre um problema para o qual se procura uma resposta, ou para uma hipótese que se queira comprovar, ou, ainda, descobrir novos fenômenos ou relações entre eles.

A pesquisa de campo consiste na observação de fatos e fenômenos tal como ocorrem espontaneamente, na coleta de dados a eles referentes e no registro de variáveis que se presume relevantes, para analisá-los. A pesquisa de campo propriamente dita

> não deve ser confundida com a simples coleta de dados (esta última corresponde à segunda fase de qualquer pesquisa); é algo mais que isso, pois exige contar com controles adequados e com objetivos preestabelecidos que discriminam suficientemente o que deve ser coletado (TRUJILLO FERRARI, 1982, p. 229).

As fases da pesquisa de campo requerem, em primeiro lugar, a realização de uma pesquisa bibliográfica sobre o tema em questão. Ela servirá para se saber em que estado se encontra atualmente o problema, que trabalhos já foram realizados a seu respeito e quais são as opiniões reinantes sobre o assunto. Permitirá ainda que se estabeleça um modelo teórico inicial de referência, da mesma forma que auxiliará na determinação das variáveis e elaboração do plano geral da pesquisa.

Em segundo lugar, de acordo com a natureza da pesquisa, devem-se determinar as técnicas que serão empregadas na coleta de dados e na determinação da amostra, que deverá ser representativa e suficiente para apoiar as conclusões.

Por último, antes que se realize a coleta de dados é preciso estabelecer tanto as técnicas de registro desses dados, como as técnicas que serão utilizadas em sua análise posterior.

Se a pesquisa de campo envolver um experimento, após a pesquisa bibliográfica devem-se: (a) selecionar e enunciar um problema, levando em consideração a metodologia apropriada; (b) apresentar os objetivos da pesquisa, sem perder de vista as metas práticas; (c) estabelecer a amostra correlacionada com a área de pesquisa e o universo de seus componentes; (d) estabelecer os grupos experimentais e de controle; (e) introduzir os estímulos; (f) controlar e medir os efeitos.

Para Tripodi, Fellin e Meyer (1975, p. 42-71), as pesquisas de campo dividem-se em três grandes grupos: quantitativas descritivas,, exploratórias e experimentais, com as respectivas subdivisões.

3.1.1 Pesquisas quantitativas descritivas

Pesquisas quantitativas descritivas consistem em investigações de pesquisa empírica, cuja principal finalidade é o delineamento ou análise das características de fatos ou fenômenos, a avaliação de programas, ou o isolamento de variáveis principais ou chave. Qualquer desses estudos pode utilizar métodos formais, que se aproximam dos projetos experimentais, caracterizados pela precisão e pelos controles estatísticos, com a finalidade de fornecer dados para a verificação de hipóteses. Todos eles empregam artifícios quantitativos, tendo por objetivo a coleta sistemática de dados sobre populações, programas, ou amostras de populações e programas. Utilizam várias técnicas, como entrevistas, questionários, formulários etc. e empregam procedimentos de amostragem. Subdividem-se em:

a) Estudos de verificação de hipótese: são estudos quantitativo-descritivos que contêm, em seu projeto de pesquisa, hipóteses explícitas que devem ser verificadas. Essas hipóteses são derivadas da teoria e, por esse motivo, podem consistir em declarações de associações entre duas ou mais variáveis, sem referência a uma relação causal entre elas.

b) Estudos de avaliação de programa: consistem em estudos quantitativo-descritivos relativos à procura dos efeitos e resultados de todo um programa ou método específico de atividades de serviços ou auxílio, que podem dizer respeito a grande variedade de objetivos sobre educação, saúde e outros. As hipóteses podem ou não estar explicitamente declaradas e com frequência derivam dos objetivos do programa ou método que está sendo avaliado e não da teoria. Empregam larga gama de procedimentos que podem aproximar-se do projeto experimental;

c) Estudos de descrição de população: são os estudos quantitativo-descritivos que possuem como função primordial a exata descrição de certas características quantitativas de toda uma população, organizações ou outras coletividades específicas. Geralmente, contêm um grande número de variáveis e utilizam técnicas de amostragem para que apresentem caráter representativo. Quando pesquisam aspectos qualitativos, como atitudes e opiniões, empregam escalas que permitem a quantificação;

d) Estudos de relações de variáveis: são uma forma de estudos quantitativo-descritivos que se referem à descoberta de variáveis pertinentes a determinada questão ou situação, da mesma forma que à descoberta de relações relevantes entre variáveis. Em geral, nem hipóteses preditivas (*ante factum*) nem perguntas específicas são *a priori* formuladas, de modo que se inclui no estudo grande número de variáveis potencialmente relevantes e o interesse centraliza-se em encontrar as de valor preditivo.

3.1.2 Pesquisas exploratórias

São investigações de pesquisa empírica cujo objetivo é a formulação de questões ou de um problema, com tripla finalidade: (1) desenvolver hipóteses; (2) aumentar a familiaridade do pesquisador com um ambiente, fato ou fenômeno para a realização de uma pesquisa futura mais precisa; (3) modificar e clarificar conceitos.

Empregam-se geralmente procedimentos sistemáticos para a obtenção de observações empíricas ou para as análises de dados (ou ambas, simultaneamente). Obtêm-se com frequência descrições tanto quantitativas quanto qualitativas do objeto de estudo, e o investigador deve conceituar as inter-relações entre as propriedades do fenômeno, fato ou ambiente observado.

Uma variedade de procedimentos de coleta de dados pode ser utilizada, como entrevista, observação participante, análise de conteúdo etc., para estudo relativamente intensivo de um pequeno número de unidades, mas em geral sem o emprego de técnicas probabilísticas de amostragem. Muitas vezes, ocorre a manipulação de uma variável independente com a finalidade de descobrir seus efeitos potenciais. Dividem-se em:

a) Estudos exploratórios descritivos combinados: são estudos exploratórios que têm por objetivo descrever completamente determinado fenômeno, como o estudo de um caso para o qual são realizadas análises empíricas e teóricas. Podem ser encontradas tanto descrições quantitativas e/ou qualitativas quanto acumulação de informações detalhadas como as obtidas por intermédio da observação participante. Dá-se precedência ao caráter representativo sistemático e, em consequência, os procedimentos de amostragem são flexíveis.

b) Estudos que usam procedimentos específicos para coleta de dados: são estudos que usam procedimentos específicos para coleta de dados para o desenvolvimento de ideias; são estudos exploratórios que utilizam exclusivamente determinado procedimento, como a análise de conteúdo, para extrair generalizações com o propósito de produzir categorias conceituais que possam vir a ser operacionalizadas em um estudo subsequente. Dessa forma, não apresentam descrições quantitativas exatas entre as variáveis determinadas.

c) Estudos de manipulação experimental: consistem em estudos exploratórios que têm por finalidade manipular uma variável independente, a fim de localizar variáveis dependentes que potencialmente estejam associadas a ela, estudando-se o fenômeno em seu meio natural. O propósito desses estudos em geral é demonstrar a viabilidade de determinada técnica ou programa como uma solução, potencial e viável, para determinados programas práticos. Os procedimentos de coleta de dados variam bastante e técnicas de observação podem ser desenvolvidas durante a realização da pesquisa.

3.2 Pesquisa experimental

A pesquisa experimental consiste em investigações de pesquisa empírica, cujo objeto principal é o teste de hipóteses que dizem respeito a relações de tipo causa-efeito. Todos os estudos desse tipo utilizam projetos experimentais que incluem os seguintes fatores: grupo de controle (além do experimental), seleção da amostra por técnica probabilística e manipulação de variáveis independentes com a finalidade de controlar ao máximo os fatores pertinentes.

As técnicas rigorosas de amostragem têm o objetivo de possibilitar a generalização das descobertas a que se chega pela experiência. Para que possam ser descritas quantitativamente, as variáveis relevantes são especificadas. Os diversos tipos de estudos experimentais podem ser desenvolvidos tanto em campo, ou seja, no ambiente natural, quanto em laboratório, onde o ambiente é rigorosamente controlado.

O interesse da pesquisa de campo está voltado para o estudo de indivíduos, grupos, comunidades, instituições e outros campos, visando à compreensão de vários aspectos da sociedade. Ela apresenta vantagens e desvantagens.

As vantagens seriam:

a) Acúmulo de informações sobre determinado fenômeno, que também podem ser analisadas por outros pesquisadores, com objetivos diferentes.
b) Facilidade na obtenção de uma amostragem de indivíduos, sobre determinada população ou classe de fenômenos.

Seriam desvantagens:

a) Pequeno grau de controle sobre a situação de coleta de dados e possibilidade de fatores desconhecidos para o investigador poderem interferir nos resultados.

b) O comportamento verbal ser relativamente de pouca confiança, pelo fato de os indivíduos poderem falsear suas respostas.

Entretanto, muita coisa pode ser feita para aumentar as vantagens e diminuir as desvantagens; por exemplo: lançar mão de pré-testes, utilizar instrumental mais completo etc.

Diversas ciências e ramos de estudo utilizam a pesquisa de campo para o levantamento de dados, como a Sociologia, a Antropologia Cultural e Social, a Psicologia Social, a Política, o Serviço Social e outras.

3.3 Pesquisa-ação participativa

A pesquisa realizada com ação participativa é cada vez mais utilizada pelos pesquisadores nas Ciências Sociais. São vários os exemplos do uso da pesquisa-ação participativa em Psicologia (especialmente, nas áreas social e comunitária), Sociologia, Educação, Medicina e, mais recentemente, Economia, com temas de desenvolvimento comunitário. No caso das organizações empresariais, as abordagens modernas de administração sentem necessidade da participação e compromisso das pessoas.

Para Bernal Torres (2006, p. 58), a pesquisa-ação participação

> é um enfoque diferente do método tradicional de se fazer investigação científica, uma vez que conceitua as pessoas (tradicionalmente, consideradas como meros objetos de investigação) como sujeitos partícipes em interação com os peritos investigadores, nos projetos de pesquisa.

Assim, forma-se uma equipe de pesquisa integrada, unindo pesquisadores (agentes de mudança) com o grupo ou comunidade, na qual se realiza a investigação, interagindo os criadores do projeto de pesquisa com os representados da própria realidade, os construtores de um projeto de vida.

Segundo Cano Flores (2003, p. 59), a pesquisa-ação participativa

> mais do que uma atividade investigativa, é um processo eminentemente educativo de autoformatação e autoconhecimento da realidade na qual a pessoa, que pertence à comunidade ou ao grupo, sobre os quais recai o estudo, tenha uma participação direta na produção do conhecimento sobre a realidade.

Murcia Florian (1997, p. 37) entende que "a teoria e o processo de conhecimento são, essencialmente, uma interpretação e transformação recíproca da concepção do mundo, do próprio ser humano e da realidade". Esse conhecimento da realidade resulta da "transformação objetiva e subjetiva que se produz dentro do mesmo processo de investigação".

Na pesquisa-ação participativa, considera-se que o sujeito da investigação tem capacidade de ação e poder transformador. Para ela, a importância do conhecimento é a condição de ele poder orientar e transformar o grupo, a comunidade ou a organização, melhorando a qualidade de vida de seus integrantes. Ela possui a capacidade de ação e poder transformador, resultante da reflexão e investigação contínua sobre a realidade. No processo de mudança, são importantes a participação e a comunicação entre os integrantes da investigação; nele, o plano, as decisões e a execução constituem um compromisso de toda a equipe.

O sujeito da investigação, na pesquisa-ação participativa, deve possuir capacidade de ação e transformação. A ação não significa um simples atuar, mas uma reflexão e investigação sobre a realidade, visando não só conhecê-la, mas também transformá-la. Na mudança, torna-se importante a participação e comunicação e retroalimentação entre os participantes do processo de pesquisa, em que a planificação, as decisões e a execução devem ser partilhadas por toda a equipe: o grupo e os pesquisadores.

Trata-se, portanto, de um enfoque em que a investigação presta auxílio à população estudada, pois visa resolver problemas e necessidades, dando uma orientação de vida. O objetivo desse tipo de pesquisa é conseguir que o sujeito da investigação consiga autoconhecer-se, transformar-se e também a realidade estudada. Assim, à pesquisa-ação participativa interessa, de maneira especial, dinamizar a capacidade do pesquisado para que ele assuma de forma interativa, consciente, reflexiva e crítica o curso de sua vida, uma vez que os indivíduos e a comunidade vão sendo construídos com base no reconhecimento que esta vai fazendo de si e de suas possibilidades e potencialidades.

De acordo com especialistas, o esquema metodológico da pesquisa-ação participativa é um processo complexo pela especificidade de cada estudo; é, portanto, impossível estabelecer um modelo rígido, único e estandardizado. Há, entretanto, um esquema geral de três fases que pode ser utilizado:

a) Fase inicial: refere-se ao contato com a comunidade. Os pesquisadores começam a motivar a comunidade a interessar-se pela investigação da sua realidade, para dar solução a algum problema, ou satisfazer a suas necessidades, possibilitando melhora contínua.

b) Fase intermediária: trata-se da estrutura administrativa da investigação. Começa por definir as responsabilidades do grupo, os objetivos que se pretende alcançar e o procedimento a seguir, para, no final, analisar o problema e encontrar uma solução. No entanto, o pesquisador precisa estar orientado a conhecer e a transformar a realidade social das pessoas envolvidas. Devem ser definidas as ações, as técnicas e as ferramentas para a obtenção de informações e depois, na análise, encontrar a solução do problema. Entre as técnicas para registrar, em campo, os dados, há a entrevista, a observação participante estruturada e a história de vida.

c) Fase de execução e avaliação: diz respeito ao envolvimento da comunidade ou grupo no projeto de investigação. Visa, de modo sistemático, encontrar solução para o objeto de estudo, a fim de modificar a realidade e melhorar as condições de vida da população estudada.

É importante que o investigador, desde o começo, se envolva com a população ou comunidade a estudar, despertando a confiança no grupo e o interesse pela pesquisa, com o intuito de transformar a realidade, visando melhorá-la.

Durante todo o processo de pesquisa, é importante a retroalimentação sobre o estado do desenvolvimento do estudo, de modo que a própria comunidade ou grupo pesquisado realize os ajustes e os avanços necessários para alcançar os objetivos propostos na investigação, tendo em vista solucionar o problema estudado.

Segundo Fals Borda (1990, p. 27),

> um processo investigatório na metodologia IAP deve envolver a comunidade ou população no projeto investigado desde a formação do problema até a discussão sobre como encontrar solução, passando pela interpretação dos resultados.

3.4 Pesquisa de laboratório

A pesquisa de laboratório é um procedimento de investigação mais difícil, porém mais exato. Ela descreve e analisa o que será ou ocorrerá em situações controladas. Exige instrumental específico, preciso e ambientes adequados.

O objetivo da pesquisa de laboratório depende do que se propôs alcançar; deve ser previamente estabelecido e relacionado com determinada ciência ou ramo de estudo. As técnicas utilizadas também variam de acordo com o estudo a ser feito.

Na pesquisa de laboratório, as experiências são efetuadas em recintos fechados (casa, laboratórios, salas) ou ao ar livre; em ambientes artificiais ou reais, de acordo com o campo da ciência em que está sendo realizada, e se restringem a determinadas manipulações.

Quatro aspectos devem ser levados em consideração: objeto, objetivo, instrumental e técnicas. Especificamente, os objetos de estudo podem ser pessoas ou animais, vegetais ou minerais. Na pesquisa de laboratório com pessoas, estas são colocadas em ambiente controlado pelo pesquisador, que efetua a observação sem tomar parte pessoalmente.

No laboratório, o cientista observa, mede e pode chegar a certos resultados, esperados ou inesperados. "Todavia, muitos aspectos importantes da conduta humana não podem ser observados em condições idealizadas em laboratório" (BEST, 1972, p. 114). Às vezes, é preciso observar o comportamento de indivíduos ou grupos em circunstâncias mais naturais e sob controles menos rígidos.

A pesquisa de laboratório, na observação de indivíduos ou grupos, está mais relacionada ao campo da Psicologia Social e ao da Sociologia.

4 OBSERVAÇÃO DIRETA INTENSIVA

A observação direta intensiva é realizada por meio de duas técnicas: observação e entrevista.

4.1 Observação

A observação é uma técnica de coleta de dados que utiliza os sentidos na obtenção de determinados aspectos da realidade. Não consiste apenas em ver e ouvir, mas também em examinar fatos ou fenômenos que se deseja estudar.

É um elemento básico de investigação científica, utilizado na pesquisa de campo, que se constitui na técnica fundamental da Antropologia.

A observação ajuda o pesquisador a identificar e a obter provas a respeito de objetivos sobre os quais os indivíduos não têm consciência, mas que orientam seu comportamento. Desempenha papel importante no contexto da descoberta e obriga o investigador a um contato mais direto com a realidade. É o ponto de partida da investigação social.

Para Selltiz, Jahoda, Deutsch e Cook (1965, p. 233), a observação torna-se científica à medida que:

(a) Convém a um formulado plano de pesquisa.
(b) É planejada sistematicamente.
(c) É registrada metodicamente e está relacionada a proposições mais gerais, em vez de ser apresentada como uma série de curiosidades interessantes.
(d) Está sujeita a verificações e controles sobre a validade e segurança.

Do ponto de vista científico, a observação oferece uma série de vantagens e limitações, como as outras técnicas de pesquisa, havendo, por isso, necessidade de se aplicar mais de uma técnica ao mesmo tempo.

São vantagens da observação:

a) Possibilita meios diretos e satisfatórios para estudar ampla variedade de fenômenos.
b) Exige menos do observador do que as outras técnicas.
c) Permite a coleta de dados sobre um conjunto de atitudes comportamentais típicas.
d) Depende menos da introspecção ou da reflexão.
e) Permite a evidência de dados não constantes do roteiro de entrevistas ou de questionários.

Constituem limitações da observação:

As técnicas da observação apresentam uma série de limitações, entre as quais se destacam as seguintes:

a) O observado tende a criar impressões favoráveis ou desfavoráveis no observador.
b) A ocorrência espontânea não pode ser prevista, o que impede muitas vezes o observador de presenciar o fato.
c) Fatores imprevistos podem interferir na tarefa do pesquisador.
d) A duração dos acontecimentos é variável: pode ser rápida ou demorada e os fatos podem ocorrer simultaneamente; nos dois casos, torna-se difícil a coleta dos dados.
e) Vários aspectos da vida cotidiana particular podem não ser acessíveis ao pesquisador.

Na investigação científica, são empregadas várias modalidades de observação, que variam de acordo com as circunstâncias. Ander-Egg (1978, p. 96) apresenta quatro tipos:

(a) Segundo os meios utilizados:
Observação não estruturada (assistemática).
Observação estruturada (sistemática).
(b) Segundo a participação do observador:
Observação não participante.
Observação participante.
(c) Segundo o número de observações:
Observação individual.
Observação em equipe.
(d) Segundo o lugar onde se realiza:
Observação efetuada na vida real (trabalho de campo).
Observação efetuada em laboratório.

4.1.1 Observação assistemática

A técnica da observação não estruturada ou assistemática, também denominada espontânea, informal, ordinária, simples, livre, ocasional e acidental, consiste em recolher e registrar os fatos da realidade sem que o pesquisador utilize meios técnicos especiais, ou precise fazer perguntas diretas. É mais empregada em estudos exploratórios e não tem planejamento e controle previamente elaborados.

O que caracteriza a observação assistemática

> é o fato de o conhecimento ser obtido através de uma experiência casual, sem que se tenha determinado de antemão quais os aspectos relevantes a serem observados e que meios utilizar para observá-los (RUDIO, 1979, p. 35).

O êxito da utilização dessa técnica vai depender de o observador estar atento aos fenômenos que ocorrem no mundo que o cerca, de sua perspicácia, discernimento, preparo e treino, bem como de sua atitude de prontidão. Muitas vezes, há uma única oportunidade para se estudar certo fenômeno; outras vezes, essas ocasiões são raras. Todavia, a observação não estruturada pode apresentar perigos: o pesquisador pensar que sabe mais do que aquilo que realmente presencia ou se deixa envolver emocionalmente. A fidelidade, no registro dos dados, é fator importantíssimo na pesquisa científica.

Para Ander-Egg (1978, p. 97), a observação assistemática "não é totalmente espontânea ou casual, porque um mínimo de interação, de sistema e de controle se impõem em todos os casos, para chegar a resultados válidos".

De modo geral, o pesquisador sempre sabe o que observar.

4.1.2 Observação sistemática

A observação sistemática também recebe várias designações: estruturada, planejada, controlada. Utiliza instrumentos para a coleta dos dados ou fenômenos observados.

Realiza-se a observação sistemática em condições controladas, para responder a propósitos preestabelecidos. Todavia, não se estabelecem normas padronizadas nem rígidas demais, pois tanto as situações quanto os objetos e objetivos da investigação podem ser muito diferentes. Deve ser planejada com cuidado e sistematizada.

Na observação sistemática, o observador sabe o que procura e o que carece de importância em determinada situação; deve ser objetivo, reconhecer possíveis erros e eliminar sua influência sobre o que vê ou recolhe.

Vários instrumentos podem ser utilizados na observação sistemática: quadros, anotações, escalas, dispositivos mecânicos etc.

4.1.3 Observação não participante

Na observação não participante, o pesquisador toma contato com a comunidade, grupo ou realidade estudada, mas sem integrar-se a ela; ele permanece de fora dela.

Ele presencia o fato, mas não participa dele; não se deixa envolver pelas situações; faz mais o papel de espectador. Isso, porém, não quer dizer que a observação não seja consciente, dirigida, ordenada para um fim determinado. O procedimento tem caráter sistemático.

Alguns autores dão a designação de observação passiva, sendo o pesquisador apenas um elemento a mais.

4.1.4 Observação participante

Consiste na participação real do pesquisador com a comunidade ou grupo. Ele se incorpora ao grupo, confunde-se com ele. Fica tão próximo quanto um membro do grupo que está estudando e participa das atividades normais deste.

Para Mann (1970, p. 96), a observação participante é uma "tentativa de colocar o observador e o observado do mesmo lado, tornando-se o observador um membro do grupo de molde a vivenciar o que eles vivenciam e trabalhar dentro do sistema de referência deles".

O observador participante enfrenta grandes dificuldades para manter a objetividade, pelo fato de exercer influência no grupo, ser influenciado por antipatias ou simpatias pessoais e pelo choque dos quadros de referência entre observador e observado.

O objetivo inicial seria ganhar a confiança do grupo, fazer os indivíduos compreenderem a importância da investigação, sem ocultar o seu objetivo ou sua missão, mas, em certas circunstâncias, há mais vantagem no anonimato.

Em geral, são apontadas duas formas de observação participante:

a) Natural: o observador pertence à mesma comunidade ou grupo que investiga.
b) Artificial: o observador integra-se ao grupo com a finalidade de obter informações.

4.1.5 Observação individual

Como o próprio nome indica, é uma técnica de observação realizada por um pesquisador. Nesse caso, a personalidade dele se projeta sobre o observado, fazendo algumas inferências ou distorções, pela limitada possibilidade de controles. Por meio dela, pode intensificar a objetividade de suas informações, indicando, ao anotar os dados, quais são os eventos reais e quais são as interpretações. É uma tarefa difícil, mas não impossível. Em alguns aspectos, a observação só pode ser feita individualmente.

4.1.6 Observação em equipe

A observação em equipe é mais aconselhável do que a individual, pois o grupo pode observar a ocorrência por vários ângulos.

Quando uma equipe está vigilante, registrando o problema em uma mesma área, surge a oportunidade de confrontar seus dados posteriormente, para verificar as predisposições.

A observação em equipe, segundo Ander-Egg (1978, p. 100), pode realizar-se de diferentes formas:

(a) Todos observam a mesma coisa, com o que se procura corrigir as distorções que podem advir de cada investigador em particular.
(b) Cada um observa um aspecto diferente.
(c) A equipe recorre à observação, mas alguns membros empregam outros procedimentos.

(d) Constitui-se uma rede de observadores, distribuídos em uma cidade, região ou país; trata-se da técnica denominada de observação maciça ou observação em massa.

4.1.7 Observação na vida real

Normalmente, as observações são feitas no ambiente real, registrando-se os dados à medida que ocorrem, espontaneamente, sem a devida preparação.

Registros realizados no próprio local onde os fatos ocorrem reduzem tendências seletivas e deturpações, que seriam possíveis em caso de o registro se dar por evocação.

4.1.8 Observação em laboratório

A observação em laboratório é a que tenta descobrir a ação e a conduta que tiveram lugar em condições cuidadosamente dispostas e controladas. Entretanto, muitos aspectos importantes da vida humana não podem ser observados sob condições idealizadas no laboratório.

A observação em laboratório tem, até certo ponto, caráter artificial, mas é importante estabelecer condições o mais próximo do natural, que não sofram influências indevidas pela presença do observador ou por seus aparelhos de medição e registro.

O uso de instrumentos adequados possibilita a realização de observações mais refinadas do que aquelas proporcionadas apenas pelos sentidos.

4.2 Entrevista

Entrevista é uma forma de conversa que se dá em um encontro entre duas pessoas, em que uma, estimulada por questionamentos do entrevistador, fornece informações a respeito de determinado assunto. É um procedimento utilizado na investigação social, para a coleta de dados ou para ajudar no diagnóstico ou no tratamento de um problema social.

Para Goode e Hatt (1969, p. 237), a entrevista "consiste no desenvolvimento de precisão, focalização, fidedignidade e validade de um certo ato social como a conversação". Trata-se, pois, de uma conversação efetuada face a face, de maneira metódica. Ela tem em vista alcançar informações necessárias ao desenvolvimento de uma pesquisa.

Alguns autores consideram a entrevista como o instrumento por excelência da investigação social. Quando realizada por um investigador experiente, "é muitas vezes superior a outros sistemas, de obtenção de dados", afirma Best (1972, p. 120).

A entrevista é importante instrumento de trabalho nos vários campos das ciências sociais ou de outros setores de atividades, como da Sociologia, da Antropologia, da Psicologia Social, da Política, do Serviço Social, do Jornalismo, das Relações Públicas, da Pesquisa de Mercado e outras.

4.2.1 Objetivos

A entrevista tem como objetivo principal a obtenção de informações do entrevistado, sobre determinado assunto ou problema.

Quanto ao conteúdo, Selltiz, Jahoda, Deutsch e Cook (1965, p. 286-295) apresentam seis tipos de objetivos:

a) Averiguação de "fatos". Descobrir se as pessoas que estão de posse de certas informações são capazes de compreendê-las.

b) Determinação das opiniões sobre os "fatos". Conhecer o que as pessoas pensam ou acreditam que os fatos sejam.

c) Determinação de sentimentos. Compreender a conduta de alguém por meio de seus sentimentos e anseios.

d) Descoberta de planos de ação. Descobrir, por meio das definições individuais dadas, qual a conduta adequada em determinadas situações, a fim de prever qual seria a sua. As definições adequadas da ação apresentam em geral dois componentes: os padrões éticos do que deveria ter sido feito e considerações práticas do que é possível fazer.

e) Conduta atual ou do passado. Inferir que conduta a pessoa terá no futuro, conhecendo a maneira pela qual ela se comportou no passado ou se comporta no presente, em determinadas situações.

f) Motivos conscientes para opiniões, sentimentos, sistemas ou condutas. Descobrir por que e quais fatores podem influenciar opiniões, sentimentos e conduta.

4.2.2 Tipos de entrevista

Há diferentes tipos de entrevistas, que variam de acordo com o propósito do entrevistador:

a) Padronizada ou estruturada: é aquela em que o entrevistador segue um roteiro previamente estabelecido; as perguntas feitas ao indivíduo são predeterminadas. Ela se realiza de acordo com um formulário (ver mais adiante) elaborado e é efetuada de preferência com pessoas selecionadas de acordo com um plano. O motivo da padronização é obter, dos entrevistados, respostas às mesmas perguntas, permitindo "que todas elas sejam comparadas com o mesmo conjunto de perguntas, e que as diferenças devem refletir diferenças entre os respondentes e não diferenças nas perguntas" (LODI, 1974, p. 16). O pesquisador não é livre para adaptar suas perguntas a determinada situação, de alterar a ordem dos tópicos ou de fazer outras perguntas.

b) Despadronizada ou não estruturada: o entrevistado tem liberdade para desenvolver cada situação em qualquer direção que considere adequada. É uma forma de poder explorar mais amplamente uma questão. Em geral, as perguntas são abertas e podem ser respondidas dentro de uma conversação informal. Esse tipo de entrevista, segundo Ander-Egg (1978, p. 110), apresenta três modalidades:

- Entrevista focalizada: há um roteiro de tópicos relativos ao problema que se vai estudar e o entrevistador tem liberdade de fazer as perguntas que quiser: sonda razões e motivos, dá esclarecimentos, não obedecendo, a rigor, a uma estrutura formal. Para isso, são necessárias habilidade e perspicácia por parte do entrevistador. Em geral, é utilizada em estudos de situações de mudança de conduta.
- Entrevista clínica: trata-se de estudar os motivos, os sentimentos, a conduta das pessoas. Para esse tipo de entrevista, pode ser organizada uma série de perguntas específicas.
- Não dirigida: há liberdade total por parte do entrevistado, que poderá expressar suas opiniões e sentimentos. A função do entrevistador é de incentivo, levando o informante a falar sobre determinado assunto, sem, entretanto, forçá-lo a responder.

c) Painel: consiste na repetição de perguntas, de tempo em tempo, às mesmas pessoas, a fim de estudar a evolução das opiniões em períodos curtos. As perguntas devem ser formuladas de maneira diversa, para que o entrevistado não distorça as respostas com essas repetições.

4.2.3 Vantagens e limitações

Como técnica de coleta de dados, a entrevista oferece várias vantagens e limitações: São vantagens da entrevista:

a) Pode ser utilizada com todos os segmentos da população: analfabetos ou alfabetizados.

b) Fornece uma amostragem muito melhor da população geral: o entrevistado não precisa saber ler ou escrever.

c) Há maior flexibilidade, podendo o entrevistador repetir ou esclarecer perguntas, formular de maneira diferente; especificar algum significado, como garantia de estar sendo compreendido.

d) Oferece maior oportunidade para avaliar atitudes, condutas, podendo o entrevistado ser observado naquilo que diz e como diz: registro de reações, gestos etc.

e) Dá oportunidade para a obtenção de dados que não se encontram em fontes documentais e que sejam relevantes e significativos.

f) Há possibilidade de conseguir informações mais precisas, podendo ser comprovadas, de imediato, as discordâncias.

g) Permite que os dados sejam quantificados e submetidos a tratamento estatístico.

A entrevista apresenta algumas limitações ou desvantagens, que podem ser superadas ou minimizadas se o pesquisador for uma pessoa com bastante experiência ou tiver muito bom senso. As limitações são:

a) Dificuldade de expressão e comunicação de ambas as partes.

b) Incompreensão, por parte do informante, do significado das perguntas da pesquisa, que pode levar a uma falsa interpretação.

c) Possibilidade de o entrevistado ser influenciado, consciente ou inconscientemente, pelo questionador, pelo seu aspecto físico, suas atitudes, ideias, opiniões etc.

d) Disposição do entrevistado em dar as informações necessárias.

e) Retenção de alguns dados importantes, receando que sua identidade seja revelada.

f) Pequeno grau de controle sobre uma situação de coleta de dados.

g) Maior dispêndio de tempo e dificuldade de realização.

4.2.4 Preparação da entrevista

A preparação da entrevista é uma etapa importante da pesquisa: requer tempo (o pesquisador deve ter uma ideia clara da informação de que necessita) e exige algumas medidas:

a) Planejamento da entrevista: deve ter em vista o objetivo a ser alcançado.
b) Conhecimento prévio do entrevistado: objetiva conhecer o grau de familiaridade dele com o assunto.
c) Oportunidade da entrevista: marcar com antecedência a hora e o local, para assegurar-se de que será recebido.
d) Condições favoráveis: garantir ao entrevistado o segredo de suas confidências e de sua identidade.
e) Contato com líderes: espera-se obter maior entrosamento com o entrevistado e maior variabilidade de informações.
f) Conhecimento prévio do campo: evita desencontros e perda de tempo.
g) Preparação específica: organizar roteiro ou formulário com as questões importantes.

4.2.5 Diretrizes da entrevista

A entrevista, que visa obter respostas válidas e informações pertinentes, é uma verdadeira arte, que se aprimora com o tempo, com treino e com experiência. Exige habilidade e sensibilidade; não é tarefa fácil, mas é básica.

Quando o entrevistador consegue estabelecer certa relação de confiança com o entrevistado, pode obter informações que de outra maneira talvez não fossem possíveis.

Para maior êxito da entrevista, devem-se observar algumas normas:

a) Contato inicial: o pesquisador deve entrar em contato com o informante e estabelecer, desde o primeiro momento, uma conversação amistosa, explicando a finalidade da pesquisa, seu objeto, relevância e ressaltar a necessidade da colaboração. É importante obter e manter a confiança do entrevistado, assegurando-lhe o caráter confidencial de suas informações. Criar um ambiente que estimule e que leve o entrevistado a ficar à vontade e a falar espontânea e naturalmente, sem tolhimentos de qualquer ordem. A conversa deve ser mantida numa atmosfera de cordialidade e de amizade (*rapport*). Mediante a técnica da entrevista, o pesquisador pode levar o entrevistado a uma penetração maior em sua própria experiência, explorando áreas importantes, mas não previstas no roteiro de perguntas. O entrevistador pode falar, mas principalmente deve ouvir, procurando sempre manter o controle da entrevista.

b) Formulação de perguntas: as perguntas devem ser feitas de acordo com o tipo da entrevista: (1) padronizadas, obedecendo ao roteiro ou formulário preestabelecido; (2) não padronizadas, deixando o informante falar à vontade e, depois, ajudá-lo com outras perguntas, entrando em mais detalhes. Para não confundir o entrevistado, deve-se fazer uma pergunta de cada vez e, primeiro, as que não tenham probabilidade de ser recusadas. Deve-se permitir ao informante restringir ou limitar suas informações.

c) Registro de respostas: as respostas, se possível, devem ser anotadas no momento da entrevista, para maior fidelidade e veracidade das informações. O uso do gravador é ideal, se o informante concordar com a sua utilização. A anotação posterior apresenta duas inconveniências: falha de memória e/ou distorção do fato, quando não se guardam todos os elementos. O registro deve ser feito com as mesmas palavras que o entrevistado usar, evitando-se resumi-las. Outra preocupação é manter-se o entrevistador atento em relação aos erros, devendo conferir as respostas sempre que puder. Se possível, anotar gestos, atitudes e inflexões de voz. Ter em mãos todo o material necessário para registrar as informações.

d) Término da entrevista: a entrevista deve terminar como começou, isto é, em ambiente de cordialidade, para que o pesquisador, se necessário, possa voltar e obter novos dados sem que o informante se oponha a isso. Uma condição para o êxito da entrevista é que mereça aprovação por parte do informante.

e) Requisitos importantes: as respostas de uma entrevista devem atender aos seguintes requisitos, apontados por Lodi (1974, p. 129): validade, relevância, especificidade e clareza, cobertura de área, profundidade e extensão.

- Validade: comparação com a fonte externa, com a de outro entrevistador, observando dúvidas, incertezas e hesitações demonstradas pelo entrevistado.
- Relevância: importância em relação aos objetivos da pesquisa.
- Especificidade e clareza: referência a dados, datas, nomes, lugares, quantidade, percentagens, prazos etc., com objetividade. A clareza dos termos colabora na especificidade.
- Profundidade: está relacionada com sentimentos, pensamentos e lembranças do entrevistado, sua intensidade e intimidade.
- Extensão: amplitude da resposta.

5 OBSERVAÇÃO DIRETA EXTENSIVA

A observação direta extensiva realiza-se por meio do questionário, do formulário, de medidas de opinião e atitudes e de técnicas mercadológicas.

5.1 Questionário

Questionário é um instrumento de coleta de dados constituído por uma série ordenada de perguntas, que devem ser respondidas por escrito e sem a presença do entrevistador. Em geral, o pesquisador envia o questionário ao informante, pelo correio, por um portador ou por algum meio eletrônico; depois de preenchido, o pesquisado devolve-o do mesmo modo.

Junto com o questionário, deve-se enviar uma nota ou carta explicando a natureza da pesquisa, sua importância e a necessidade de obter respostas, tentando despertar o interesse do recebedor para que ele preencha e devolva o questionário dentro de um prazo razoável.

Em média, os questionários expedidos pelo pesquisador alcançam 25% de devolução.

Selltiz, Jahoda, Deutsch e Cook (1965, p. 281) apontam alguns fatores que exercem influência no retorno dos questionários:

> O patrocinador, a forma atraente, a extensão, o tipo de carta que o acompanha, solicitando colaboração; as facilidades para seu preenchimento e sua devolução pelo correio; motivos apresentados para a resposta e tipo de classe de pessoas a quem é enviado o questionário.

5.1.1 Vantagens e desvantagens

Como toda técnica de coleta de dados, o questionário também apresenta uma série de vantagens e desvantagens:

São vantagens:

a) Economiza tempo, viagens e obtém grande número de dados.
b) Atinge maior número de pessoas simultaneamente.
c) Abrange uma área geográfica mais ampla.
d) Economiza pessoal, tanto em adestramento quanto em trabalho de campo.
e) Obtém respostas mais rápidas e mais precisas.

f) Há maior liberdade nas respostas, em razão do anonimato.
g) Há mais segurança, pelo fato de as respostas não serem identificadas.
h) Há menos risco de distorção, pela não influência do pesquisador.
i) Há mais tempo para responder e em hora mais favorável.
j) Há mais uniformidade na avaliação, em virtude da natureza impessoal do instrumento.
k) Obtém respostas que materialmente seriam inacessíveis.

São desvantagens:

a) Percentagem pequena dos questionários que voltam.
b) Grande número de perguntas sem respostas.
c) Não pode ser aplicado a pessoas analfabetas.
d) Impossibilidade de ajudar o informante em questões mal compreendidas.
e) A dificuldade de compreensão, por parte dos informantes, leva a uma uniformidade aparente.
f) Na leitura de todas as perguntas, antes de respondê-las, pode uma questão influenciar a outra.
g) A devolução tardia prejudica a programação ou sua utilização.
h) O desconhecimento das circunstâncias em que foram preenchidos torna difícil o controle e a verificação.
i) Nem sempre é a pessoa escolhida quem responde ao questionário, invalidando, portanto, as questões.
j) Exige um universo mais homogêneo.

5.1.2 Elaboração de questionário

A elaboração de um questionário requer a observância de normas precisas, a fim de aumentar sua eficácia e validade. Em sua organização, devem-se levar em conta os tipos, a ordem, os grupos e a formulação das perguntas e também "tudo aquilo que se sabe sobre percepção, estereótipos, mecanismos de defesa, liderança etc." (AUGRAS, 1974, p. 143).

O pesquisador deve conhecer bem o assunto para poder dividi-lo, organizando uma lista de 10 a 12 temas, e, de cada um deles, extrair duas ou três perguntas.

O processo de elaboração é longo e complexo: exige cuidado na seleção das questões, levando em consideração a sua importância, isto é, se oferece condições para a obtenção de informações válidas. Os temas encolhidos devem estar de acordo com os objetivos geral e específico.

O questionário deve ser limitado em extensão e em finalidade. Se for muito longo, causa fadiga e desinteresse; se curto demais, corre o risco de não oferecer suficientes informações. Deve conter de 20 a 30 perguntas e demorar cerca de 30 minutos para ser respondido. Esse número não é fixo: varia de acordo com o tipo de pesquisa e dos informantes.

Identificadas as questões, estas devem ser codificadas, a fim de facilitar, mais tarde, a tabulação.

Outro aspecto importante do questionário é a indicação da entidade ou organização patrocinadora da pesquisa. Por exemplo: CNPq.

O questionário deve estar acompanhado por instruções definidas e notas explicativas, para que o informante tome ciência do que se deseja dele.

O aspecto material e a estética também devem ser observados: tamanho, facilidade de manipulação, espaço suficiente para as respostas, disposição dos itens de forma a facilitar a computação dos dados.

5.1.3 Pré-teste

Depois de redigido, o questionário precisa ser testado antes de sua utilização definitiva, aplicando-se alguns exemplares em uma pequena população escolhida.

A análise dos dados, após a tabulação, evidenciará possíveis falhas existentes: inconsistência ou complexidade das questões; ambiguidade ou linguagem inacessível; perguntas supérfluas ou que causem embaraço ao informante; se as questões obedecem a determinada ordem ou se são muito numerosas etc.

Verificadas as falhas, deve-se reformular o questionário, conservando, modificando, ampliando ou eliminando itens; explicitando melhor alguns ou modificando a redação de outros. Perguntas abertas podem ser transformadas em fechadas, se não houver variabilidade de respostas.

O pré-teste pode ser aplicado mais de uma vez, tendo em vista o seu aprimoramento e o aumento de sua validez. Deve ser aplicado em populações com características semelhantes, mas nunca naquela que será alvo de estudo.

O pré-teste serve também para verificar se o questionário apresenta três importantes elementos:

a) Fidedignidade: qualquer pessoa que o aplique obterá sempre os mesmos resultados.
b) Validade: os dados recolhidos são necessários à pesquisa.
c) Operatividade: vocabulário acessível e significado claro.

O pré-teste permite também a obtenção de uma estimativa sobre os futuros resultados.

5.1.4 Classificação das perguntas

Quanto à forma, as perguntas, em geral, são classificadas em três categorias: abertas, fechadas e de múltipla escolha.

5.1.4.1 Perguntas abertas

Também chamadas livres ou não limitadas, são as que permitem ao informante responder livremente, usando linguagem própria, e emitir opiniões.

Possibilita investigações mais profundas e precisas; entretanto, apresenta alguns inconvenientes: dificulta a resposta ao próprio informante, que deverá redigi-la, o processo de tabulação, o tratamento estatístico e a interpretação. A análise é difícil, complexa, cansativa e demorada.

Exemplos:
1. Qual é sua opinião sobre os fatores que a legalização do aborto deve abranger?

    _____
    _____
    _____
    _____

2. Em sua opinião, quais são as principais causas da delinquência no Brasil?

    _____
    _____
    _____
    _____

5.1.4.2 Perguntas fechadas ou dicotômicas

São também denominadas limitadas ou de alternativas fixas; são aquelas em que o informante escolhe sua resposta entre duas opções: sim e não.

Exemplos:

1. Os sindicatos devem ou não formar um partido político?
   1. Sim ( )
   2. Não ( )

2. Você é favorável ou contrário ao celibato dos padres?
   1. favorável ( )
   2. contrário ( )

Esse tipo de pergunta, embora restrinja a liberdade das respostas, facilita o trabalho do pesquisador e também a tabulação: as respostas são mais objetivas.

Há duas formas de fazer perguntas dicotômicas: a primeira seria indicar uma das alternativas, ficando implícita a outra; a segunda, apresentar as duas alternativas para escolha. A maior eficiência desta segunda forma está diretamente relacionada a dois aspectos: em primeiro lugar, não induzir a resposta e, em segundo, ao fato de uma pergunta enunciada de forma negativa receber, geralmente, uma percentagem menor de respostas do que a de forma positiva (BOYD JR.; WESTFALL, 1978, p. 296-297).

Veja a seguir diferentes resultados de experiências realizadas para testar os efeitos de perguntas com apenas uma alternativa expressa de forma positiva e de forma negativa:

- *Forma A.* Você acha que os Estados Unidos deveriam permitir discursos públicos contra a democracia?
- *Forma B.* Você acha que os Estados Unidos deveriam proibir discursos públicos contra a democracia?

Os resultados obtidos foram os seguintes:

FORMA A		FORMA B	
Deveriam permitir	21%	Não deveriam proibir	39%
Não deveriam permitir	62%	Deveriam proibir	46%
Não deram opinião	17%	Não deram opinião	15%

Em conclusão, pode-se dizer que a fórmula que engloba as duas alternativas na própria pergunta é a mais aconselhável, pois, sendo neutra, não induz a resposta:

– Você acha que os Estados Unidos deveriam permitir ou proibir discursos públicos contra a democracia?

Quando em uma pergunta, além de duas alternativas, se acrescenta mais um item ("não sei"), a pergunta denomina-se *tricotômica*.

Exemplos:
1. Você acha que deveria ser permitido ou não aos divorciados mais de um casamento?
   1. Sim   ( )
   2. Não   ( )
   3. Não sei ( )
2. Você é favorável ou contrário à política econômica do governo?
   1. Favorável ( )
   2. Contrário ( )
   3. Não sei   ( )

5.1.4.3 Perguntas de múltipla escolha

São perguntas fechadas, mas que apresentam uma série de possíveis respostas, abrangendo várias facetas do mesmo assunto.

- Perguntas com mostruário (perguntas leque ou cafeterias): as respostas possíveis estão estruturadas com a pergunta, devendo o informante assinalar uma ou várias delas. Têm a desvantagem de sugerir resposta. (Explicitar quando se deseja uma só resposta.)

Exemplos:
1. Qual é, para você, a principal vantagem do trabalho temporário? (ESCOLHER APENAS UMA RESPOSTA)
   (1) Maior liberdade no trabalho   ( )
   (2) Maior liberdade em relação ao chefe   ( )
   (3) Variações no serviço   ( )
   (4) Poder escolher um bom emprego para se fixar   ( )

(5) Desenvolvimento e aperfeiçoamento profissional ( )
(6) Maiores salários ( )

2. Quais são as principais causas da inflação no Brasil?
   (1) Maior procura de produtos do que a oferta ( )
   (2) Correção monetária ( )
   (3) Aumento dos custos (matéria-prima, salários) ( )
   (4) Manutenção da margem de lucro por empresas que têm certo poder monopolístico (indústria de automóveis) ( )
   (5) Expansão do crédito maior do que o crescimento das poupanças ( )
   (6) Aumento correspondente dos salários sem correspondente aumento da produção ( )

- Perguntas de estimação ou avaliação: consistem em emitir um julgamento por meio de uma escala com vários graus de intensidade para um mesmo item. As respostas sugeridas são quantitativas e indicam grau de intensidade crescente ou decrescente.

Exemplos:
1. As relações com seus companheiros de trabalho são, em média:
   (1) Ótimas ( )
   (2) Boas ( )
   (3) Regulares ( )
   (4) Más ( )
   (5) Péssimas ( )
2. Você se interessa pela política nacional?
   (1) Muito ( )
   (2) Pouco ( )
   (3) Nada ( )
3. Você assiste a novelas na TV?
   (1) Sempre ( )
   (2) Às vezes ( )
   (3) Raramente ( )
   (4) Nunca ( )

A técnica da escolha múltipla é facilmente tabulável e proporciona exploração em profundidade quase tão boa quanto a de perguntas abertas.

A combinação de respostas de múltipla escolha com respostas abertas possibilita mais informações sobre o assunto, sem prejudicar a tabulação.

Exemplos:
1. Você escolhe um livro para ler, considerando:
    (1) Assunto ( )
    (2) Autor ( )
    (3) Capa e apresentação ( )
    (4) Texto da orelha ( )
    (5) Recomendação de amigos ( )
    (6) Divulgação pelos meios de comunicação de massa ( )
    (7) Outro motivo ( )
    Qual?_____
    _____
    _____

2. Você escolhe um candidato considerando:
    (1) Partido político ( )
    (2) Qualidades pessoais ( )
    (3) Plataforma política ( )
    (4) Facilidade de expressão ( )
    (5) Aparência ( )
    (6) Outra possibilidade ( )
    Qual?_____
    _____
    _____

Quanto ao objetivo, as perguntas podem ser:

1. Pergunta de fato

Dizem respeito a questões concretas, tangíveis, fáceis de precisar; portanto, referem-se a dados objetivos: idade, sexo, profissão, domicílio, estado civil ou conjugal, religião etc. Geralmente, não se fazem perguntas diretas sobre casos em que o informante sofra constrangimento.

Exemplos:
1. Qual é a sua profissão?
   _____
   _____
   _____

2. Propriedade do domicílio:
   (1) Própria   ( )
   (2) Alugada   ( )
   (3) Cedida   ( )

2. Perguntas de ação

Referem-se a atitudes ou decisões tomadas pelo indivíduo. São objetivas, às vezes diretas demais, podendo, em alguns casos, despertar certa desconfiança por parte do informante, influindo no seu grau de sinceridade. Devem ser redigidas com bastante cuidado.

Exemplos:
1. Em qual candidato a deputado estadual você votou na última eleição?
   _____
   _____
   _____

2. O que você fez no último fim de semana?
   (1) Viajou   ( )
   (2) Ficou em casa   ( )
   (3) Visitou amigos   ( )
   (4) Praticou esportes   ( )
   (5) Assistiu a algum espetáculo   ( )
   (6) Outro programa   ( )
       Qual?_____
       _____
       _____

3. Pergunta de ou sobre intenção

São perguntas que tentam averiguar o procedimento do indivíduo em determinadas circunstâncias. Não se pode confiar na sinceridade da resposta; entretanto, os resultados podem ser considerados aproximativos. É um tipo de pergunta empregado em grande escala nas pesquisas pré-eleitorais.

Exemplos:
1. Nas eleições diretas para presidente, em quem você votará?

   _____
   _____
   _____

2. Em relação ao seu emprego atual, pretende:
   - (1) Permanecer nele ( )
   - (2) Mudar de empresa ( )
   - (3) Mudar de profissão ( )

4. Pergunta de opinião

Representam a parte básica da pesquisa.

Exemplos:
1. Em sua opinião, deve-se dar a conhecer a um filho adotivo essa condição?
   - (1) Sim ( )
   - (2) Não ( )
   - (3) Não sei ( )
2. Você acha que o cigarro:
   - (1) É prejudicial à saúde ( )
   - (2) Não afeta a saúde ( )
   - (3) Não tem opinião ( )

5. Pergunta-índice ou pergunta-teste

São utilizadas sobre questões que suscitam medo; quando formuladas diretamente, fazem parte daquelas consideradas socialmente inaceitáveis. São utilizadas no caso em que a pergunta direta é considerada imprópria, indiscreta.

Mediante esse tipo de perguntas, procura-se estudar um fenômeno por meio de um sistema ou índice que o revele.

Em geral, é errado perguntar diretamente ao entrevistado quanto ele ganha. A maioria das organizações de pesquisa classifica os entrevistados em categorias socioeconômicas, por meio de um sistema de pontuação, que é obtido mediante uma série de perguntas, englobando, na maioria dos casos, itens de conforto doméstico (aparelhos eletrodomésticos, televisão etc.), carro (marca e ano), habitação (própria ou alugada), escolaridade do chefe de família e renda familiar. Para cada resposta é atribuído um valor, e a classificação dos pesquisados, em nível socioeconômico, obtém-se com a soma desses pontos.

Normalmente, perguntas relativas a aspectos íntimos ou a vícios (consumo de drogas etc.) são consideradas indiscretas, da mesma forma que aquelas que abordam aspectos relacionados a preconceitos.

Para contornar essa dificuldade, pode-se fazer a pergunta de forma indireta, dando-se ao entrevistado uma série de opções que, até certo ponto, podem medir o seu grau de preconceito.

Exemplo:
1. Qual a sua opinião sobre casamento inter-racial?
    (1) Proibiria seus filhos ( )
    (2) Em geral, é contra ( )
    (3) Em alguns casos, é aceitável ( )
    (4) Não tenho opinião formada ( )
    (5) É favorável ( )

Alguns autores classificam ainda as perguntas em:

a) Direta ou pessoal: *é* formulada em termos pessoais, incluindo a pessoa do informado.
   Exemplo:
   (1) Como você ...

b) Indireta ou impessoal: formulada visando a outras pessoas.
   Exemplo:
   (1) Deveriam os brasileiros ...

5.1.5 Conteúdo, vocabulário, bateria

Em relação ao conteúdo, o

pesquisador deve estar seguro de que a pergunta ou questão é necessária à investigação; se requer ou não apoio de outras perguntas; se os entrevistadores têm a informação necessária para responder a pergunta (PARDINAS, 1977, p. 87).

Quanto ao vocabulário, as perguntas são formuladas de maneira clara, objetiva, precisa, em linguagem acessível ou usual do informante, para serem entendidas com facilidade. Evitam-se perguntas ambíguas, que impliquem ou insinuem respostas que induzam inferências ou generalizações.

Não há necessidade de as perguntas serem indiscretas, mas, sempre que possível, umas devem confirmar as outras. Examina-se também o aspecto das alternativas, verificando se estão bem expressas e/ou se provocam reações ou distorções.

Para Gonçalves 2004, (p. 82, 85),

> na redacção de um questionário para inquérito sociológico sobressaem cinco dimensões nevrálgicas, exigindo todas uma eficiente combinação de imaginação e rigor: a forma; a linguagem; as reações e os efeitos suscitados; a disposição das perguntas; a economia, ou estruturação, do conjunto. [...]
>
> Na redação do questionário, a linguagem afirma-se como a componente mais sensível e mais decisiva. Constatamos atrás como uma simples e logicamente inconsequente mudança de uma palavra pode provocar uma alteração substantiva ao nível dos resultados. Comprovamos também que, devido ao plurilinguismo, se torna praticamente impossível lograr que todos os inquiridos compreendam e interpretem todas as perguntas do mesmo modo. Esse deve permanecer, paradoxalmente, o objetivo do sociólogo. A redação de um questionário não é um exercício literário. É, antes de mais, um ato de comunicação. Deve, na medida do possível, aproximar-se das categorias linguísticas e mentais da população a inquirir, o que pressupõe um mínimo conhecimento prévio dos mundos linguísticos e culturais envolvidos. A linguagem deve ser, do ponto de vista do entrevistado, o mais corrente possível. E o mais padronizada no caso de uma pluralidade linguística e cultural.

Para aprofundar algum ponto relevante da investigação e do questionário, o pesquisador pode valer-se de um conjunto de perguntas (bateria de perguntas) sobre um mesmo tema, estimulado em geral por respostas semelhantes obtidas na aplicação do questionário. Evita-se aplicar essa bateria logo em seguida a uma resposta, para evitar o perigo da contaminação ou da distorção.

5.1.6 Deformação das perguntas

Na percepção das perguntas, as deformações podem sofrer quatro tipos de influência, afirma Ander-Egg (1978, p. 136-139):

1. Conformismo ou deformação conservadora

Apresenta dois aspectos:

- Tendência do grupo em responder afirmativamente: propensão em aceitar situações de fato, resistindo às mudanças (complexo de Panurgo).
- Medo de mudança: conformismo do grupo social em relação a certas situações existentes, evitando mudança radical na situação vigente.

Em relação à tendência ao "sim", a experiência demonstra que a mesma opinião, expressa de forma positiva, recebe maior percentagem de adesões do que a expressa de forma negativa. Ambas podem até obter os mesmos resultados, dependendo da forma como a pergunta é redigida.

Duverger (1976) ilustra o complexo de Panurgo com o exemplo de um inquérito realizado na França, após a recusa do General De Gaulle, ao Presidente Roosevelt, em participar de uma conferência em Argel (ele não havia sido convidado para a de Yalta).

As perguntas eram:

1. Você acha que o General De Gaulle deveria ter aceito o convite do Presidente Roosevelt para ir a Argel?
2. Você acha que o General De Gaulle teve razão em recusar o convite do Presidente Roosevelt para ir a Argel?

Os resultados foram os seguintes:

	Forma A	Forma B
Aprovação	58% (não)	63% (sim)
Desaprovação	27% (sim)	15% (não)
Sem opinião	15%	22%

2. Efeito de certas palavras e estereótipos

O medo de determinadas palavras, em virtude de sua carga emocional, pode levar a distorções das respostas. Por exemplo: nazista, fascista, comunista, capitalista, imperialista, burguesia etc.

A influência do estereótipo leva ao medo de certas palavras.

Exemplo: Pesquisa realizada nos Estados Unidos, em 1939.

Roosevelt solicitou um terceiro mandato como presidente dos Estados Unidos. Os debates foram muitos. Realizou-se um inquérito de opiniões sobre o assunto, com duas formas de perguntas:

A. Você acha que se deveria fazer uma interpretação legal da Constituição, de maneira a impedir que o Presidente possa solicitar um terceiro mandato?
B. Você estaria a favor de modificar a Constituição dos Estados Unidos para impedir que o presidente possa solicitar um terceiro mandato?

	Forma A	Forma B
Sim	36%	26%
Não	50%	65%
Sem opinião	14%	9%

A formulação diferente não provocou mudança significativa em relação às percentagens, mas alterou a taxa de respostas "sem opinião". A pergunta A, mais neutra, provocou maior dispersão dos resultados; a B, mais direta, mobilizou a opinião dos indecisos.

No último exemplo, não é só o medo da mudança que aparece como expressão de compromisso, mas também como influência do estereótipo. Como a "Constituição dos Estados Unidos" é considerada coisa "sagrada", intocável, não pode ser modificada. Daí o resultado de 65% de repulsas.

3. Influência das personalidades

Apresenta também dois aspectos:

- O prestígio positivo: aceitação de opiniões ou atitudes somente por serem atribuídas a alguma personalidade conhecida e respeitada pelo público.

Exemplo: Realizou-se nos Estados Unidos, em 1941, uma pesquisa na qual a mesma pergunta foi redigida de duas maneiras diferentes:

A. Ultimamente se diz que, para afastar os alemães do Norte e do Sul da América, deveríamos impedi-los de conquistar as ilhas da costa ocidental africana. Acredita você que deveríamos manter os alemães afastados dessas ilhas?
B. O Presidente Roosevelt disse recentemente...

A referência ao Presidente Roosevelt provocou aumento de adesões e também de oposições. Os resultados foram os seguintes:

	Forma A	Forma B
Sim	50%	56%
Não	21%	24%
Sem opinião	29%	20%

- O prestígio negativo: o informante rejeita as opiniões e atitudes precedentes de uma personalidade que se tenha desprestigiado.

4. A influência da simpatia ou da antipatia

A mesma pergunta obterá resultados diferentes, de acordo com o aspecto afetivo.

Exemplo: Pesquisa realizada nos Estados Unidos, em março de 1940, na qual se incluiu em uma das perguntas o nome de Hitler.

A perguntas foram as seguintes:

A. Acredita você que os Estados Unidos deveriam fazer mais do que fazem para ajudar a Inglaterra e a França?
B. Acredita você que os Estados Unidos deveriam fazer mais do que fazem para ajudar a Inglaterra e a França na luta contra Hitler?

As respostas obtidas variaram da seguinte maneira:

	Forma A	Forma B
Fazem o suficiente	22%	13%
Deveriam fazer mais	66%	76%
Sem opinião	12%	12%

O exemplo citado demonstra a necessidade de "aguda observação e crítica no momento de redigir as perguntas, pois certos detalhes mais ou menos sutis podem dar lugar a deformações que às vezes passam inadvertidas" (ANDER-EGG, 1978, p. 139).

As pesquisas apresentadas aqui foram realizadas entre as décadas de 30 e 40, principalmente nos Estados Unidos, tornando-se "clássicas", ou seja, atemporais e independentes das características da sociedade específica. Elas são citadas na maioria das obras sobre técnicas de pesquisa.

5.1.7 Ordem das perguntas

Outro aspecto que merece atenção é a regra geral de se iniciar o questionário com perguntas gerais, chegando pouco a pouco às específicas (técnica do *funil*), e colocar no final as *questões de fato*, para não causar insegurança. No decorrer do questionário, devem-se expor as perguntas pessoais e impessoais alternadamente.

Segundo Goode e Hatt (1969, p. 177), a disposição das perguntas precisa seguir uma "progressão lógica", para que o informante:

a) Seja conduzido a responder pelo interesse despertado; as perguntas devem ser atraentes e não controvertidas.

b) Seja levado a responder indo dos itens mais fáceis para os mais complexos.

c) Não se defronte prematura e subitamente com informações pessoais; questões delicadas devem vir mais no final do questionário.

d) Seja levado gradativamente de um quadro de referência a outro, facilitando o entendimento e as respostas.

As primeiras perguntas, de descontração do entrevistado, são chamadas de *quebra-gelo*, porque têm a função de estabelecer contato, colocando o respondente à vontade.

Augras (1974, p. 156) alerta: "Deve-se fugir, o quanto possível, do chamado *efeito do contágio*, ou seja, à influência da pergunta precedente sobre a seguinte."

Exemplo: Suponha-se que seja apresentada a seguinte sequência de perguntas:

Você é católico? (resposta positiva); É praticante? (resposta positiva); Conhece a posição do Vaticano sobre o aborto? (resposta positiva); Tomou conhecimento da declaração do Papa sobre o aborto? (resposta positiva); Você é favorável ou contrário ao aborto?

A tendência será o aumento de respostas "contrário", mesmo que a pessoa seja favorável: a sequência de perguntas patenteia ao entrevistado sua atitude contraditória, alterando sua resposta.

Para evitar o efeito de contágio, as perguntas relativas ao mesmo tema devem aparecer separadas: primeiro a opinião e, por último, as perguntas de fato. Pode ocorrer, também, o contágio emocional e, para evitá-lo, devem-se alterar as perguntas simples, dicotômicas ou tricotômicas, com as perguntas mais complexas, abertas ou de múltipla escolha.

5.2 Formulário

O formulário é um dos instrumentos essenciais para a investigação social: com ele se coletam dados diretamente do entrevistado.

Nogueira (1968, p. 129) define formulário como sendo

> uma lista formal, catálogo ou inventário destinado à coleta de dados resultantes quer da observação, quer de interrogatório, cujo preenchimento é feito pelo próprio investigador, à medida que faz as observações ou recebe as respostas, ou pelo pesquisado, sob sua orientação.

Para Selltiz, Jahoda, Deutsch e Cook (1965, p. 72), formulário "é o nome geral usado para designar uma coleção de questões que são perguntadas e anotadas por um entrevistador numa situação face a face com outra pessoa". Portanto, o que caracteriza o formulário é o contato face a face entre pesquisador e informante e ser o roteiro de perguntas preenchido pelo entrevistador, no momento da entrevista.

São três as qualidades essenciais de todo formulário, apontadas por Ander-Egg (1978, p. 125):

(a) Adaptação ao objeto de investigação.
(b) Adaptação aos meios que se possui para realizar o trabalho.
(c) Precisão das informações em um grau de exatidão suficiente e satisfatório para o objetivo proposto.

5.2.1 Vantagens e desvantagens

O formulário, assim como o questionário, apresenta uma série de vantagens e desvantagens.

Vantagens:

a) Utilizado em quase todo segmento da população: alfabetizados, analfabetos, populações heterogêneas etc., porque seu preenchimento é feito pelo entrevistador.

b) Oportunidade de estabelecer *rapport*, devido ao contato pessoal. *Rapport* é uma técnica para melhorar a sincronização de duas ou mais pessoas mediante a recepção de ideias e disposição para o diálogo.
c) Presença do pesquisador, que pode explicar os objetivos da pesquisa, orientar o preenchimento do formulário e elucidar significados de perguntas que não estejam muito claras.
d) Flexibilidade para adaptar-se às necessidades de cada situação, podendo o entrevistador reformular itens ou ajustar o formulário à compreensão de cada informante.
e) Obtenção de dados mais complexos e úteis.
f) Facilidade na aquisição de um número representativo de informantes, em determinado grupo.
g) Uniformidade dos símbolos utilizados, pois é preenchido pelo próprio pesquisador.

Desvantagens:

a) Menos liberdade nas respostas, em virtude da presença do entrevistador.
b) Risco de distorções, pela influência do aplicador.
c) Menos prazo para responder às perguntas; não havendo tempo para pensar, elas podem ser invalidadas.
d) Mais demorado, por ser aplicado a uma pessoa de cada vez.
e) Insegurança das respostas, por falta do anonimato.
f) Pessoas possuidoras de informações necessárias podem estar em localidades muito distantes, tornando a resposta difícil, demorada e dispendiosa.

5.2.2 Apresentação de formulário

A observância de alguns aspectos é necessária na construção de um formulário, para facilitar o seu manuseio e sua posterior tabulação. Devem ser levados em conta o tipo, o tamanho, o formato do papel, a estética e o espaçamento, e cada item deve ter espaço suficiente para a redação das respostas. Os itens e subitens precisam ser indicados com letras ou números e as perguntas precisam ter certa disposição, conservando distância razoável entre si. Deve ser digitado e, se impresso, ser utilizada apenas uma só face do papel. É importante numerar as folhas.

As formas de registro escolhidas para assinalar as respostas – traço, círculo, quadrado ou parênteses – devem permanecer sempre as mesmas em todo o instrumento.

A redação simples, clara, concisa é ideal. Itens em demasia devem ser evitados. "Causam má impressão questionários ou formulários antiestéticos em termos de papel, disposição das perguntas, grafia etc.", afirma Witt (1975, p. 46).

5.3 Medidas de opinião e atitudes

Medida é, segundo Kaplan (1975, p. 182), "uma atribuição de números a objetos (ou acontecimentos ou situações), de acordo com certa regra".

A propriedade dos objetos denomina-se *atributo mensurável* e o número atribuído a um objeto particular é a sua medida.

O processo de mensuração indica a quantidade e aquilo a que ela se refere.

A medida tem duas funções:

a) Possibilita o conhecimento da quantia recebida, dá e recebe o que é devido.

b) Permite discriminações mais sutis e descrições mais exatas.

É um instrumento de "padronização", por meio do qual se pode assegurar a equivalência entre objetos de diferentes origens.

Atitude, para Mann (1970, p. 165), "é essencialmente uma disposição mental em face de uma ação potencial". Para alguns autores, seria um sistema de valores positivos ou negativos de emoções ou de atitudes favoráveis ou desfavoráveis em relação a certo objeto. Caracteriza-se como uma propensão para a ação adquirida, no meio em que existe, originada de experiências pessoais e de fatores específicos.

As atitudes só podem ser inferidas, ao contrário das ações, que são observadas. Nelas, há o predomínio do componente afetivo. As atitudes são medidas indiretamente, por meio de escalas.

O termo *atitude* indica, de modo geral, disposição psicológica, alcançada e ordenada por meio da própria vivência, que leva a pessoa a reagir de certa maneira frente a determinados indivíduos.

A *opinião* "representa uma posição mental consciente, manifesta, sobre algo ou alguém" (ANDER-EGG, 1978, p. 142). É uma postura estática, que pode ser expressa oralmente e dá margem a discussões. É um modo de ver, considerado verdadeiro, a que se chegou por meio de processos intelectuais, mas sem a comprovação necessária. Na opinião, predomina o componente cognoscitivo.

Escala é um instrumento científico de observação e mensuração dos fenômenos sociais. Foi idealizada com a finalidade de "medir a intensidade das atitudes e opiniões na forma mais objetiva possível" (ANDER-EGG, 1978, p. 141). Constitui-se em uma série de índices de atitudes, em que cada um recebe valor quantitativo em relação aos demais, sendo um instrumento de mensuração.

Pardinas (1977, p. 92) afirma:

> O postulado que baseia a aplicação das escalas é que, das ações externas, podem-se deduzir mecanismos internos da pessoa; portanto, as atitudes podem também ser medidas ou por ações ou por respostas.

Ao se construir uma escala, colhe-se uma série de proposições cujas respostas realmente podem medir uma atitude de maneira gradual, variando de intensidade ou de posição em relação a um objeto. Esses diferentes graus devem manter distância semelhante ao das escalas de objetos materiais. A escala deve ser operacional, ter fidedignidade e validez.

Há (ou podem ser construídas) escalas para medir atitudes e opiniões sobre os mais diferentes fatos: guerra, conflito, greves, problemas raciais, pena capital, instituições, ideias políticas, controle de natalidade, censura, observância religiosa etc.

As escalas de atitudes e opiniões apresentam certa dificuldade em sua construção: na determinação do ponto zero e na igualdade entre os vários graus.

5.4 Escalas

Para a medição de atitudes e opiniões, há inúmeros tipos de escalas. Por meio das técnicas escalares, transforma-se uma série de fatos qualitativos em uma série de fatos quantitativos ou variáveis, o que possibilita aplicar processos de mensuração e de análise estatística.

As escalas de mensuração são três: nominal, ordinal e de intervalo.

1. Escala nominal

Consiste em "duas ou mais categorias especificadas dentro das quais objetos, indivíduos ou respostas estão classificados" (WITT, 1975, p. 220).

Na escala nominal, as categorias são diferentes uma das outras e não podem ser hierarquizadas. A essas categorias são atribuídos números, destinados à identificação. Cada número é único.

Exemplo: Considerando o ser humano como tendo a propriedade do sexo, podem-se formar as categorias masculino e feminino e, dessa forma, classificar os seres humanos.

1. Sexo   1.1. Masculino   1.2. Feminino

As cores, os dias da semana, os partidos políticos, as religiões são classificações em que as diferentes categorias não se superpõem e se constituem em uma escala nominal.

2. Escala ordinal

Mais definida, indica a posição relativa de objetos ou indivíduos com relação a alguma característica, sem nenhuma conexão quanto à distância entre as posições.

Os objetos podem ser categorizados e colocados em ordem, isto é, "determinados empiricamente como *maior que, igual a* ou *menor do que* outro, mas o 'quanto maior' ou 'quanto menor' não pode ser estabelecido" (RUMMEL, 1977, p. 201).

As escalas ordinais lidam com as relações de ordem manifestas pelos números. Assim, 1 é menor do que 2; 2 é menor do que 3, e assim por diante. Os números indicam a posição nesse contexto. Se forem colocados, em uma fila, vários indivíduos com diferentes alturas, começando do mais baixo para o mais alto, então a altura pode obedecer à seguinte ordem: 1 para o primeiro da fila, 2 para o segundo etc. Todavia, esses números implicam apenas uma ordem de posição, pois a diferença entre a altura do indivíduo 1 e a do indivíduo 2 pode ser maior do que a existente entre o indivíduo 2 e o indivíduo 3; o indivíduo 4 não poderá ser quatro vezes maior do que o indivíduo 1.

Baseados em uma propriedade, os objetos podem ter uma posição, mas a propriedade pode não ser unitária, o que impede não só a ordenação dos objetos, mas também terem eles as mesmas características. A solução seria dispor os objetos em determinada ordem, de acordo com a relação dada a uma propriedade, e depois verificar se os fenômenos reais têm as características de ordem dos números.

Exemplo: Diferentes qualidades que se atribuem à personalidade autoritária de um líder.

Na descrição das características de chefes autoritários e liberais, as qualidades apontadas podem ser enumeradas do "mais liberal" ao "mais autoritário", sem que se possam estabelecer diferenças precisas entre, por exemplo, de um lado, "maior desprezo pela capacidade do ser humano" e, de outro, menor restrição à "forma democrática de se tomarem decisões".

A estatística que pode ser aplicada aos dados obtidos mediante esta escala é limitada à determinação de medianas, percentis e aos tipos de coeficientes de correlação (ver Capítulo 5).

3. Escala de intervalo

Indica, além das propriedades das escalas nominal e ordinal, a característica de unidades iguais de mensuração.

Seu ponto básico é a "determinação empírica de igualdade de intervalos, tornando possível demonstrar as diferenças entre objetos, mas também demonstrar se essas diferenças são iguais entre si ou não" (KAPLAN, 1975, p. 201). Nessa escala, as posições são colocadas em termos de *superior*, *igual* e *inferior*, e as unidades ou intervalos de dimensão também são equivalentes. Assim, a distância entre as posições 1 e 2 é igual à distância entre 2 e 3. O que se pretende nessa escala é estabelecer um processo para determinar se os intervalos são iguais.

A escala de intervalo tem uma unidade constante, permitindo a realização de operações de adição e subtração, chegando-se a resultados significativos.

Exemplos: Os termômetros Fahrenheit e de Centígrado.

Na medida de atitudes e opiniões, a escala de intervalo é construída geralmente por meio de proporções que medem posições do "mais desfavorável" ao "mais favorável", passando pelo "neutro".

Independentemente do número de divisões (5, 7, 11 etc.), procura-se encontrar distâncias idênticas entre as unidades; para tal, lança-se mão dos juízes.

Juízes são pessoas que avaliam proposições, geralmente, para colocá-las em uma ordem hierárquica, permitindo a confecção de uma escala. Várias técnicas de pesquisa utilizam os juízes.

Há dois tipos de juízes:

a) Pessoas selecionadas de acordo com as características existentes no universo em que se vai aplicar a pesquisa; constituirão, pois, uma primeira amostra.
b) Especialistas no assunto, cujos conhecimentos são utilizados para a avaliação das proposições.

A utilização dos juízes tem a seguinte finalidade:

a) Avaliação das proposições em sentido positivo ou negativo, em relação ao tema da pesquisa.
b) Colocação dessas proposições em uma ordem hierárquica.

As proposições que obtiveram consenso, tanto do ponto de vista valorativo quanto do hierárquico, constituirão o instrumento definitivo de pesquisa.

O exemplo mais ilustrativo de uma escala de intervalo pode ser visto adiante, quando tratamos da escala de Thurstone.

Ander-Egg (1978, p. 142) indica seis tipos de escalas:

(1) Escalas de ordenação:
   - de pontos
   - de classificação direta
   - de comparações binárias
(2) Escalas de intensidade
(3) Escalas de distância social:
   - de Bogardus
   - de Dood
   - de Crespi
(4) Escala de Thurstone
(5) Escala de Lickert
(6) Escalograma de Guttman.

4. Escala de ordenação

Também chamada arbitrária ou de estimação, é aquela em que o indivíduo organiza objetos ou pessoas, relativos a determinada característica, pela ordem de preferência.

Ela é efetuada de três maneiras:

- **Escala de pontos:** consiste em apresentar ao indivíduo uma série de palavras, enunciados ou situações, que ele deverá escolher ou responder de acordo com sua opinião. A aceitação ou a recusa de certas palavras indica a atitude do indivíduo. A intensidade da opinião vai depender da escolha e da combinação das proposições feitas. A grande dificuldade em relação à construção das escalas é encontrar número suficiente de palavras significativas relacionadas com o que se deseja descobrir.

  Exemplo: Apresenta-se ao pesquisado uma lista de palavras, pedindo-lhe que sublinhe as que lhe são mais desagradáveis, angustiantes, aborrecidas, em vez de agradáveis, excitantes, atrativas. O ato de repelir algumas palavras e aceitar outras é revelador de atitudes. Numa pesquisa sobre preconceitos, podem-se utilizar as seguintes palavras:

  Macumbeiro – *Apartheid* – Místico – *Nazismo* – Etnia – Ku-Klux-
  -Klan – Semita – Branco – Abolição – Mulato – Classe Social – Cultura – Sionismo – Amizade – Dinheiro etc.

- **Escala de classificação direta:** seria a classificação de preferência em relação à pergunta que foi proposta.

  Exemplo: Se você não fosse brasileiro, a que nacionalidade gostaria de pertencer? (INDICAR 5, EM ORDEM DE PREFERÊNCIA, COMEÇANDO PELA MAIS DESEJÁVEL.)

  1. _____
  2. _____
  3. _____
  4. _____
  5. _____

- **Escala de comparações binárias ou de pares:** seria a apresentação de objetos aos pares, sendo escolhido apenas um deles. Após todas as escolhas, pode-se estabelecer uma ordem final de preferência e de valor atribuídos a cada objeto, em um conjunto. A coerência das perguntas demonstra com que exatidão o *continuum* é definido pela escala.

Exemplo: Ainda em relação às nacionalidades, podem-se pesquisar as preferências da seguinte forma:

De cada par de nacionalidade indicada, risque aquele com quem você preferiria relacionar-se. Faça a escolha em relação a todos os pares, mesmo que não esteja muito convicto de sua preferência.

Argentino – Francês
Inglês – Boliviano
Francês – Israelense
Sueco – Americano
Israelense – Argentino etc.

5. Escala de intensidade

Na escala de intensidade ou de apreciação, as perguntas são organizadas em forma de mostruário, de acordo com o grau de valorização de um *continuum* de atitudes. Para cada pergunta, há respostas que variam de três a cinco graus, sendo o último o mais utilizado, para evitar a tendência de se posicionar no grau intermediário, o que ocorre com escalas de três graus.

Exemplo:

1. O que você pensa sobre abertura da fronteira entre a Hungria e a Áustria?
    a) Aprova totalmente. ( )
    b) Aprova com certas restrições. ( )
    c) Não tem opinião definida (nem aprova e nem reprova). ( )
    d) Desaprova em certos aspectos. ( )
    e) Desaprova totalmente. ( )

6. Escala de distância social

Tenta organizar as atitudes de acordo com a preferência e, ao mesmo tempo, estabelecer relações de distância. São três: de Bogardus, de Crespi e de Thurstone.

- **Escala de Bogardus:** foi elaborada por Bogardus, com a finalidade de medir os graus de preconceitos nacionais e raciais. Na sua construção, determinaram-se vários itens, graduados por ordem crescente de distância social. O procedimento consiste em dar ao indivíduo uma lista de nomes, representantes de diferentes países e grupos raciais. Seguindo apenas o impulso de seus sentimentos, sem raciocinar, o indivíduo indicará quais membros aceitaria como ocupantes de uma ou outra das seguintes situações:

1. Parentes próximos por casamento.
2. Amigos pessoais em meu clube.
3. Vizinhos em minha rua.
4. Colegas em meu trabalho.
5. Cidadãos de meu país.
6. Visitantes em meu país.
7. Proibidos em meu país.

Apesar de elaborada de modo empírico, essa escala apresenta resultados satisfatórios.

- **Escala de Dodd:** derivada da escala de Bogardus e combinada com a de Thurstone, foi construída tendo em vista medir atitudes relativas a grupos nacionais, religiosos e sociais. Apresenta somente cinco graduações de afastamento progressivo:
    1. Estaria disposto a casar-me com uma pessoa desse grupo.
    2. Convidaria alguns deles para jantar.
    3. Preferiria considerá-los como pessoas que se conhecem de vista, com quem se trocam algumas palavras, em encontros casuais.
    4. Não me dá prazer encontrar-me com essas pessoas.
    5. Quisera que se suprimissem todas essas pessoas.

Segundo Augras (1974, p. 124), "esta escala evidencia uma falha bastante séria. Supõe-se que haja uma distância igual entre os degraus da escala", o que, em verdade, não ocorre.

- **Escala de Crespi:** também chamada de "termômetro de desaprovação social", esta escala foi construída para analisar atitudes relativas aos "objetivos da consciência". Todavia, pode ser aplicada para medir diferentes tipos de atitudes e de opiniões. Crespi usou as seguintes proposições:

1. Não tenho motivos para tratar um deles de maneira diferente dos outros; não me importaria se um deles fizesse parte de minha família, casando-se com parente.
2. Somente os aceitaria como amigos.
3. Somente aceitaria relações passageiras com eles.
4. Não quero ter ligações com eles.
5. Penso que deveriam ser presos.
6. Julgo que deveriam ser fuzilados como traidores.

7. Escala de Thurstone

Também chamada de "intervalos aparentemente iguais", a escala de Thurstone foi construída utilizando o método dos juízes. Consiste em reunir uma série de proposições de atitudes e apresentá-las ao indivíduo, que deverá indicar se concorda ou não com cada uma delas. Esses índices são classificados de modo que o acordo com a primeira aponte a atitude mais desfavorável. O acordo com a última indica a atitude mais favorável. O acordo com a proposição central da escala aponta uma posição neutra.

O procedimento é o seguinte:

1. Centenas de proposições, relativas à opinião ou atitude investigada, são recolhidas e escritas da maneira mais simples e clara possível.
2. As proposições são classificadas, pelos juízes, em uma escala de 7 ou 11 graus, correspondendo a graus decrescentes, de acordo com a opinião ou atitude investigada.
3. As proposições que recebem colocações muito divergentes por parte dos juízes são abandonadas. As restantes são agrupadas e classificadas, recebendo uma posição na escala, segundo a média de sua distribuição.
4. As proposições conservadas são novamente classificadas até restarem 15, 20 ou 30, podendo-se calcular a distância igual entre elas. Desse modo, pode-se obter um *continuum* aproximado de um extremo ao outro.
5. As proposições são dispostas de maneira aleatória e apresentadas aos indivíduos, que indicam aquelas com as quais concordam. A atitude

ou opinião de cada indivíduo será anotada de acordo com a média dos valores da escala de proposições que aceita.

Exemplo: Peterson, em 1931, construiu uma escala para medir as atitudes a respeito da guerra. Algumas das suas proposições são aqui transcritas:
1. Sob certas condições, a guerra é necessária para manter a justiça. ( )
2. Os benefícios da guerra raramente compensam os danos, mesmo para o ganhador. ( )
3. A guerra destaca as melhores qualidades nos homens. ( )
4. Não existe justificação possível para a guerra. ( )
5. A guerra traz alguns benefícios, porém é um alto preço que se paga por eles. ( )
6. A guerra é, com frequência, o único meio de preservar a honra nacional. ( )

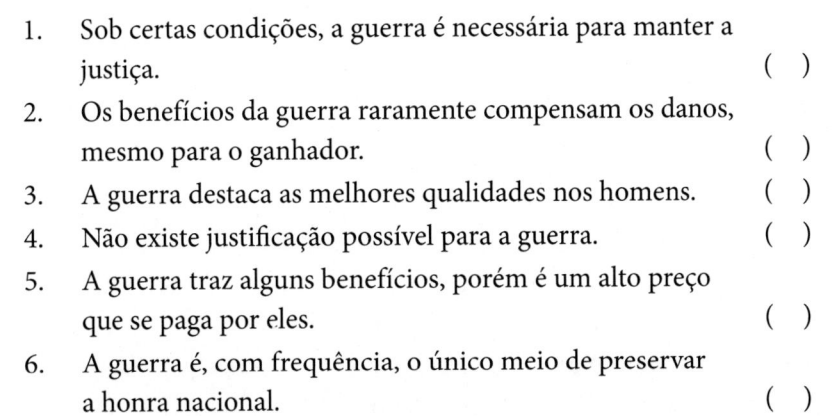

Pede-se ao entrevistado que marque com um "v" a proposição com que está de acordo e com um "x" aquelas com as quais está em desacordo. O valor das questões, que evidentemente não aparece quando se aplica a escala, está aqui exemplificado:

1 = 7,5; 2 = 3,5; 3 = 9,7; 4 = 0,2; 5 = 0,9; 6 = 8,7 etc.

8. Escala de Lickert

Tomando a escala de Thurstone como base, Lickert idealizou um método mais simples de construir escalas de atitudes, que não requer especialistas. A escala de Lickert apresenta os seguintes passos:

1. Elaboração de um grande número de proposições consideradas importantes em relação a atitudes ou opiniões, que tenham relação direta ou indireta com o objetivo a ser estudado.
2. Essas proposições são apresentadas a certo número de pessoas que indicarão suas reações, anotando os valores 5, 4, 3, 2, 1, que corresponderão a: completa aprovação, aprovação, neutralidade, desaprovação incompleta, desaprovação.

3. Cada pessoa recebe uma nota global, que é o resultado da soma dos pontos individuais obtidos.

Analisam-se as respostas de modo que se determinem quais as proposições que alcançaram valores diferentes para as pessoas, com soma total de pontos alta e baixa. Os itens respondidos (classificados) de igual forma pelos indivíduos de alta e de baixa contagem são eliminados.

Dessa maneira, obtém-se uma graduação quantificada das proposições, que são distribuídas entre os indivíduos a serem pesquisados, podendo ser calculada a nota de cada um deles.

É importante anotar que as proposições apresentadas expressam determinado ponto de vista, favorável ou desfavorável ao assunto que se quer pesquisar. As proposições favoráveis são numeradas de 5 a 1, correspondendo ao indicado no item 2; as desfavoráveis apresentam inversão de numeração, indo de 1 a 5. Como consequência, pessoas com pontuação elevada serão favoráveis ao tópico pesquisado, e as de pontuação baixa, desfavoráveis.

Exemplo: Serão transcritas duas proposições da escala construída por Murphy e Lickert, em 1938.

1. No interesse pela paz permanente, deveriam arbitrar-se, sem exceção, todas as diferenças entre os países que não podem ser resolvidas pela diplomacia?

Aprovo totalmente	Aprovo em certos aspectos	Indeciso	Desaprovo em certos aspectos	Desaprovo totalmente
( )	( )	( )	( )	( )

2. Devemos esforçar-nos pela "lealdade a nosso país", antes de decidirmo-nos a considerar a "irmandade mundial"?

Aprovo totalmente	Aprovo em certos aspectos	Indeciso	Desaprovo em certos aspectos	Desaprovo totalmente
( )	( )	( )	( )	( )

A pontuação para a primeira questão é = 5, 4, 3, 2, 1; para a segunda = 1, 2, 3, 4, 5. A razão é que, no primeiro caso, a aprovação total expressa a atitude mais favorável ao sentimento de internacionalismo, ao passo que, no segundo, expressa a atitude mais desfavorável.

Exemplo de elaboração de proposições para a construção da escala (antes da apresentação às pessoas que "indicarão suas reações", por meio da anotação de valores, as proposições devem ser "misturadas" no que se refere à aprovação e à desaprovação do sentimento de preservação da Amazônia):

- A Amazônia, considerada "pulmão do mundo", é patrimônio de toda a humanidade e como tal deve ser preservada, a todo custo, sendo sua exploração submetida a normas internacionais rígidas de fiscalização.
- Os países desenvolvidos devem financiar a preservação da Amazônia, não impedindo o Brasil de explorar seu patrimônio, mas auxiliando-o no aproveitamento racional dos recursos da região, sem que lhe sejam causados danos irreparáveis.
- A Amazônia é parte integrante do território brasileiro, e nossa soberania sobre a região não deve ser limitada por outros países: cabe-nos desenvolver meios de explorá-la, sem destruí-la.
- Os países industrializados devastaram suas florestas e matas no seu processo de crescimento; portanto, não podem interferir na nossa exploração dos recursos da região Amazônica, pois temos o direito de nos desenvolver, independentemente das consequências.
- A região Amazônica é nosso patrimônio e devemos explorá-la economicamente, na medida de nossas necessidades, como outra região qualquer.
- Se for necessário "pagar o preço" de nosso desenvolvimento com a destruição da floresta amazônica, então devemos fazê-lo, e isso só diz respeito a nós.
- A região Amazônica é igual a outra qualquer e como tal deve ser explorada; não temos recursos suficientes para manter uma floresta para servir de "enfeite".

9. Escalograma de Guttman

Trata-se de uma escala elaborada por Guttman, que se caracteriza por apresentar resultados em ordem hierárquica, correspondendo a série de itens a uma escala unidimensional.

Guttman "procurou construir uma escala com proposições rigorosamente ordenadas, de tal modo que a aceitação de uma proposição significará a aceitação das de nível inferior a ela" (ANDER-EGG, 1978, p. 151). Senão vejamos: quem responde afirmativamente que fez curso superior deixa implícito que cursou o ensino fundamental e o médio.

Na aplicação desse sistema é suficiente um número reduzido de itens, a fim de classificar as pessoas em vários aspectos.

Exemplo: Um grupo de indivíduos deve responder *sim* ou *não* a uma série de itens a respeito de determinada atitude que se quer estudar.

1. Você tem mais de 1,90 m?   Sim ( )   Não ( )
2. Você tem mais de 1,80 m?   Sim ( )   Não ( )
3. Você tem mais de 1,70 m?   Sim ( )   Não ( )
4. Você tem mais de 1,60 m?   Sim ( )   Não ( )

Se uma pessoa responder *sim* para a pergunta 1, demonstra que também será *sim* para as outras três; se responder *não* para a resposta 1 e *sim* para a 2, será *sim* também para a 3 e a 4.

Constrói-se o quadro das respostas da seguinte maneira:

ORDEM DE CLASSIFICAÇÃO	VALORES	DISSE SIM				DISSE NÃO			
		1	2	3	4	1	2	3	4
1	4	x	x	x	x	–	–	–	–
2	3	–	x	x	x	x	–	–	–
3	2	–	–	x	x	x	x	–	–
4	1	–	–	–	x	x	x	x	–
5	0	–	–	–	–	x	x	x	x

Para a elaboração do escalograma, podem-se utilizar, no início, 50 perguntas, que formarão uma série hierárquica. Dessas perguntas, selecionam-se aproximadamente 12, das quais serão escolhidas geralmente 3 ou 4.

O escalograma de Guttman implica dificuldades no manejo e no número de manipulações, mas oferece grandes perspectivas para medir opiniões e atitudes dos grupos, principalmente quando são utilizados conjuntos numerosos e heterogêneos de proposições.

Exemplo: Proposições de um escalograma sobre "militância política" aplicado na França, em 1956. Depois de serem levantadas 50 perguntas, entre 50 eleitores de um mesmo partido político, obtiveram-se, por eliminação, nove proposições hierárquicas decrescentes, entre elas:

1. Filiou-se a algum partido político?
2. Sustentou conversação política com um colega?
3. Tentou convencer alguém para que aderisse a um partido político?
4. Já assistiu a reuniões políticas públicas?
5. Deu dinheiro para um partido? etc.

6 OUTRAS TÉCNICAS

Incluem-se aqui, entre outras, algumas técnicas utilizadas para a investigação social: testes, sociometria, análise de conteúdo e história de vida.

6.1 Testes

Os testes são instrumentos utilizados com a finalidade de obter dados que permitam medir o rendimento, a competência, a capacidade ou a conduta dos indivíduos, em forma quantitativa.

Há vários tipos de testes, com aplicações diversas, de acordo com os objetivos propostos e com a disciplina específica, podendo ser utilizados tanto na investigação social quanto no programa de ação social.

Os *testes projetivos*, criados por Lawrence K. Frank, são aqueles em que o indivíduo, frente a uma situação estimulante, reage em relação ao significado particular ou específico de certa situação e de acordo com o que sente no período dessa reação. Entre os mais conhecidos encontram-se:

a) **Teste de Rorschach:** idealizado por Hermann Rorschach, consiste em uma série de dez cartões, trazendo cada um deles um borrão de tinta.
b) **Teste de Apercepção Temática (TAT):** desenvolvido por Murray, trata-se de uma técnica projetiva "mais amplamente utilizada para examinar os conteúdos mentais, interesses, repressões, complexos, motivações e problemas emocionais" (ANDER-EGG, 1978, p. 161).

Os *testes psicológicos* têm a qualidade de descrever e medir uma amostra de certos aspectos da conduta. Os *de rendimentos* (ou de conhecimentos) tentam medir o que o indivíduo consegue aprender. São mais utilizados em escolas.

São próprios para determinar o nível de aproveitamento escolar de indivíduos ou grupos e devem ser aplicados sob a orientação de um especialista.

O *teste de aptidão* procura prever a capacidade ou o grau de rendimento que um indivíduo consegue, ao executar determinada tarefa. A aptidão, na realidade, não pode ser medida diretamente, mas apenas deduzida, tendo como base os rendimentos dos indivíduos. O *de interesse* tenta obter uma escala dos tipos de atividades que um indivíduo tende a preferir ou escolher, levando-se em consideração que a pessoa, quando trabalha naquilo que gosta, tem mais probabilidade de êxito.

As *medidas de personalidade* (ou escalas da personalidade) são um tipo de teste que permite medir certos traços ou tendências da personalidade de uma pessoa. Para isso, ela deve responder a uma série de questões.

6.2 Sociometria

Sociometria é uma técnica quantitativa que procura explicar as relações pessoais entre indivíduos de um grupo.

Foi criada por Moreno, a fim de estudar grupos familiares, grupos de trabalho e grupos escolares. Todavia, tem sido utilizada nos mais variados campos de estudo. Revela a estrutura interna dos grupos, indicando as posições de cada indivíduo em relação aos demais. Permite analisar os grupos, identificar seus líderes, os subgrupos e os desajustados.

Por votação escrita, o pesquisador tenta descobrir as atrações, indiferenças ou repulsas intergrupais, pedindo aos indivíduos que escolham três colegas, por ordem de preferência, com quem gostariam de trabalhar (ou de ter amizade ou de estudar etc.).

Depois de obtidas as respostas, os resultados são representados graficamente por um diagrama denominado *sociograma*. O seu objetivo é dar não só uma visão rápida das relações entre os indivíduos, mas também verificar a posição de cada um no grupo.

Para construir um sociograma, os indivíduos são representados no papel por números ou letras, unidos por linhas contínuas. Os indivíduos do sexo masculino são indicados por um triângulo ou um hexágono, e os do sexo feminino por um círculo.

Os mais votados recebem o nome de *estrelas* e os menos votados, de *solitários*. O sociograma pode ainda indicar as chamadas *panelinhas*.

Existem alguns problemas na utilização do sociograma: depende da boa vontade das pessoas, do medo de saber qual será a sua posição no grupo e o receio de que descubram suas preferências ou repulsas. As escolhas entre crianças e adolescentes são quase sempre temporárias.

Uma das técnicas mais comuns para elaborar um sociograma é a do diagrama de alvo de Northway. Esse diagrama é formado por quatro círculos concêntricos equidistantes. Os indivíduos que recebem o maior número de escolhas são colocados no interior do círculo; os que recebem apenas uma escolha (desconsiderados) ou nenhuma escolha (isolados) são dispostos no anel exterior do diagrama; os de votação intermediária são postos nos dois anéis interiores, indicando as posições acima ou abaixo da média, de acordo com o número de escolhas.

As finalidades da sociometria, apontadas por Ander-Egg (1978, p. 167), são três:

a) Terapêutica, visando à reorganização da vida social em seus vários aspectos.
b) Estudo da personalidade de "estrelas" e de "solitários".
c) Obtenção de dados sobre todo um grupo.

A aplicação da sociometria, por outro lado, apresenta algumas limitações: necessidade de aceitação e compreensão do grupo; ter duração passageira, pois se baseia na suposta estabilidade das relações no interior dos grupos; poder criar um ambiente prejudicial ao grupo, em face dos resultados positivos e negativos das escolhas.

Todavia, essa técnica não deixa de ser um instrumento importante, pois propicia o conhecimento dos grupos e as inter-relações dentro deles.

Exemplos:

1. Quadro mostrando quem escolhe quem para trabalhar (sociomatriz).

SOCIOMATRIZ

QUEM ESCOLHE	ESCOLHIDOS																						
	1	2	3	4	5	6	7	8	9	10	11	12	13	14	15	16	17	18	19	20	21	22	23
1							2										3						1
2			2							1							3						
3							3						1		2								
4									2		3						1						
5									3				2								1		
6	2												1				3						
7										1							3						2
8							2													3	1		
9			3	2														1					
10				3								1		2									
11						1						3				2							
12			1						2				3										
13	3			2	1																		
14		2		3						1													
15				3	2					1													
16		2								1				3									
17						1					2												3
18				1				3						2									
19		2											3				1						
20		3		2																		1	
21				1		2										3							
22					3		2									1							
23		2	1				3																
1ª				4		1	2			4	1	1		2		1	1	2			2	1	1
2ª	1	4	3	2			2	1	1	2	1			3		1	1						1
3ª	1	1	1	3			1			2	2			3		2			3	2		1	
Total	2	5	1	10	2	2	4	1	3	8	2	4	0	7	0	2	5	4	0	1	2	1	3

2. Sociograma dos dados da sociomatriz.

SOCIOGRAMA

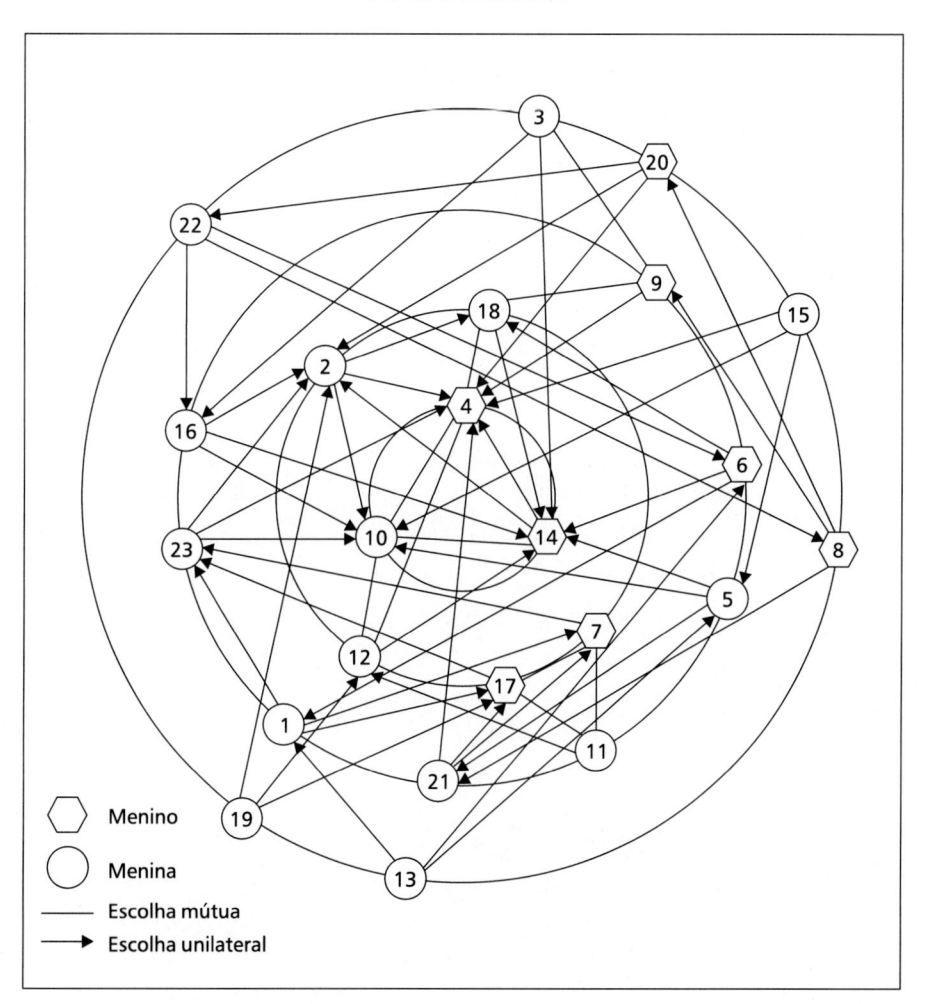

⬡ Menino
◯ Menina
— Escolha mútua
→ Escolha unilateral

6.3 Análise de conteúdo

A análise de conteúdo é

> um conjunto de técnicas de análise das comunicações visando obter por procedimentos sistemáticos e objetivos de descrição do conteúdo das mensagens indicadores (quantitativos ou não) que permitam a inferência de conhecimentos relativos às condições de produção/recepção (variáveis inferidas) dessas mensagens (BARDIN, 2016, p. 48).

O conteúdo das comunicações é analisado por meio de categorias sistemáticas, previamente determinadas, que levam a resultados quantitativos. Podem-se testar hipóteses sobre o conteúdo das publicações, sobre o tratamento de grupos minoritários, sobre técnicas de propaganda, mudanças de atitudes, alterações culturais, apelos de líderes políticos aos seus simpatizantes etc.

Essa técnica permite analisar o conteúdo de livros, revistas, jornais, discursos, películas cinematográficas, propaganda de rádio e televisão, *slogans* etc. Ela também pode ser aplicada a documentos pessoais, como discursos, diários, textos etc. É uma técnica que visa aos produtos da ação humana, estando voltada para o estudo das ideias e não das palavras em si.

Berelson apresenta uma série de propósitos específicos em relação à análise da comunicação (*In:* SELLTIZ; JAHODA; DEUTSCH; COOK,1965, p. 390), que são os seguintes:

(a) Questões a respeito das características do conteúdo:
- Descrever tendências gerais do teor dos comunicados.
- Registrar o desenvolvimento da cultura.
- Divulgar as diferenças internacionais, no teor dos comunicados.
- Comparar níveis de comunicação.
- Examinar o teor da comunicação em confronto com objetivos.
- Elaborar e adaptar padrões de comunicação.
- Auxiliar as operações técnicas de pesquisa.
- Apresentar técnicas de propaganda.
- Medir a legibilidade do material de comunicação.
- Descobrir os traços estilísticos.

(b) Questões relativas ao produtor ou motivos de conteúdo:
- Identificar as interações ou outras características das comunicações.
- Determinar o estado psicológico de pessoas e grupos.
- Descobrir a existência de propaganda.
- Assegurar o serviço secreto político e militar.

(c) Questões em relação à audiência ou efeitos de conteúdo:
- Exprimir atitudes, interesses e valores de grupos de população.
- Revelar o foco de atenção.
- Descrever respostas de atitudes e de conduta a comunicações.

A técnica de análise de conteúdo vem-se desenvolvendo nestes últimos anos com a finalidade de descrever sistematicamente o conteúdo das comunicações.

A atual análise de conteúdo foi acrescida de mais uma característica, ou seja, o desenvolvimento de técnicas quantitativas, que permitem maior precisão. Embora o processo da quantificação seja mais preciso do que a descrição qualificativa, ambos os dados devem ser empregados nas ciências sociais.

A análise sistemática e objetiva segue algumas restrições (SELLTIZ; JAHODA, DEUTSH; COOK, 1965, p. 392):

(a) As categorias de análise usadas para classificar o conteúdo são definidas clara e explicitamente para que outros indivíduos possam aplicá-las ao mesmo conteúdo, a fim de verificar as conclusões.

(b) O analista não é livre para selecionar e registrar simplesmente aquilo que chama sua atenção por ser interessante, mas deve classificar metodicamente todos os assuntos importantes em sua amostra.

(c) Certo processo quantitativo é usado para proporcionar a média da importância e ênfase da matéria de várias ideias verificadas e para permitir confrontos com outras amostras do material.

Schrader (1974, p. 88) apresenta uma síntese da técnica de análise proposta por Harder:

(a) Constatar em que tipos de classes os objetos de mensuração devem ser divididos.

(b) Selecionar exemplares desses grupos, caso o número seja grande para a análise.

(c) Fixar as unidades de mensuração.

(d) Desenvolver esquemas de categorias de conceitos de mensuração para os valores das características.

(e) Elaborar analiticamente os resultados das mensurações.

Para Ander-Egg (1978, p. 199), a técnica da análise de conteúdo abrange três fases principais:

a) Estabelecer unidade de análise. A unidade de análise, padronizada, constitui-se no elemento básico da investigação e pode ser realizada de duas maneiras:

- Análise geral de todos os termos ou vocábulos e/ou análise de palavras-chave.

- Análise do tema, ou seja, de uma proposição, afirmativa ou sentença sobre determinado assunto.

b) Determinar as categorias de análises. A seleção e classificação da informação de que se necessita depende da determinação das categorias. Não há uma regra geral para o estabelecimento das categorias, das variedades possíveis ou da complexidade da escolha. Alguns autores têm feito tentativas nesse sentido, mas não se pode dizer que sejam perfeitas. A mais abrangente de todas parece ser a proposta por Duverger, citada por Ander-Egg (1978, p. 201), que apresenta cinco categorias:

1. De matéria: referente a assuntos abordados na comunicação; são de dois tipos:
   - Temas tratados. Quando são classificados, por exemplo, em relação a notícias, música, obras teatrais, aspectos educativos etc., ou fenômenos políticos, abrangendo: pessoas, grupos, comunidades, organizações políticas e ideologias.
   - Métodos ou técnicas. Quando as categorias de classificação dizem respeito aos métodos ou técnicas utilizados: meios econômicos, emprego da violência, da persuasão etc.

2. De forma: dizem respeito apenas à forma:
   - De forma propriamente dita: fatos e comentários.
   - De intensidade: efeitos produzidos sobre o público em virtude da repetição contínua dos termos ou devido à sua carga emocional.

3. De apreciação: de acordo com a maior ou menor aceitação:
   - Tomada de posição: aprovação ou refutação, otimismo ou pessimismo, afirmação ou negação.
   - Valores: referentes ao bem ou ao mal, ao justo ou ao injusto, ao feliz ou infeliz etc.
   - Autoridade: relativa a quem fez a declaração: pessoa ou grupo.

4. De pessoas e atores: subdivide-se em:
   - *Status* pessoal e traços de caráter, abrangendo personagens de teatro, de novela, de cinema, ou traços individuais, como sexo, posição social, idade etc.

5. De origem e de destino: variam quanto a:
   - Origem das notícias: proveniência delas.
   - Destino: público a que se destinam.

c) Selecionar uma amostra do material de análise. A seleção da amostra vai depender dos objetivos, questões e hipóteses estabelecidos e encontra-se condicionada pelos itens anteriores.

Na análise de conteúdo referente à imprensa, é encontrado material útil à pesquisa sobre as tendências das influências dos grupos de pressão e dos indivíduos. O conteúdo da imprensa falada (rádio, televisão, cinema, teatro) oferece informações valiosas, nas quais o pesquisador pode perceber as manipulações utilizadas. Para analisar esse material, são utilizadas técnicas quantitativas que empregam termos de classificação e de identificação, que lhe proporcionam objetividade e podem ser mais facilmente manipulados.

Técnicas quantitativas empregadas na observação indireta são de duas categorias:

a) Semântica quantitativa: análise do vocabulário dos textos, por meio de procedimentos estatísticos. Tem como finalidade levantar a frequência relativa de aparecimento de certas palavras em um texto, bem como verificar a maneira como as partes da oração se articulam, identificando assim o estilo de quem escreve (limita-se aos aspectos linguísticos e gramaticais – a forma e o conteúdo).
b) Análise de conteúdo: preocupa-se com as ideias emitidas, cujo material se encontra em livros, revistas, jornais, filmes, peças de teatro, discursos, cartazes etc.

Para a análise de conteúdo, seguem-se as mesmas etapas de uma pesquisa científica: definição dos objetivos, escolha da amostra, elaboração dos instrumentos, aplicação dos instrumentos e conclusão.

É importante a escolha da amostra, para a qual se necessita de técnicas. A amostragem pode ser, por exemplo, ao acaso (sortear um jornal em determinado dia ou escolher certa página, em vários jornais).

A determinação do objetivo e a escolha da amostra estão interligadas; o problema da representatividade da amostra, por sua vez, deve ser encarado como fator relevante. Nesse caso, apenas as amostragens aleatórias são válidas.

Dois aspectos devem ser levados em consideração na elaboração dos instrumentos de análise:

a) Determinação das categorias de classificação.
b) Escolha da unidade de análise, isto é, os aspectos importantes do material a ser classificado.

São inúmeras as unidades: palavras (elemento básico), palavras-chave, frases, parágrafos, artigos, temas, tipos, metragem, espaço etc.

O estabelecimento das categorias é também de grande valor. Cinco tipos de categorias podem ser encontrados em determinado assunto: pessoas, grupos, comunidade, organizações e ideologias. Todavia, o que é importante não são as categorias propriamente, mas as subcategorias, pois nelas é que estão inseridas as unidades de análise.

A categorização apresenta certa graduação: categorias, subcategorias e atitudes, que são valorativas – positivas ou negativas.

Alguns autores classificam os documentos de acordo com a origem ou o objetivo da comunicação (para quê?).

Embora a análise de conteúdo pretenda o máximo de objetividade, não é fácil alcançar o padrão desejado, em virtude do empirismo na escolha da amostra e da falta de controle rigoroso em seu funcionamento na prática. Todavia, nem por isso ela deixa de ter validade.

O trabalho prévio de classificação permite a quantificação, que possibilita, por meio de controles estatísticos, comparar resultados diferentes e, dessa maneira, verificar as hipóteses levantadas.

Para Selltiz, Jahoda, Deutsch e Cook (1965, p. 395), o processo de amostragem, na análise de conteúdo, abrange três etapas:

> (a) Amostra de fontes (quais os jornais, que estações de rádio, quais os filmes etc. vão ser analisados).
> (b) Amostra de datas (que período de tempo vai ser coberto pelo estudo).
> (c) Amostra de unidades (que aspectos da comunicação vão ser estudados).

Exemplo: Desejando fazer um estudo sobre a maneira pela qual os meios de comunicação tratam da situação da Polônia, mais especificamente da criação de sindicatos livres, desvinculados do Partido Comunista, procede-se da seguinte forma:

- **Primeira etapa:** determinação do universo: países capitalistas, países comunistas; um país, uma região etc.
  Para o estudo, foi escolhido, no Brasil, o município de São Paulo.

- **Segunda etapa:** escolha da amostragem. Consiste na indicação da fonte. Pode ser: televisão, rádio, jornal, revista etc.

A fonte selecionada foi o jornal.
A segunda etapa focaliza duas questões importantes:

1. Serão analisados todos os jornais?

    Ocorre que os jornais apresentam ampla variação quanto ao tamanho, tendência e influência. Um jornal de grande tiragem tem maior penetração do que um obscuro jornal de bairro; um periódico informativo difere de um opinativo (imprensa alternativa). Portanto, se a opção do estudo for uma amostragem representativa da totalidade dos jornais do município de São Paulo, estes terão de ser divididos em classes, procedendo-se ao sorteio de alguns periódicos em cada classe. Se, ao contrário, se pretende um estudo comparativo entre dois ou mais jornais, estes terão de ser selecionados dentro de uma classe.

    A decisão recaiu na comparação entre dois jornais de grande tiragem e informativos. A importância recai no sentido da palavra. As atitudes referem-se a contextos favorável, desfavorável ou neutro (ou indulgente, restritivo e neutro), com que as palavras-chave são empregadas nos diferentes tipos de frases.

2. Será estudado o jornal todo?

    A decisão envolve alguns números do jornal, algumas páginas, partes específicas (editorial, carta de leitores, noticiário internacional etc.), espaço dedicado ao assunto (medido em colunas ou centímetros).

    A opção recaiu sobre a análise dos editoriais.
    Essa escolha corresponde à amostra da unidade do meio de comunicação estudado.

- **Terceira etapa:** faz-se a amostra de datas, isto é, qual o período de tempo em que serão pesquisados os editoriais dos dois jornais selecionados.

    Determinou-se um período de três meses com início na data do registro do sindicato "Solidariedade".
    Portanto, a análise de conteúdo que se pretende realizar parte da hipótese de que o jornal A apresenta uma atitude mais favorável do que o jornal B em relação às transformações ocorridas na Polônia. Para a

verificação dessa hipótese, é necessária a determinação das categorias, subcategorias e atitudes.

As categorias escolhidas foram: frases descritivas, frases de comentário e frases opinativas. As subcategorias abrangem palavras-chave: comunismo, imperialismo, democracia, sindicalismo, burguesia, operariado, burocratas etc. A importância recai no sentido da palavra. As atitudes referem-se aos contextos favorável e desfavorável ou neutro (ou indulgente, restritivo e neutro) com que as palavras-chave são empregadas nos diferentes tipos de frases.

6.4 História de vida

História de vida é uma técnica de pesquisa social utilizada por antropólogos, sociólogos, psicólogos, educadores e outros estudiosos, como fonte de informação para seus trabalhos. Alguns autores designam essas informações de "documentos íntimos", "documentos pessoais" ou "documentos humanos". Ela tenta obter dados relativos à "experiência íntima" de alguém que tenha significado importante para o conhecimento do objeto em estudo. Por meio dessa técnica, procura-se captar as reações espontâneas do entrevistado, em face de certos acontecimentos fundamentais de sua vida.

A pessoa de quem se obtêm os dados, que tanto pode ser um participante como um observador do fenômeno social, relata sua própria história. O investigador, por meio de uma série de entrevistas, procura fazer a reconstituição global da vida desse indivíduo, tentando evidenciar aqueles aspectos em que está mais interessado. Para conseguir esses dados, o entrevistador deve "criar uma atmosfera inteiramente permissível, na qual o indivíduo seja livre para se expressar sem receio de desaprovação, admoestação ou disputa e sem advertência do entrevistador" (SELLTIZ; JAHODA, DEUTSCH; COOK, 1965, p. 312).

A história de vida constitui importante fonte de dados, uma vez que, por meio dela, o pesquisador "descobre a concepção que o indivíduo tem de seu papel e de seu *status* nos vários grupos de que é membro" (NOGUEIRA, 1968:139). Para alguns estudiosos, essa técnica é indispensável, principalmente na fase inicial da pesquisa, como meio de exploração e flexibilidade, a fim de descobrir os dados mais relevantes e pertinentes ao trabalho científico.

As informações obtidas devem ser complementadas com dados oriundos de outras fontes. Certos autores consideram os documentos pessoais (autobiografias, diários, cartas pessoais e memorandos) como documentos íntimos que "tendem a revelar mais sobre a personalidade e o comportamento daqueles que os escreveram" (PARDINAS, 1977, p. 190).

6.4.1 Origem e conceito

Para Gill e Goodson (*In:* SOMEKH; LEWIN, 2015, p. 215-216), originada na Escola de Sociologia de Chicago na década de 1930, a tradição de história de vida vem sendo utilizada há muito tempo em antropologia e sociologia. Estreitamente ligada à noção de narrativa, a história de vida é uma compilação de experiências vividas de indivíduos ou grupos no passado e no presente que é analisada por pesquisadores, que depois situam os relatos da narrativa dentro dos contextos sociais, políticos, econômicos e históricos onde essas experiências tiveram lugar. O objetivo da história de vida é compreender a interação entre mudança social, vidas e ação de indivíduos e grupos.

No Brasil, a utilização da história de vida remonta à década de 1950. Os sociólogos Fernando Henrique Cardoso e Leôncio Martins Rodrigues, entre outros, valiam-se dessa técnica de coleta de dados. Aqui, porém, era considerada apenas uma técnica subsidiária, diferentemente do que ocorria nos Estados Unidos, em que ela representava instrumento principal de pesquisa.

6.4.2 Conceitos

Para Eisman (1998, p. 280), a história de vida é "uma história em torno de determinados eventos nos quais se projetam valores humanos e padrões significativos de uma cultura particular". Segundo Herbert Blumen (*In:* NOGUEIRA, 1968, p. 137), ela é "um relato da experiência individual que revele as ações do indivíduo como um agente humano e como participante da vida social". Haguette (2001, p. 79) destaca dois pontos de vista: "como documento e como técnica de captação de dados".

História de vida, portanto, é a uma narrativa em torno de determinados fatos ou fenômenos, nos quais se evidenciam valores e padrões culturais. É uma técnica de coleta que pode complementar dados já levantados. Consiste em um modo de interpretar e reinterpretar os eventos, para melhor compreender as ações, os conceitos e os valores adotados por um grupo ou indivíduo em pauta.

6.4.3 Características

A história de vida é uma técnica de campo que permite ao pesquisador controle maior sobre a situação ou as motivações do entrevistado. Tem como função básica estimular a pessoa, visando conseguir respostas claras e precisas sobre determinado estudo. Pode favorecer o surgimento de novas questões e conseguir detalhes, assim como apresenta informação relativa à estrutura, à dinâmica e ao funcionamento da vida mental de seu autor. Levanta a vida de uma pessoa, seus usos e costumes, seus valores, conceitos e ações e emprega meios mecânicos para registrar fatos e acontecimentos do passado.

6.4.4 Importância

Segundo Haguette (2001, p. 81-82), a história de vida:

a) Serve como ponto de referência para avaliar teorias que tratam do mesmo problema para cujo propósito as informações foram tomadas.

b) Ajuda em áreas de pesquisa que tratam dela apenas tangencialmente.

c) Fornece *insights* sobre o lado subjetivo de muitos estudos.

d) Torna-se importante quando uma área de estudo fica estagnada, sugerindo novas variáveis.

e) Dá sentido à noção de processo, fornecendo riqueza de detalhes, sobre referido processo.

6.4.5 Fases da história de vida

Esse tipo de pesquisa engloba seleção de indivíduos que representem o universo sociocultural objeto da pesquisa e verificação da disponibilidade e predisposição dos informantes para falar.

De acordo com Pujadas (1992, p. 59-84), as fases da pesquisa história de vida abrangem:

a) Planejamento teórico do trabalho.

b) Justificativa da metodologia.

c) Delimitação do universo da pesquisa.

d) Explicação dos critérios de seleção dos informantes.

Pujadas (1992, p. 68) propõe as seguintes orientações para elaboração da história de vida:

a) Estimular a vontade de falar do informante e criar condições ambientais para que o relato se realize de forma cômoda;

b) Evitar a monopolização da palavra e não dirigir excessivamente a entrevista.

c) Elaborar um esboço geral da biografia que inclua as etapas de vida e maior número de dados cronológicos dos indivíduos.

Segundo Triviños (1987, p. 135), a "técnica utilizada para investigação em história de vida é a entrevista semiestruturada, que se realiza com uma pessoa de relevo social 'escritor famoso, cientista célebre, político renomado', etc.". Essa técnica pode ser empregada com pessoas de diferentes níveis sociais: migrantes, grupos étnicos (brancos, negros, índios etc.). Ela é empregada pelos cientistas sociais, educacionais, da saúde etc., e pode ser utilizada juntamente com as técnicas de observação participante e não participante, além da entrevista.

6.4.6 Roteiro

Aspectos que podem ser abordados na pesquisa história de vida, de acordo com o interesse:
1. Nome, nacionalidade, natalidade.
2. Residência e propriedade.
3. Família e parentesco.
4. União e casamento.
5. Religião, crenças e práticas.
6. Profissão e trabalho.
7. Escolaridade e lazer.
8. Saúde e alimentação.
9. Vestuário, usos e costumes.
10. Organização econômica.
11. Organização política.
12. Linguagem, artes e artesanato.
13. Relações sociais.
14. Classes sociais e castas.
15. Controle social.
16. Fatos e acontecimentos.
17. Migração.

6.4.7 Tema para pesquisa com história de vida

Apresentamos a seguir um exemplo de pesquisa com história de vida, considerando o tema "tipos de migração":

a) De município para município.
b) Da zona rural para a urbana e vice-versa.
c) De cidade para cidade.
d) De Estado para Estado.

São características das migrações:

a) Baixo nível educacional, cultural e social.
b) Baixa qualificação profissional.
c) Família numerosa.
d) Subnutrição.
e) Dificuldade em conseguir empregos estáveis bem remunerados.
f) Mecanização das indústrias e tecnologia.

Consequência: mudanças sociais.

6.5 História oral

6.5.1 Origem

A história oral é tão antiga quanto a História. Heródoto já recolhia dados de suas testemunhas; da mesma forma, Michelet, Oscar Lewis e Fraser registraram fatos de revoluções.

Hoje, em vários países, como Estados Unidos, Grã-Bretanha, Itália, Alemanha, Canadá e França, a história oral faz parte do *curriculum* escolar nos vários graus de ensino. Até universidades como Oxford e Columbia têm incluído essa técnica em seus cursos. Embora seja recente seu emprego nos Estados Unidos, a sua utilização tem sido mais intensa ultimamente.

No Brasil, foi o Museu da Imagem e do Som que primeiramente se valeu da história oral. O Museu de História da Universidade de Londrina, Paraná, e a Universidade de Santa Catarina, Florianópolis, também empregam essa técnica para a coleta de dados, desde 1972. O Centro de Pesquisa e Documentação da História Contemporânea do Brasil (CPDOC), ligado à Fundação Getulio Vargas, Rio de Janeiro, possui um setor de história oral. Também não se pode deixar de mencionar a utilização dessa técnica tanto pelo Centro de Estudos Rurais e Urbanos (CERU), da USP, quanto pelo Centro de Memória da Unicamp, Campinas. Ambos se têm valido da história oral na realização de projetos. Deve-se também destacar o Projeto Depoimento em Vídeo, do Museu da Imagem e do Som de São Paulo, órgão da Secretaria da Cultura.

Entretanto, sob o aspecto teórico-metodológico, a literatura sobre essa técnica ainda é escassa.

6.5.2 Conceitos

História oral "é uma técnica para gravar não apenas lembranças do passado, mas também reflexões e opiniões daqueles cujas vidas estão ainda comprometidas com atividades públicas" (MOSS, 1974, p. 9).

Para Freitas (2002, p. 18), ela é "um método de pesquisa que utiliza a técnica da entrevista e outros procedimentos articulados entre si, no registro de narrativas da experiência humana".

Segundo Haguette (2001, p. 85), trata-se de "uma técnica de coleta de dados baseada no depoimento oral, gravado, obtido através da interação entre o especialista e o entrevistado, ator social ou testemunha de acontecimentos relevantes para a compreensão da sociedade", tendo "por finalidade o preenchimento de lacunas existentes".

Nevis (1985, p. 42) define história oral como "Moderna História Oral [...] que se vale dos recursos eletrônicos".

Afirma Thompson (1972, p. 3) que essa técnica "privilegia a gravação como elemento mais importante, considerando sua origem oral".

Ela é uma técnica de pesquisa que emprega a entrevista e as observações participantes e não participantes (ver seção 4.1 deste capítulo), para registrar fatos e/ou acontecimentos importantes do passado, visando compreender a sociedade. Enquanto técnica é um procedimento com a finalidade de coletar dados e descobrir novos fatos ou acontecimentos, método consiste em um conjunto de procedimentos, visando a uma ampla compreensão do processo de investigação.

Na história oral, de acordo com Ronald Grele (*In*: Freitas, 2002, p. 17), as pessoas sempre relatam sua história em conversas. Em todos os tempos, a história teria sido transmitida de boca a boca: de pais para filhos; dos anciãos do lugar para a geração mais nova; de mexeriqueiros para ouvidos ávidos. Todos, a seu modo, contam sobre acontecimentos do passado e dão-lhes significado, mantêm viva a memória coletiva.

6.5.3 Características

A história oral preenche lacunas existentes nos documentos escritos mediante a interação de entrevistado e pesquisador. Fornece documentação para reconstituir o passado recente. Entre suas preocupações, destacam-se: revelar novos campos de investigação a serem desenvolvidos em diferentes contextos por meio de iniciativa individual ou trabalho coletivo; possibilitar o registro de informações que se fixaram na memória das pessoas, reinterpretando o passado e/ou revelando fatos desconhecidos.

A tradição oral pode ser identificada e resgatada não só entre comunidades ágrafas (sem escrita) ou tribais, grupos étnicos, mas também nas sociedades rurais e urbanas.

A história oral tem como suporte as lembranças, evidenciando uma memória coletiva. Enquanto a história de vida levanta a vida de uma pessoa, manifestando valores e padrões culturais, a fim de compreender as ações, os conceitos e os significados de atitudes e de comportamento, a história oral investiga os fatos e acontecimentos registrados na memória de pessoas de destaque na comunidade. É uma técnica de coleta de dados bem ampla.

Preocupa-se com o que é importante e significativo para a compreensão de determinada sociedade. Esse levantamento, realizado por meios mecânicos ou manuais, tem como finalidade preservar as fontes pessoais, obtendo dados que podem preencher lacunas em documentos escritos, registrando, inclusive, níveis de linguagem, sotaques, inflexões e até mesmo entonações dos entrevistados. Enfim, registra-se tudo o que se pode coletar sobre o passado de certos indivíduos, suas opiniões e maneiras de pensar e agir, procurando captar principalmente dados desconhecidos.

De acordo com o tipo de entrevista, a história oral pode ser classificada como:

a) Tradicional, em que o conhecimento e/ou prática resultam da transmissão oral.
b) Biográfica, em que o indivíduo exerce papel importante na vida da comunidade.
c) Temática, em que a pessoa tem participação restrita na sociedade.

Na temática, a entrevista tem caráter de depoimento realizado por um grupo de pessoas sobre um assunto específico. Não abrange a totalidade da vida do informante. Essa técnica é empregada em várias disciplinas como Antropologia, Sociologia, Psicologia, Ciências Políticas, História, Linguística, Serviço Social, Jornalismo.

6.5.4 Críticas

A história oral pode não ser totalmente confiável, tendo em vista ser constituída de depoimentos parciais dos fatos e versões de acontecimentos ou fatos e não reconstituição deles; apresentar impressões distorcidas, em virtude de a memória ser falha ou deficiente; sofrer algumas limitações comuns a outros instrumentos de coleta de dados. Finalmente, embora seja uma técnica, ela prescinde da teoria que informa o fato a ser reconstituído.

6.5.5 Importância

A história oral revela-se uma técnica relevante de pesquisa, considerando-se a experiência, a intuição e a sensibilidade do entrevistador e também pela integração com outras fontes; confrontação entre fontes escritas se orais e utilização da integração de diferentes disciplinas.

Pode ser conjugada, usando-se as técnicas da entrevista e da observação.

6.5.6 Diretrizes da entrevista

Os entrevistados devem ser selecionados, escolhendo-se primeiramente os mais idosos, porque vivenciaram fatos do passado (antes de desaparecerem) e, depois, especialistas em determinado assunto.

As entrevistas ou observações, em geral, devem ser realizadas por profissionais, que procuram esclarecer ou elucidar algum assunto ou ponto de vista sobre determinada questão.

Cabe ao pesquisador uma atitude ética. Deve saber ouvir sem interferir nas respostas e saber dirigir as perguntas.

No processo da entrevista, segue-se uma ordem:

a) Preparação do roteiro.
b) Seleção das perguntas.
c) Introdução de questões e/ou temas interessantes.
d) Condução, com competência, da pesquisa.

6.5.7 Planejamento da pesquisa

O planejamento da pesquisa de uma história oral segue o seguinte roteiro:

1. Ler, primeiro, a bibliografia pertinente.

2. Escolher o tema e os propósitos de acordo com as questões históricas mais amplas.
3. Selecionar os informantes e não escolhê-los aleatoriamente.
4. Ter cuidado com a quantidade e a qualidade das entrevistas.
5. Preocupar-se com a duração da entrevista, que não devem ultrapassar duas horas, para não cansar tanto o entrevistado quanto o entrevistador.
6. Montar um roteiro não rígido sem mostrá-lo anteriormente ao entrevistado.
7. Proporcionar liberdade de respostas, sem sugeri-las ou forçá-las.
8. Não expor juízo de valor.
9. Demonstrar interesse.
10. Fazer perguntas simples, diretas, naturais, abertas, evitando as fechadas (sim e não).
11. Dar margem ao entrevistado para narrar os fatos espontaneamente.
12. Evitar duas perguntas ao mesmo tempo.
13. Possibilitar que o informante escolha o local das entrevistas.
14. Transcrever o mais fielmente possível o que foi gravado.

6.6 Técnicas de pesquisa mercadológica

A pesquisa mercadológica ou de mercado tornou-se hoje um instrumento importante e até mesmo decisivo nas empresas, em face não só do crescimento e da complexidade das atividades comerciais, mas também do emprego, cada vez mais frequente, da abordagem de marketing na direção dos negócios.

Pesquisa de mercado consiste na obtenção de informações sobre o mercado, de maneira organizada e sistemática, de acordo com técnicas específicas, tendo em vista minimizar a margem de erros na tomada de decisões. Desse conceito depreende-se que o levantamento dos dados exige:

a) Organização e sistematização e não mera observação casual.
b) Técnicas adequadas de pesquisa.
c) Formulação de objetivos que possibilitem alternativa de escolha em momentos decisivos.
d) Visão mais exata da realidade, diminuindo, portanto, a margem de erros.

A pesquisa mercadológica utiliza os mesmos procedimentos metodológicos das Ciências Sociais. Em geral, processa-se o levantamento de dados por amostragem de um universo formado por consumidores finais. Em outros casos, o universo pode ser constituído por intermediários, estabelecimentos comerciais, indústria etc.

Muitos são os tipos de pesquisa de mercado, modificando-se e desenvolvendo-se em função da natureza do problema a ser investigado e dos recursos e pessoal disponíveis. Entre os mais comuns, podem ser citados os seguintes:

a) Teste de produto: pesquisa realizada quase sempre com amostras representativas de consumidores, tendo em vista determinar as características desejáveis de um produto a ser lançado no mercado ou a introdução de modificações em um produto já existente. Por exemplo: verificar a preferência dos consumidores entre várias alternativas possíveis de cor, formato, sabor, consistência, tamanho etc. de determinado produto.

b) Pesquisa de audiência: tem como objetivo determinar, sempre a partir de amostras, a percentagem de radiouvintes ou telespectadores de cada estação de rádio ou canal de televisão. Essas informações orientarão a escolha sobre onde aplicar as verbas de veiculação, com melhor aproveitamento do investimento a ser realizado.

c) *Store-audit*: pesquisa realizada pela A. C. Nielsen e outras agências em estabelecimentos comerciais, principalmente de produtos de limpeza, alimentícios e de uso pessoal. Os dados não são obtidos por meio de entrevistas, mas da observação e registro, isto é, contam-se os estoques dos produtos estudados, existentes nas lojas, em períodos sucessivos, e verificam-se, por meio das notas fiscais ou outros documentos, as entradas de mercadorias na loja. Obtêm-se, assim, estimativas da participação de cada marca do mercado total daquela classe de produto.

d) Discussão em grupo: pesquisa efetuada com pequeno grupo de consumidores, reunidos em torno de uma mesa e levados a discutir o assunto em estudo (imagem de um produto, impacto de um comercial de TV, introdução de um novo hábito de consumo etc.). Para que a conversa não se disperse ou apenas algumas pessoas se manifestem, um moderador coordena a reunião, dirigindo os debates no sentido de conseguir o maior número possível de informações. Em virtude do pequeno número de pessoas envolvidas, a pesquisa não tem significação quantitativa. Tem caráter de pesquisa exploratória, levantando hipóteses e pontos de interesse para uma futura investigação mais extensiva.

e) *Desk research*: como o nome sugere, trata-se de uma pesquisa de gabinete, realizada com a utilização de dados secundários. Trabalha-se, portanto, com informações já existentes, mas geralmente dispersas e de natureza heterogênea. Os dados podem ser internos da empresa, como estatística de vendas, combinados com dados externos, como os do IBGE, FGV etc. As pesquisas de produtos industriais fazem uso frequente desse procedimento.

LEITURA RECOMENDADA

AUGRAS, Monique. *Opinião pública*: teoria e pesquisa. 2. ed. Petrópolis: Vozes, 1974. Segunda parte.

BRITO, Murillo Marschner Alves de. O uso da entrevista na pesquisa empírica. *In*: MÉTODOS de pesquisa em ciências sociais: bloco quantitativo. São Paulo: Sesc São Paulo: Cebrap, 2016. Disponível em: https://www.sescsp.org.br/files/unidades/abas/eea82ab5/4675/4fdb/bfcd/2344daba73be.pdf. Acesso em: 26 mar. 2020. p. 32-51.

CALAIS, Sandra Leal. *Delineamento de levantamento ou survey*. *In*: BAPTISTA, Makilim Nunes; CAMPOS, Dinael Corrêa de. *Metodologias de pesquisa em ciências*: análises quantitativa e qualitativa. 2. ed. Rio de Janeiro: LTC, 2016. Cap. 9.

CAMPOS, Dinael Corrêa de. Análise de conteúdo na pesquisa qualitativa. *In*: BAPTISTA, Makilim Nunes; CAMPOS, Dinael Corrêa de. *Metodologias de pesquisa em ciências*: análises quantitativa e qualitativa. 2. ed. Rio de Janeiro: LTC, 2016. Cap. 23.

KAPLAN, Abraham. *A conduta na pesquisa*: metodologia para as ciências do comportamento. Tradução de Leonidas Hegenberg, Octanny Silveira da Mota. São Paulo: EPU: Edusp, 1975. Caps. 4 e 5.

LIMA, Márcia. Introdução aos métodos quantitativos em ciências sociais. *In*: MÉTODOS de pesquisa em ciências sociais: Bloco quantitativo. São Paulo: Sesc São Paulo: Cebrap, 2016. Disponível em: https://www.sescsp.org.br/files/unidades/abas/eea82ab5/4675/4fdb/bfcd/2344daba73be.pdf. Acesso em: 26 mar. 2020. p. 10-31.

PINTO, Elza Rocha. Conceitos fundamentais dos métodos projetivos. *Ágora*, Rio de Janeiro, v. 17, n. 1, jan./jun. 2014. Disponível em: http://www.scielo.br/scielo.php?script=sci_arttext&pid=S1516-14982014000100009. Acesso em: 26 mar. 2020.

RICHARDSON, Roberto Jarry. *Pesquisa social*: métodos e técnicas. 3. ed. São Paulo: Atlas, 2015. Caps. 12, 13, 16.

SELLTIZ, Claire; JAHODA, Marie; DEUTSCH, Morton; COOK, Stuart W. *Métodos de pesquisa nas relações sociais*. Tradução de Dante Moreira Leite. São Paulo: Herder: Edusp, 1965. Caps. 6, 7, 9 e 10.

TORINI, Danilo. Questionários on-line. *In*: MÉTODOS de pesquisa em ciências sociais: bloco quantitativo. São Paulo: Sesc São Paulo: Cebrap, 2016. Disponível em: https://www.sescsp.org.br/files/unidades/abas/eea82ab5/4675/4fdb/bfcd/2344daba73be.pdf. Acesso em: 26 mar. 2020. p. 52-75.

4
Organização dos dados coletados

1   ESTABELECIMENTO DE CATEGORIAS

De posse dos dados coletados, revistos e selecionados, inicia-se o seu processo de categorização. Esse processamento pode ser realizado antecipadamente no próprio questionário.

Categoria é a classe, o grupo ou o tipo em uma série classificada. Para o estabelecimento de categorias, devem ser observados certos princípios de classificação. As perguntas ou as hipóteses da pesquisa, quando formuladas, oferecem uma base para o estabelecimento de determinadas regras. As regras básicas que orientam uma série de categorias são, segundo Selltiz, Jahoda, Deutsch e Cook (1965, p. 458):

(a) O jogo de categorias deve ser derivado de um único princípio de classificação.
(b) O jogo de categorias deve ser completo, isto é, deve oferecer a possibilidade de colocar cada resposta em uma das categorias do jogo.
(c) As categorias do mencionado jogo devem ser mutuamente exclusivas; não ter a possibilidade de colocar determinada resposta em mais de uma categoria de série.

Se as regras forem observadas, um conjunto pode ser formado por duas ou mais categorias. As subcategorias, entretanto, só devem ser utilizadas se houver necessidade de estabelecer diferenças entre os vários tipos de respostas.

Exemplo:
Categoria: Sexo: masculino e feminino.
Classe social: alta, média e baixa.
Estado conjugal: casado, união estável, solteiro, separado, desquitado, divorciado, viúvo.
Subcategorias: Classe social: alta-alta, alta-média, alta-baixa, média-alta, média-média, média-baixa, baixa-alta, baixa-média, baixa-baixa.

O total dos números (respostas) relativos às categorias estabelecidas em uma série deve ser proporcional ao número de casos pesquisados, de tal forma que nenhuma resposta fique à margem das categorias determinadas.

Dentro do limite de cada jogo, as categorias são exclusivas e incluem todas as probabilidades importantes, evitando possíveis equívocos nas respostas.

Na classificação dos dados, podem-se isolar: (1) duas categorias (dicotomia), como masculino e feminino; rural e urbano; alfabetizado e analfabeto; (2) três categorias (tricotomia), como branco, pardo e negro; classe alta, média e baixa. Nem sempre, porém, as comparações podem ser só dicotômicas ou tricotômicas, necessitando de uma divisão em outras categorias, no caso de o grupo ser mais numeroso.

Exemplo: Católico, protestante, espírita, anglicano, budista etc.

O número de categorias pode ser determinado por características significativas, diferentes, mas fáceis de ser identificadas, tendo o pesquisador condições de manipular as complexas relações possíveis oriundas dessa classificação.

Nos tipos de análise simples, em que o grupo é suficientemente homogêneo, não há necessidade de subdivisões. Entretanto, surgem situações em que o quadro do grupo total fica obscuro, em virtude das diferenças em seu aspecto, dificultando a descrição. Nesse caso, convém dividi-lo em categorias ou classes, com alguma característica comum, que ajude na análise posterior. Os grupos mais homogêneos oferecem melhores condições para a generalização.

Em alguns estudos ou tipos de dados, a categorização é um procedimento simples, mas é preciso que as respostas, provenientes de observações ou entrevistas, sejam pré-classificadas, com indicação de números, letras ou sinais.

Exemplos:

Sexo: 1. masculino, 2. feminino ou Δ masculino, O feminino.
Aspectos culturais: A. religião, B. escolaridade, C. lazer.

Todavia, em algumas situações, quando as categorias são mais complexas, o processo torna-se mais demorado, mais difícil e requer muita cautela, atenção e esforço.

Mesmo que as categorias sejam elaboradas com cuidado, sua aplicação, nesse caso, apresenta problemas. Material não estruturado como história de vida, entrevistas não estruturadas etc. podem causar problemas especiais durante a elaboração das categorias. Outro exemplo são os estudos exploratórios, em que as hipóteses ainda não foram explicitadas.

Entretanto, esses problemas podem ser contornados se as regras forem seguidas com rigor.

2 CODIFICAÇÃO

"Codificação é a operação técnica segundo a qual os dados são categorizados", afirmam Selltiz, Jahoda, Deutsch e Cook (1965, p. 468). O processo de codificação engloba duas tarefas: classificação e atribuição de códigos. Mediante codificação, os dados aproximados são transformados em símbolos (número ou letras) que podem ser tabulados ou contados.

2.1 Classificação

Classificar significa organizar ou ordenar uma série de dados em diferentes classes, em uma ou mais variáveis. Na classificação, um todo ou universo (pessoas, coisas, acontecimentos) é dividido em partes (classes ou categorias: sexo, idade, nacionalidade etc.). Os dados são agrupados em categorias para serem analisados.

Pessoas e coisas podem ser descritas em termos:

a) Quantitativos: nesse caso, as pessoas ou coisas são focalizadas em termos de grandeza ou quantidade do fator presente em uma situação. Os caracteres possuem valores numéricos, isto é, são expressos em números.

Exemplos: Peso, tamanho, custo, produção, impressos, número de filhos etc.

b) Qualitativos: aqui, a classificação é baseada na presença ou ausência de alguma qualidade ou característica, e também na classificação de tipos diferentes de dada propriedade.

Exemplos: Cor da pele, nacionalidade, estado civil, profissão, sexo etc.

As medidas quantitativas respondem à pergunta "quanto?" e as qualitativas à questão "como?". Os dois tipos são importantes na investigação e se constituem no corpo do trabalho.

Os caracteres podem ainda ser: *contínuos*, se os valores forem ilimitados (peso, altura), havendo inúmeros valores entre os extremos de um intervalo, e *descontínuos*, ou *discretos*, se forem determinados (número de filhos).

Nos caracteres quantitativos, não se levam em consideração diferenças muito pequenas; nesse caso, os dados devem ser agrupados (constituição de classes). Na variável descontínua, como os valores estão bem determinados, geralmente não há necessidade de agrupamentos.

2.2 Operações de código

Como já foi dito na seção 3.3.2, b do Capítulo 1, codificar significa organizar os dados em classes ou categorias, atribuindo a cada categoria um item e dando a cada um deles um símbolo (número ou letra). A contagem dos símbolos dá o número total de itens de cada classe.

Para codificar, consideram-se três aspectos em relação à quantidade, como afirmam Goode e Hatt (1969, p. 401):

(a) O número de entrevistados ou fontes de dados.
(b) O número de questões perguntadas.
(c) O grau de complexidade das operações estatísticas planejadas.

Sem codificação, é difícil a tabulação, e ela se torna ainda mais complicada se o número de casos for muito grande. Usando-se um código, novas tabulações podem ser evitadas ou reduzidas; ele facilita a tabulação.

Entre as dificuldades ocorridas na codificação está a impropriedade dos dados: (a) por não fornecerem informações suficientes para a codificação, em consequência de processos inadequados de coleta de dados, ou seja, redação deficiente ou observadores mal treinados; (b) por falta de exame meticuloso dos dados, depois de completados.

A seleção, com a finalidade de eliminar problemas de codificação, é realizada antes de se dar por encerrada a investigação. Para Selltiz, Jahoda, Deutsch e Cook (1965, p. 470), o plano de observação deve ser verificado tendo em vista:

(a) *Totalidade*. Todos os itens devem ser preenchidos.
(b) *Legibilidade*. Se o codificador não puder decifrar a letra do entrevistador ou observador, ou as abreviações e símbolos adotados, a codificação será impraticável.
(c) *Compreensibilidade*. Um comportamento do entrevistado ou sua resposta devem ser bem explícitos.
(d) *Consistência*. As incoerências evidentes em determinado plano de entrevista ou observação podem causar problemas na codificação ou indicar erros de compilação ou registro dos dados.
(e) *Uniformidade*. As instruções adequadas aos entrevistadores ou observadores resultarão em processo uniforme para a compilação dos dados; contudo, é necessário verificar a regularidade com que foram obedecidas estas instruções.
(f) *Respostas inadequadas*. Podem ocorrer se uma questão não for redigida com clareza ou não for formulada de maneira inteligente.

2.3 Pré-codificação das perguntas

Para a classificação de respostas, prováveis e valiosas, deve-se primeiro pensar como utilizar as respostas dadas a cada pergunta. Quando as questões são incluídas em um estudo, significa que se pretende obter respostas em torno do assunto investigado.

Exemplo: A categoria de sexo indica que os entrevistados serão rotulados com masculino ou feminino; aplica-se o código *1* ou *A*, ou *I* ou Δ para masculino, e *2* ou *B*, ou *II* ou O para feminino.

Entretanto, outros fatores podem ser empregados para verificar hipóteses, ou considerar informações essenciais, como estado civil, idade (variáveis necessárias para analisar outras atividades).

O objetivo da pesquisa indicará sempre as categorias particulares de análise a serem empregadas. No caso da idade, variável contínua, as categorias de análise podem ter qualquer dimensão; assim, sem determinar a idade máxima, devem-se utilizar faixas etárias.

Exemplo:

(FORMULÁRIO)	(QUESTIONÁRIO)
1. 15 ⊢ 30	A. de 15 anos completos a 30 anos incompletos
2. 30 ⊢ 45	B. 30 anos completos a 45 anos incompletos
3. 45 ⊢ 60	C. 45 anos completos a 60 anos incompletos
4. 60 ⊢	D. 60 anos completos e mais

Quando se dá ao entrevistado um questionário com um conjunto de respostas para serem escolhidas, deve-se evitar que elas sejam respondidas por extenso. Quanto mais símbolos forem utilizados, mais fácil se torna o trabalho: economiza-se tempo e evitam-se ambiguidades. O questionário com perguntas fechadas é evidentemente mais prático que o de perguntas abertas.

As perguntas preestabelecidas formam a base para qualquer análise subsequente.

É desejável que o formulário, pelo fato de ser preenchido por pesquisadores, seja pré-codificado (com exceção das perguntas abertas).

2.4 Código qualitativo

O código qualitativo é utilizado por todas as técnicas que visam classificar com precisão dados sociais "aos quais o pesquisador não deu com antecedência uma ordem" (GOODE; HATT, 1969, p. 408). Se eles já foram classificados, em virtude de necessidades técnicas anteriores, o processo é simples, mecânico; mas, se ainda não foram estabelecidas categorias distintas, o problema torna-se mais complexo.

Os processos de codificação de perguntas abertas são de natureza qualitativa. O primeiro passo a ser dado é sua organização em determinadas categorias não sobrepostas, isto é, sobre as quais as respostas não podem incidir. Nesse caso, é aconselhável utilizar uma escala nominal (ver seção 5.3.1, n. 1, do Capítulo 3) para as respostas. Todos os dados importantes devem ser classificados.

Na verificação do formulário, podem-se utilizar entrevistas intensivas não estruturadas, mas as respostas devem ser classificadas antes do estabelecimento do grupo de questões do formulário ou do questionário definitivo. Esse procedimento permite utilizar não só fontes importantes de dados, mas também dados já estruturados, baseados na pesquisa-piloto (etapa preliminar na redação do formulário ou roteiro de entrevista).

Para a codificação qualitativa, Goode e Hatt (1969, p. 409-414) propõem cinco etapas, assim resumidas:

a) Esclarecer o que se deseja do material. As respostas devem ser encontradas e codificadas de acordo com os objetivos que determinaram a formulação da questão.

b) Estudar cuidadosamente os questionários completados. Se os registros se revelam incompletos na pesquisa-piloto, os meios de registro dos dados devem ser aperfeiçoados.

c) Planejar as classes (categorias) e os indicadores de classe. A ideia pode ser imaginada antes, durante ou depois de estudados os dados. Faz-se, em primeiro lugar, a aproximação dos indicadores a serem codificados; depois, constroem-se tanto as classes quanto os elementos, os comentários ou frases, aceitos como indicadores equivalentes para essas classes. O objetivo consiste na elaboração de uma série de instruções que facilitem a classificação desses elementos em tipos importantes para a pesquisa. Se as palavras não forem as mesmas, procura-se um significado equivalente e a ele atribui-se um número. Elementos, comentários, frases que indicam as classes devem ser enumerados e verificados. Entretanto, podem ocorrer dificuldades: o código ser um "contínuo de intensidade" (série graduada de itens ou respostas que vão desde alto grau de concordância a alto grau de discordância). Nesse caso, contorna-se o problema fazendo uso dos juízes (ver seção 5.3.1, n. 3, "Escalas de intervalo", do Capítulo 3).

d) Adequar as classes aos dados. Procura-se descobrir se as instruções são claras ou não. Os indicadores preliminares permitem ampliar os pormenores de instruções e levar a uma compreensão melhor da natureza das classes. Atenção especial deve ser dada aos casos discrepantes a fim de englobá-los em determinada classe.

e) Codificar todas as perguntas. Nessa fase, é importante verificar a relação entre os códigos utilizados pelos diversos pesquisadores; esse ajustamento geralmente revela julgamentos meramente impressionistas que podem servir, ou não, como base de interpretação.

2.5 Validez da codificação

Para Selltiz, Jahoda, Deutsch e Cook (1965, p. 473), a coerência e a propriedade com que certo tipo de resposta é designado para determinada categoria terão "importante conexão com o resultado da análise". É necessário, então, verificar a validez (grau em que os dados correspondem a algum critério que constitui uma medida aceitável dos fenômenos estudados) da codificação e intensificar a relação entre os codificadores. A tarefa não é fácil, pois o tipo de material pode apresentar graus diferentes de dificuldades. Quanto mais estruturado for o material a ser codificado e quanto mais simples forem as categorias, mais segurança se obterá.

3 TABULAÇÃO

A tabulação é definida por Abramo (1979, p. 55) como sendo "a arrumação dos dados em tabelas, de maneira a permitir a verificação das relações que eles guardam entre si". Ela é uma parte do processo da técnica de análise estatística dos dados. Os dados obtidos por meio desse processamento são transferidos para as tabelas a fim de serem observados e submetidos à análise.

A principal operação, na tabulação, é *o cômputo* (cálculo, contagem), "para determinar o número de casos que concordam com as várias categorias" (SELLTIZ; JAHODA, DEUTSCH; COOK, 1965, p. 474).

Nas tabulações, o número de casos ocorridos concomitantemente em duas ou mais categorias denomina-se *tabulação mista*, tabulação cruzada ou desdobramento, fase inicial na descoberta das relações entre as variáveis.

A tabulação pode realizar-se de três modos: manual, mecânica e computadorizada.

a) Manual: nos tipos de investigação simples, em geral, utiliza-se a tabulação manual. Usando-se técnicas adequadas, ela pode ser rápida, exata e menos dispendiosa. Geralmente, é aplicada a procedimentos em que o número de casos ou jogos de categorias seja pequeno e não haja muita tabulação cruzada. Para Selltiz, Jahoda, Deutsch e Cook (1965, p. 476), "o número de tabulações mistas é, talvez, o mais importante fator para a determinação da relativa eficácia de um processo de tabulação".

b) Mecânica: procedimento usado em investigações mais amplas, com número muito grande de tabulações cruzadas, inviável em procedimentos manuais.

c) Computadorizada: atualmente, o uso desse tipo de tabulação permite a realização de um trabalho de forma mais rápida e mais eficiente.

Para as tabulações, manual e mecânica, os dados já devem ter sido codificados e submetidos a verificação.

As operações de classificação podem ser realizadas manualmente:

a) Traço-e-risco: o mais fácil dos procedimentos, consiste em traçar uma linha sobre a qual se adicionam traços diagonais, em relação a cada caso compreendido na série que se conta, ou seja, realiza-se o "traço-e-risco" mediante a elaboração de um quadro de frequência: à esquerda colocam-se os números das categorias ou grupos e ao lado deles anotam-se os dados, por meio de riscos. Para facilitar a contagem, os traços devem ser agrupados em conjuntos de cinco:

Exemplo: ⊢╂╂╂╱ ⊢╂╂╂╱

Ao final, somam-se os riscos, marcando o resultado na coluna da direita:

CLASSES	NÚMEROS DE DADOS – FREQUÊNCIA	TOTAL
0 ⊢ 5	⊢╂╂╂╱ ⊢╂╂╂╱	10
6 ⊢ 10	⊢╂╂╂╱ ⊢╂╂╂╱ ⊢╂╱	13
11 ⊢ 15	⊢╂╂╂╱ ⊢╂╂╂╱	9

Em lugar dos traços e riscos, podem-se usar quadrados ou retângulos.

Exemplo: ⊠ ⊠ ☐ = 14

b) Folha-sumário: outro procedimento para auxiliar a codificação é o da folha-sumário, próprio para tabulações simples, com pequeno número de casos, que podem ser transcritos em código. Os símbolos do código (que está ao lado da resposta) podem ser marcados com lápis de cor e as respostas tabuladas à mão. A folha-sumário pode ser anexada ao formulário, ou ser elaborada numa escala maior, a fim de abranger todos os casos. Quando maiores, podem conter dados de todos os casos. São mais práticas, por permitirem uma visão global dos dados. Para resolver o problema de espaço, os símbolos do código podem ser utilizados em lugar dos títulos completos das colunas. Quando o número de casos é pequeno, a utilização das folhas de papel de cálculo facilita a tabulação.

Exemplos:

Nº 1

INFORMANTE	GRUPO DE IDADE					RELIGIÃO				REMUNERAÇÃO MENSAL					
	20-29	30-39	40-49	50-59	60+	1	2	3	4	1	2	3	4	5	6
1. Lixeiro	x						x				x				
2. Pedreiro		x						x					x			
3. Padeiro				x		x						x			

Fonte: Modelo apresentado por Goode e Hatt (1969, p. 404).

Nº 2

	Sexo	Masculino							Feminino						
Nº do formulário		1	2	3	4	5	6	Total	%	7	8	9	10	11	Total	%
1) Grupo de Idade																
1		I			I			2	33,33			I			1	20
2			I					1	16,67	I	I				2	40
3		I						1	16,67				I		1	20
4			I	I				2	32,33						-	-
5								-	-				I		1	20
								6	100,00						5	100
2) Religião																
1			I	I				2	33,33	I	I	I			3	60
2		I						1	16,67						-	-
3								+	-				I		1	20
4		I		I	I			3	50,00	I					1	20
								6	100,00						5	100
3) Remuneração mensal																
1					I			1	16,67	I	I			I	3	60
2		I						1	16,67				I		1	20
3			I	I				2	33,33						-	-0
4		I		I				2	33,33				I		1	20
5								-	-						-	-
6								-	-						-	-
								6	100,00						5	100

Fonte: Modelo criado por Eva Maria Lakatos.

No segundo caso, a marcação das respostas é feita de tal forma que as tabelas, em números absolutos e percentagens, podem ser confeccionadas na própria folha de cálculo. Esse modelo apresenta duas grandes vantagens: estando todas as respostas do questionário (ou formulário) anotadas em cada coluna, permite que os cruzamentos entre duas questões sejam efetuados diretamente no papel de cálculo, sem ser necessário recorrer novamente ao instrumento de coleta de dados. Querendo-se correlacionar o tipo de atividade (questão 16) com a remuneração mensal (questão 3), basta dobrar o papel de cálculo, de modo que as respostas às duas questões fiquem colocadas uma abaixo da outra. A leitura das respostas será anotada em uma tabela à parte (ver exemplos 3 e 4).

Nº 3

Sexo			Masculino									Feminino				Total	%
Nº do formulário	1	2	3	4	5	6	Total		%		7	8	9	10	11		
3) Remuneração mensal																	
1						I	1	1	6,6 7		I	I			I	3	60
2	I						1	1	6,6 7					I		1	20
3			I	I			2	3	3,3 3							–	–
4			I	I			2	2	3,3 3				I			1	20
5							–		–							–	–
6							–		–							–	–
							6	10	0,0 0							5	10 0
16) Tipo de Atividade																	
1		I				I	2	3	3,3 3					I		1	20
2							–		–		I	I			I	3	60
3			I	I			2	3	3,3 3							–	–
4							–		–							–	–
5					I		1	1	6,6 7				I			1	20
6	I						1	1	6,6 7							–	–
7							–		–							–	–
8							–		–							–	–
							6	10	0,0 0							5	10,0

Nº 4

Remuneração mensal		1	2	3	Tipo de Atividade			
		1	2	3	4	5	6	7	8
Masculino									
1		I							
2		I							
3				⌐					
4						I	I		
5									
6									
Feminino									
1				⊓					
2			I						
3									
4							I		
5									
6									

c) Folha de contagem: esta técnica utiliza uma folha quadriculada onde, para cada valor das características, há um espaço no qual se anota o número correspondente. É um procedimento rápido por ser de fácil manuseio; entretanto, há uma dificuldade: se todos os quadrinhos forem preenchidos, não se podem distinguir rapidamente os diferentes valores. As folhas de contagem devem ser manipuladas uma a uma, tanto para assinalar (número ou valor) quanto para separar os diversos cartões referentes aos mesmos valores.

4 DISTRIBUIÇÃO DE FREQUÊNCIAS

Uma vez ordenados os dados, dentro de um rol (série ordenada) de valores, é preciso condensar a classificação em uma distribuição de frequência; esse é o modo mais simples de representação.

Para Goode e Hatt (1969, p. 437), a distribuição de frequência resume-se

> na apresentação, numa coluna, de qualidades diferentes de um atributo, ou valores diferentes de uma variável, junto com as entradas em outra coluna, mostrando a frequência da ocorrência de cada uma das classes.

Distribuição de frequência constitui-se, portanto, nas repetições agrupadas dos valores da variável. Visa facilitar o trabalho estatístico, permitindo melhor compreensão dos fenômenos. Quando se trabalha com poucos valores, os cálculos podem ser realizados diretamente, sem maiores dificuldades.

Exemplo:

Nº DE FILHOS	Nº DE FAMÍLIAS
1	15
2	10
3	19
4	9
5	5
6	7
7	3
8	3
9	5
10	1

Fonte: Pesquisa realizada por Marconi (1978) sobre 77 famílias de garimpeiros.

A distribuição de frequência pode ser *relativa* ou *absoluta* (*sem* qualificativos).

Exemplo:

DISTRIBUIÇÃO DE FREQUÊNCIAS ABSOLUTAS		DISTRIBUIÇÃO DE FREQUÊNCIAS RELATIVAS	
Nº DE FILHOS	Nº DE FAMÍLIAS	Nº DE FILHOS	% DE FAMÍLIAS
1	15	1	19,48
2	10	2	12,99
3	19	3	24,67
4	9	4	11,69
5	5	5	6,49
6	7	6	9,09
7	3	7	3,90
8	3	8	3,90
9	5	9	6,49
10	1	10	1,30
	77		100,00

As distribuições de frequência também podem ser *simples* ou *acumuladas*.

Exemplo:

SIMPLES		ACUMULADA	
Nº DE FILHOS	Nº DE FAMÍLIAS	Nº DE FILHOS	Nº DE FAMÍLIAS
1	15	1	15
2	10	2	25
3	19	3	44
4	9	4	53
5	5	5	58
6	7	6	65
7	3	7	68
8	3	8	71
9	5	9	76
10	1	10	77

4.1 Classe de valores

Quando se trabalha com mais valores, torna-se interessante considerar a classe dos valores.

Exemplo: Resultado da pesquisa de salários de 200 operários:

QUADRO 1

SALÁRIOS (X_1) R$	OPERÁRIOS (N_1)
190	100
220	30
250	1
280	20
300	4
330	2
350	–
380	1
400	5
480	4
500	1
700	1
850	2
2.500	1

QUADRO 2

SALÁRIOS (X_1) R$	OPERÁRIOS (N_1)
150 ⊢ 350	157
350 ⊢ 550	11
550 ⊢ 750	1
750 ⊢ 950	2
950 ⊢ 1.150	–
1.150 ⊢ 1.350	–
1.350 ⊢ 1.550	–
1.550 ⊢	1
	172

Os salários foram designados por X_1 e o número de operários que recebem o salário (frequência), por N_1.

Ao valor X_1 foi associado o número de vezes observadas. Essa disposição recebe o nome de *distribuição*. Quando se trabalha com classe de valores, ela se transforma em X_1 (Quadro 2).

A distribuição de frequência dos valores X_1 não aparece individualmente, mas agrupada em classes. Na classe 150 |— 350, são agrupados todos os valores, desde 150 (inclusive) até 350 (exclusive). Nessa classe, o limite inferior é 150 e o limite superior 349. Portanto, o sinal |— significa:

(inclusive) ———— (exclusive)

Ao se organizar uma distribuição de frequência, deve-se ter o cuidado para que as classes guardem entre si essas duas relações essenciais:

a) Devem ser exaustivas, ou seja, incluir todos os valores da série estudada.
b) Devem ser mutuamente exclusivas, isto é, um valor não pode ser incluído em mais de uma classe. Na distribuição do Quadro 2, o 350 não é incluído na primeira classe, apesar de ser seu limite superior, mas na segunda classe, da qual é o limite inferior. Se esse valor fosse incluído simultaneamente nas duas classes, estas não seriam mutuamente exclusivas.

4.2 Redução dos dados

Por ser difícil estabelecer comparações entre os dados não classificados, uma vez que se constituem numa soma muito grande de informações, lança-se mão de procedimentos estatísticos a fim de reduzi-los.

Para essa redução, utilizam-se técnicas de síntese, que reduzem e simplificam os dados em uma unidade e de acordo com a igualdade dos valores e atributos.

Os principais procedimentos para a redução dos dados são: medidas de posição, medidas de dispersão e comparação de frequências, que correspondem à Estatística Descritiva. Esta, juntamente com a Estatística Inferencial, será vista no Capítulo 5.

LEITURA RECOMENDADA

ABRAMO, Perseu. Pesquisa em ciências sociais. *In:* HIRANO, Sedi (org.). *Pesquisa social*: projeto e planejamento. São Paulo: T. A. Queiroz, 1979.

PEREIRA, Maurício Gomes. *Artigos científicos*: como redigir, publicar, avaliar. Rio de Janeiro: Guanabara Koogan, 2013. Cap. 18.

RUMMEL, J. Francis. *Introdução aos procedimentos de pesquisa em educação*. Tradução de Jurema Alcides Cunha. 3. ed. Porto Alegre: Globo, 1977. Cap. 10.

SAMPIERI, Roberto Hernández; COLLADO, Carlos Fernández; LUCIO, María del Pilar Baptista. *Metodologia de pesquisa*. Tradução de Daisy Vaz de Moraes. 5. ed. Porto Alegre: Penso, 2013. Caps. 10 e 14.

SELLTIZ, Claire; JAHODA, Marie; DEUTSCH, Morton; COOK, Stuart W. *Métodos de pesquisa nas relações sociais*. Tradução de Dante Moreira Leite. São Paulo: Herder: Edusp, 1965. Caps. 9 e 10.

5
Análise e interpretação dos dados

1 INTRODUÇÃO

Veremos neste capítulo como se faz análise e interpretação na pesquisa quantitativa e na pesquisa qualitativa. Primeiramente, abordaremos medidas de posição, medidas de dispersão e comparação de frequências para, em seguida, tratarmos de organização dos dados em tabelas, quadros, gráficos. Consideramos, ainda neste capítulo, o teste de hipóteses como instrumental de validação da interpretação (estatística inferencial). Finalmente, na última seção do capítulo, tratamos da análise e da interpretação na pesquisa qualitativa, particularmente considerando a estatística como um instrumento auxiliar.

2 MEDIDAS DE POSIÇÃO

As medidas de posição, também chamadas parâmetros de posição ou medidas de tendência central, constituem-se em "um dos procedimentos para a redução dos dados, expressando valores que se encontram situados entre os extremos de uma série ou distribuição" (HOFMANN, 1974, p. 312). Elas se referem a dados não tabulados e a dados tabulados.

2.1 Dados não tabulados

2.1.1 Média ($\bar{X}$)

Média é a medida de posição mais usada nos procedimentos estatísticos. A média de uma distribuição equivale à média aritmética. Quando os dados não são tabulados, a média aritmética é calculada pela fórmula:

$$M = \frac{\Sigma X_i}{N}$$

M = média aritmética
Σ (sigma) = soma
X_i = valores
N = número de valores

Exemplo: Calcular a média aritmética das seguintes notas: 20, 80, 40, 60, 50. Nessa série, há cinco valores; logo, $N = 5$.

1. Em primeiro lugar a fórmula pede a soma (Σ) dos valores. Por isso, antes de tudo, devem-se somar $20 + 80 + 40 + 50 + 60 = 250$.
2. Em seguida, a fórmula pede que a soma obtida seja dividida por N. Como $N = 5$, tem-se:

$$\frac{20 + 80 + 40 + 60 + 50}{5} = \frac{250}{5} = 50$$

Resposta: a média aritmética das notas é 50 ou $\bar{X} = 50$.

2.1.2 Mediana (Md)

Mediana é o valor central, situado exatamente no centro do rol. Antes da *Md* encontram-se 50% da distribuição e, depois da *Md*, os outros 50%. É uma medida de posição, mais do que de grandeza. Para encontrar a mediana de dados não tabulados, basta localizar o valor central.

Exemplos:

- 1, 3, 5, **6**, 7, 9, 10 $Md = 6$
- 15, 17, 20, 22, 23, **25**, 29, 30, 32, 33, 35 $Md = 25$

- $-5, -4, -3, -1, \mathbf{0}, 2, 3, 4, 5$ $\qquad$ $Md = 0$

Procedimentos para localizar a mediana em valores de seriação (dados agrupados):

1. Ordenar os valores hierarquicamente (do menor para o maior ou vice-versa).
2. Se o número de valores for ímpar, a mediana é o valor que se encontra no meio da ordenação. Para números ímpares, a fórmula é: $\dfrac{n+1}{2}$

Exemplos:

Considerando o seguinte conjunto de dados, 11, 13, 15, 17, 9, 7, 6, 4, vamos calcular a mediana. O primeiro procedimento é colocar os números em ordem:

4, 6, 7, 9, 11, 13, 15, 17.

$\dfrac{8}{2} = 4^a$ posição $\qquad\qquad$ $\dfrac{8}{2} + 1 = 5^a$ posição

Teríamos então como resposta 9 e 11.

Suponhamos agora que os dados fossem 1, 3, 5, 7, 9. Teríamos então:

$$\dfrac{5}{2} + 1 = 3^a \text{ posição}$$

Vejamos agora outros conjuntos de dados:

- 10, 20, 30, 40, | 50, 60, 70, 80 $\qquad$ $Md = 45$
- 20, 30, 40, | 60, 70, 80 $\qquad$ $Md = 50$
- 5, 6, 8, 10, | 12, 15, 17, 20 $\qquad$ $Md = 11$
- $-5, -4, -2,$ | $2, 5, 7$ $\qquad$ $Md = 0$

Considerando a curva correspondente a certas distribuições, o valor da mediana será obtido, graficamente, traçando-se uma perpendicular ao eixo X, a partir do *ponto médio* da distribuição (indivíduo mediano). Essa perpendicular divide a distribuição em duas partes iguais: 50% de cada lado do valor considerado, ou seja, 50% dos valores maiores e 50% dos valores menores que o valor da mediana.

A mediana, em certos tipos de análise, pode refletir com mais exatidão a posição da tendência central do que a média.

Exemplo:

Ordenados dos professores de certa escola:

Professor	A	R$ 11.500,00	
	B	R$ 11.300,00	
	C	R$ 1.950,00	Média = R$ 5.608,00
	D	R$ 1.800,00	Mediana = R$ 1.950,00
	E	R$ 1.490,00	

O ordenado médio desse grupo está mais bem representado pela mediana dos ordenados (R$ 1.950,00 do Professor C) do que pela média dos ordenados (R$ 5.608,00).

2.1.3 Moda (Mo)

Moda ou norma é o valor mais frequente em uma distribuição. É apenas uma medida de posição que, como a mediana, não pode entrar, posteriormente, nas relações matemáticas. Moda é, portanto, o valor que se repete maior número de vezes.

Quando os dados não são tabulados, a moda é encontrada por simples inspeção: basta verificar qual o valor mais repetido.

- 1, 2, 3, **5, 5, 5**, 7, 8   *Mo* = 5
- 20, **35, 35**, 40, 45, 50   *Mo* = 35
- 5, 9, 10, 10, 14, 15, **16, 16, 16**, 17   *Mo* = 16

2.2 Dados tabulados

2.2.1 Média aritmética

A média aritmética pode ser efetuada de dois modos: processo longo e processo abreviado.

a) **Processo longo.** O cálculo da média aritmética, pelo processo longo, é feito pela fórmula:

$$\bar{X}_1 = \frac{\Sigma X_1 n_1}{N}$$

M ou $\bar{X}_1$ = média aritmética (Ler: X-Barra)
Σ = soma
X_1 = valores (pontos médios das classes)
n_1 = frequências
N = número de valores

TABELA 1

CLASSES	N_1	X_1	$X_1 N_1$
0 ⊢ 10	1	5	5
10 ⊢ 20	3	15	45
20 ⊢ 30	13	25	325
30 ⊢ 40	6	35	210
40 ⊢ 50	2	45	90
	25		675

Exemplo: Calcular a média aritmética da distribuição da Tabela 1.

1. Organizar uma coluna com pontos médios das classes (terceira coluna da Tabela 1).
2. Destacar, na fórmula, a expressão: $X_1 n_1$. Ora, X_1 são os pontos médios e n_1 são as frequências. O fato de estarem colocados um ao lado do outro, sem qualquer sinal, quer dizer que devem ser multiplicados. Logo, $X_1 n_1$ significa: multiplicar os pontos médios pelas frequências (como na quarta coluna). A quarta coluna foi obtida multiplicando-se cada frequência (segunda coluna) pelo ponto médio correspondente (terceira coluna).
3. Antes da expressão $X_1 n_1$ há um sinal Σ. Isso significa que os números da quarta coluna devem ser somados. O resultado da soma é 675.

4. Finalmente, na fórmula, N aparece como denominador. Isto quer dizer que o resultado da soma dos $X_1 n_1$ deve ser dividido por N, número de valores obtido pela soma das frequências.

Neste exemplo, N = 25. Tem-se, então:

$$M = \frac{\Sigma X_1 n_1}{N} = \frac{675}{25} = 27$$

b) **Processo abreviado.** O cálculo da média aritmética, pelo processo abreviado, é feito com o auxílio da seguinte fórmula:

$$M = A + \frac{h\Sigma d_1 n_1}{N}$$

A = ponto médio escolhido arbitrariamente (ver 1º passo)
h = amplitude de classe (intervalos)
Σ = soma
d_1 = desvios (ver 2º passo)
n_1 = frequências
N = número de valores
M = valor da média real

TABELA 2

CLASSES	X_1	n_1	d_1	$d_1 n_1$
0 ⊢ 10	5	1	−2	−2
10 ⊢ 20	15	3	−1	2
20 ⊢ 30	25	13	0	0
30 ⊢ 40	35	6	1	6
40 ⊢ 50	45	2	2	4
		25		5

Exemplo: Calcular, pelo processo abreviado, a média aritmética da distribuição dada no exemplo acima.

1. Escolher, em primeiro lugar, o valor arbitrário. Há inteira liberdade nessa escolha, mas o cálculo será mais simplificado se for escolhido um ponto médio. A escolha recairá então no ponto médio que tenha

maior frequência, ou que esteja mais ou menos no meio da distribuição. Nesse exemplo, deve-se escolher o ponto médio da classe 20 |— 30, à qual corresponde a maior frequência. O ponto médio dessa classe é:

$$\frac{30 + 20}{2} = \frac{50}{2} = 25.$$ Portanto, de agora em diante, $A = 25$.

2. Devem-se calcular os desvios (d_1).
   Nesse cálculo, emprega-se a fórmula: $d_1 = \frac{X_1 - A}{h}$, isto é, de cada ponto médio, X_1, tira-se A e divide-se o resultado por h (amplitude de classe). Procedendo dessa forma, acham-se os valores da quarta coluna da Tabela 2:

$$d_1 = \frac{5 - 25}{10} = \frac{-20}{10} = -2 \text{ etc.}$$

Há, todavia, um cálculo menos trabalhoso. Os d_1 podem ser encontrados diretamente da seguinte forma: em correspondência à classe cujo ponto médio foi escolhido para A, tem-se $d_1 = 0$. Nas classes acima dela (de baixo para cima), há os seguintes valores sucessivos para d_1: – 1, – 2...

Nas classes abaixo dela, há sucessivamente (de cima para baixo): 1, 2... Isso acontece sempre. Portanto, toda vez que se precisar encontrar d_1, procede-se conforme indicado.

3. Destaca-se agora, na fórmula, a expressão $d_1 n_1$, que quer dizer: cada desvio deve ser multiplicado pela respectiva frequência. Fazendo isso, obtém-se a quinta coluna.
4. Antes de $d_1 n_1$ há o símbolo Σ. A quinta coluna, portanto, deve ser somada. Nessa coluna, há números positivos e negativos. A soma deve ser algébrica, isto é, valem os sinais. Logo, soma dos números positivos menos soma dos números negativos. A soma dos números positivos é 10; a dos negativos é 5. O resultado final dessa soma será: 10 – 5 = 5.
5. Substituir os valores conhecidos na fórmula, ficando:
   $\Sigma d_1 n_1$ = 5 (como no 4º passo)
      h = 10 (amplitude de classe)
      N = 25
      A = 25 (como no 1º passo)

$$M = A + \frac{h\Sigma d_1 n_1}{N} = 25 + \frac{10 \times 5}{25} = 25 + \frac{50}{25} = 25 + 2 = 27$$

Chega-se, assim, ao mesmo resultado obtido pelo processo longo.

2.2.2 Mediana

A fórmula para o cálculo da mediana é a seguinte:

$$Md = \ell_i + \frac{\frac{N}{2} - Fa}{n_1} \times h$$

Md = mediana
ℓ_i = limite inferior da classe mediana
N = número de valores (obtido pela soma das frequências)
Fa = frequência acumulada da soma anterior à da classe mediana
n_1 = frequência absoluta da classe mediana
h = amplitude de classe

TABELA 3

CLASSES	n_1	N_1
0 ⊢ 3	2	2
3 ⊢ 6	4	6
6 ⊢ 9	5	11
9 ⊢ 12	6	17
12 ⊢ 15	10	27
15 ⊢ 18	8	35
18 ⊢ 21	6	41
21 ⊢ 24	4	45
24 ⊢ 27	3	48
27 ⊢ 30	2	50
	50	

Exemplo: Calcular a mediana da distribuição da Tabela 3.

1. O primeiro cuidado deve ser: organizar uma coluna com frequências acumuladas, tal como foi feito na terceira coluna da Tabela 3.

2. Todos os elementos da fórmula serão conhecidos sabendo-se qual é a classe em que está a mediana. Para descobrir essa classe, deve-se destacar, na fórmula, a expressão $\frac{N}{2}$, que permitirá localizar a mediana. Nessa distribuição, $N = 50$.

$$\text{Logo, } \frac{N}{2} = \frac{50}{2} = 25$$

3. Achado $\frac{N}{2} = 25$, procura-se, na coluna de frequência acumulada, uma que seja igual a 25. Não existindo, toma-se a que esteja logo acima. Consultando a terceira coluna, verifica-se que 27 é a frequência acumulada que mais convém. Em correspondência a ela, encontra-se a classe 12 |—— 15.

4. Identificada a classe onde está a mediana, todos os valores da fórmula ficam identificados.

   ℓ_i = 12 (limite inferior da classe 12 |—— 15)
   Fa = 17 (frequência acumulada da classe anterior)
   n_1 = 10 (frequência absoluta da classe 12 |—— 15)
   h = 3 (amplitude de classe)

Podem-se, portanto, fazer as substituições na fórmula:

$$Md = \ell_i + \frac{\frac{N}{2} - Fa}{n_1} \times h$$

$$M_d = 12 + \frac{25 - 17}{10} \times 3$$

$$M_d = 12 + \frac{8}{10} \times 3$$

$$Md = 12 + 0{,}8 \times 3$$

$$Md = 12 + 2{,}4$$

$$Md = 14{,}4$$

2.2.3 Quartis

Se a mediana divide a distribuição em duas partes iguais, os quartis a dividem em quatro partes iguais. O primeiro quartil (Q_1) tem abaixo de si 25% da distribuição e acima de si 75%. O terceiro quartil (Q_3) tem abaixo de si 75% da distribuição e acima de si 25%. O segundo quartil (Q_2) é a própria mediana.

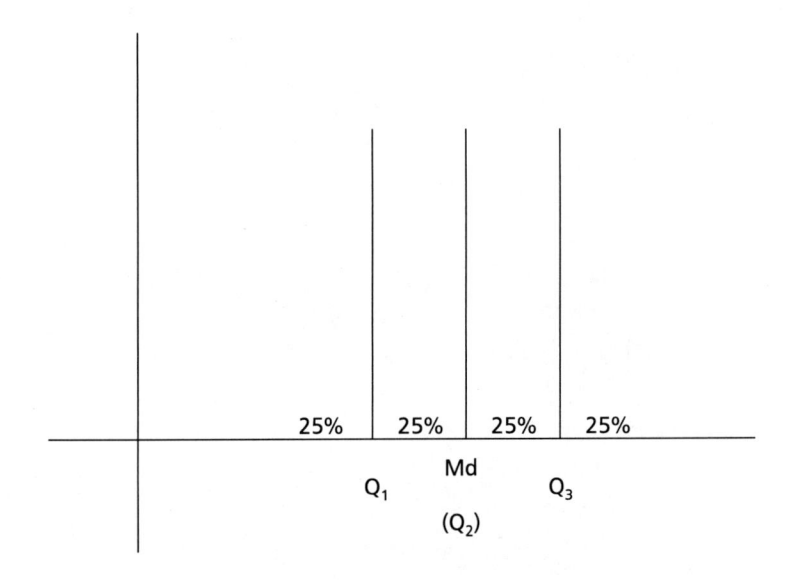

```
         25% | 25% | 25% | 25%
              Md
         Q₁         Q₃
             (Q₂)
```

Para o cálculo do primeiro quartil (Q_1), tem-se a seguinte fórmula:

$$Q_1 = \ell_i + \frac{\frac{N}{4} - Fa}{n_1} \times h$$

Q_1 = primeiro quartil
ℓ_i = limite inferior da classe onde está Q_1
N = número de valores (obtido pela soma das frequências)
Fa = frequência acumulada da classe anterior à classe onde está Q_1
n_1 = frequência absoluta da classe onde está Q_1
h = amplitude da classe

Para o cálculo do terceiro quartil (Q_3), tem-se a seguinte fórmula:

$$Q_3 = \ell_i + \frac{\frac{3N}{4} - Fa}{n_1} \times h$$

Q_3 = terceiro quartil
ℓ_i = limite inferior da classe onde está Q_3
N = número de valores (obtido pela soma das frequências)
Fa = frequência acumulada da classe anterior à classe onde está Q_3
n_1 = frequência absoluta da classe onde está Q_3
h = amplitude de classe

A única diferença entre as fórmulas de Md, Q_1 e Q_3 está na fração de N: a fórmula da mediana pede $\frac{N}{2}$, a de Q_1 pede $\frac{N}{4}$ e a de Q_3 pede $\frac{3N}{4}$.

Tendo sido encontrado $\frac{N}{2}$, pode-se localizar a classe mediana e, assim, identificar os demais elementos pedidos pela fórmula de Md.

Tendo sido encontrado $\frac{N}{4}$, pode-se igualmente, por um lado, localizar a classe onde está Q_1 e identificar, em função dela, os demais elementos pedidos pela fórmula. Por outro lado, tendo sido encontrado $\frac{3N}{4}$, pode-se localizar a classe onde está Q_3 e identificar, em função dela, os demais elementos da fórmula.

Exemplo: Calcular os primeiros e segundo quartis da distribuição da Tabela 4.

TABELA 4

CLASSES	n_1	N_1
0 ⊢ 3	2	2
3 ⊢ 6	4	6
6 ⊢ 9	4	10
9 ⊢ 12	7	17
12 ⊢ 15	10	27
15 ⊢ 18	9	36
18 ⊢ 21	6	42
21 ⊢ 24	4	46
24 ⊢ 27	3	49
27 ⊢ 30	1	50
	50	

a) *Cálculo de Q_1*

1. Encontrar $\dfrac{N}{4}$. Sabe-se que $N = 50$. Portanto, $\dfrac{N}{4} = \dfrac{50}{4} = 12{,}5$.

2. Localizar a classe onde está Q_1. Procura-se na coluna de frequências acumuladas uma que seja igual a 12,5. Não existindo, toma-se a que fica acima: 17. Em correspondência à frequência acumulada 17, tem-se a classe 9 |— 12. Portanto, Q_1 está localizado nessa classe.

3. Sabendo que a classe onde está Q_1 é a classe 9 |— 12, podem-se identificar os demais elementos da fórmula.

   Então: $\ell_i = 9$, $Fa = 10$, $n_1 = 7$, $h = 3$.

   Fazendo as substituições na fórmula, tem-se:

   $$Q_1 = 9 + \dfrac{12{,}5 - 10}{7} \times 3$$

   $$Q_1 = 9 + \dfrac{2{,}5}{7} \times 3$$

   $$Q_1 = 9 + 0{,}357 \times 3$$

   $$Q_1 = 9 + 1{,}071$$

   $$Q_1 = 10{,}07$$

b) *Cálculo de Q_3*

1. Achar $\dfrac{3N}{4} = \dfrac{3 \times 50}{4} = \dfrac{150}{4} = 37{,}5$

2. Localizar a classe onde está Q_3. A frequência acumulada que mais se aproxima de 37,5 é 42, que corresponde à classe 10 |— 21 (ver Tabela 4).

3. Sabendo que a classe onde está Q_1 é a classe 18 |— 21, pode-se identificar: $\ell_i = 18$, $Fa = 36$, $n_1 = 6$, $h = 3$.

   Substituindo-se na fórmula, vem:

   $$Q_3 = 18 + \dfrac{37{,}5 - 36}{6} \times 3$$

   $$Q_3 = 18 + \dfrac{1{,}5}{6} \times 3$$

$$Q_3 = 18 + 0,25 \times 3$$
$$Q_3 = 18 + 0,75$$
$$Q_3 = 18,75$$

2.2.4 Decis

Essa separatriz abrange nove elementos:
1º decil, 2º decil, 3º decil .... até 9º decil.

$$D_1 = \frac{N}{10} \; ; D_2 = \frac{2N}{10} \; ; D_3 = \frac{3N}{10} \text{ etc.; até } \frac{9N}{10}$$

As aplicações são feitas da mesma forma que se fez para os quartis.

2.2.5 Percentis

Assim como a mediana divide a distribuição em duas partes e os quartis em quatro, os decis a dividem em dez e os percentis em cem partes iguais. A mediana, os quartis, os decis e os percentis são conhecidos pelo nome genérico de *separatrizes*. As fórmulas para o cálculo de cada um deles diferem entre si apenas na fração de N.

A fórmula geral para o cálculo dos percentis é:

$$P_r = \ell_i + \frac{\frac{R \times N}{100} - Fa}{n_1} \times h$$

P_r = percentil de ordem R
ℓ_i = limite inferior da classe onde está o percentil
R = ordem do percentil
N = número de valores (frequência total)
Fa = frequência acumulada anterior à classe onde está o percentil
h = amplitude de classe
n_1 = frequência absoluta da classe onde está o percentil

A única novidade nessa fórmula é o R. Ele indica a ordem do percentil. Se se quiser encontrar o décimo quinto percentil (P_{15}), isto é, aquele que tem abaixo de si 15% dos valores de distribuição, faz-se R = 15. Substitui-se esse número na fórmula e procede-se, daí para a frente, seguindo os mesmos passos do cálculo da mediana ou dos quartis.

Se se quiser encontrar P_{67}, faz-se $R = 67$; se se quiser verificar o valor de P_{41}, faz-se $R = 41$, e assim por diante.

A fórmula para o cálculo dos percentis serve também para o cálculo dos decis, dos quartis e da mediana.

Exemplo:

$$P_r = \ell_i + \frac{\frac{R \times N}{100} - Fa}{n_1} \times h$$

1. Determinar a posição do elemento que está inserido no percentil dado, por meio da regra de três:

   100 – N (frequência total)
   R – X

   Portanto, 100º – 50

   57º – X

   $$X = \frac{57º \times 50}{100}$$

   $$X = 28,5º = \frac{R \times N}{100}$$

2. Procura-se na coluna da frequência acumulada a classe dele (28,5). Assim, obtém-se a sexta classe, cujo limite inferior é 15, e a frequência acumulada anterior é 27, da quinta classe (Tabela 4).

   Logo, pode-se substituir:

   $$P_{57} = 15 + \frac{28,5 - 27}{9} \times 3$$

   $$P_{57} = 15 + \frac{1,5}{9} \times 3$$

   $$P_{57} = 15 + 0,5$$

   $$P_{57} = 15,5$$

Se o percentil (R) for 20, tem-se:

$100º - 50$

$20º - X$

$X = \dfrac{20º \times 50}{100}$

$X = 10º$ (lugar)

$P_{20} = 6 + \dfrac{10 - 6}{4} \times 3$

$P_{20} = 6 + 1 \times 3$

$P_{20} = 9$

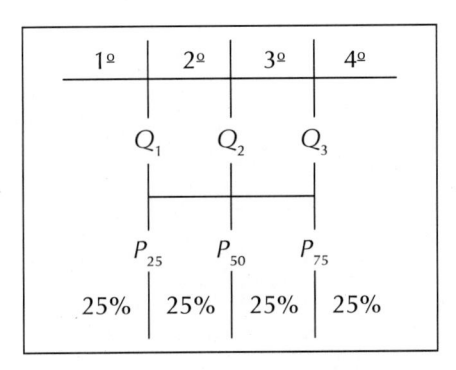

```
      1º    2º    3º    4º
       |    |    |    |
            Q₁   Q₂   Q₃
            |    |    |
           P₂₅  P₅₀  P₇₅
      25% | 25% | 25% | 25%
```

Da mesma forma, pode-se demonstrar que cada quarto corresponde a 25% dos casos (BEST, 1972, p. 168).

2.2.6 Moda

A moda é o valor mais frequente de uma distribuição. Quando os dados não são tabulados, é encontrada por simples inspeção. Entretanto, a moda de uma distribuição de frequência precisa ser calculada.

a) **Classe modal.** É a classe em correspondência à qual existe maior frequência.

   Exemplo: A classe 12 |— 15 da distribuição da Tabela 4, por apresentar $n_1 = 10$.

b) **Moda bruta.** É o ponto médio da classe modal.

Exemplo: Na distribuição da Tabela 4, a moda bruta é 13,5 (ponto médio da classe 12 |— 15).

c) **Antimoda.** Se a moda é caracterizada por uma frequência maior, a antimoda, ao contrário, é caracterizada por uma frequência menor.

Numa curva, a moda é o valor em correspondência ao qual se tem o ponto máximo de uma saliência; a antimoda é o valor em correspondência ao qual se tem o ponto mais baixo de uma depressão.

Para o cálculo da moda, empregam-se frequentemente as fórmulas:

$Mo = 3Md - 2M$ (Mo = moda; Md = mediana; M = média aritmética). (Fórmula empírica de Pearson).

Exemplo: 1, 3, 6, 6, 6, 14.
$Mo = 3Md - 2M$
$Mo = 3 \times 6 - 2 \times 6$
$Mo = 18 - 12$
$Mo = 6$

Essa fórmula dá um valor aproximado da moda. Só deve ser usada quando:

a) A distribuição for unimodal, isto é, só tem uma moda.
b) A distribuição não apresentar assimetria muito acentuada.
c) Moda de King

$$MO_k = \ell_i + \frac{N_1 p}{N_1 a + N_1 p} \times h, \text{ onde:}$$

MO_k = Moda de King
ℓ_i = limite inferior da classe de maior frequência modal
$N_1 p$ = frequência absoluta da classe *posterior* à da classe modal
$N_1 a$ = frequência absoluta da classe *anterior* à da classe modal

A distribuição pode ter mais de uma moda. Quando só tem uma moda, chama-se unimodal; quando tem duas, bimodal, e quando tem mais de duas, multimodal; quando não tem moda, denomina-se amodal.

TIPOS DE CURVA

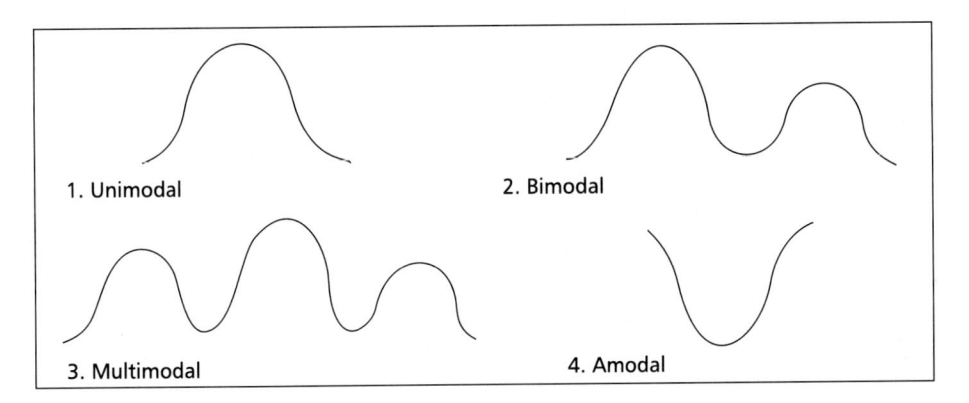

1. Unimodal
2. Bimodal
3. Multimodal
4. Amodal

2.2.7 Relações entre média aritmética, mediana e moda

A. Influência dos valores extremos

A média aritmética é a que sofre influência dos valores extremos.

Exemplo: Toma-se a seguinte série: 4, 5, 6, 6, 6, 7, 8.

Faz-se o cálculo da *M*, da *Md* e da *Mo*.

A média aritmética é:

$$M = \frac{4+5+6+6+6+7+8}{7} = \frac{42}{7} = 6$$

A mediana é:

$$\frac{N+1}{2} = \frac{7+1}{2} = \frac{8}{2} = 4 \ (4º \text{ valor} = 6)$$

Então: 4, 5, 6, 6, 6, 7, 8 (*Md* = 6).

A moda é 6, pois é esse o valor que se repete mais vezes.

Na série dada, portanto, *M* = 6, *Md* = 6, *Mo* = 6.

Substituindo-se, na série dada, o valor 8 pelo valor 18, a série passa a ser: 4, 5, 6, 6, 6, 7, 18.

$$M = \frac{4+5+6+6+6+7+18}{7} = \frac{52}{7} = 7,4$$

Calcula-se a *M*, a *Md* e a *Mo* dessa nova série.

A mediana e a moda, porém, continuarão sendo 6. Nesse exemplo, a única medida que sofreu influência da introdução de um valor extremo foi a média aritmética: era 6 e passou a ser 7,4. A mediana e a moda não se alteraram.

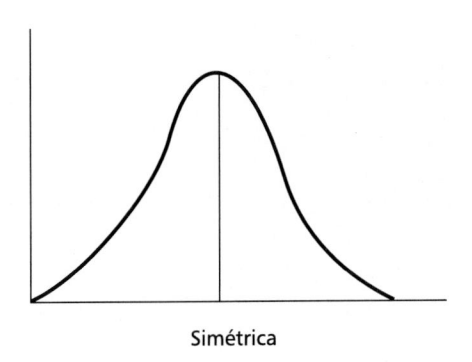

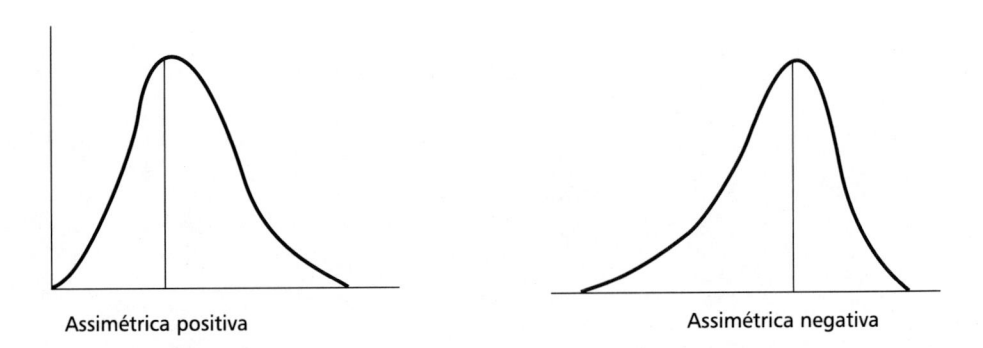

Simétrica

Assimétrica positiva

Assimétrica negativa

B. Distribuições simétricas e assimétricas

Simétricas são as distribuições nas quais a frequência de intervalos correspondentes, nos lados opostos de uma linha média, é igual.

Assimétricas são as distribuições nas quais os valores extremos da distribuição se estendem mais numa direção do que na outra. Se os valores extremos se estendem mais à direita, tem-se uma assimetria positiva; se mais à esquerda, tem-se uma assimetria negativa.

3   MEDIDAS DE DISPERSÃO (VARIABILIDADE)

As medidas de dispersão (ou de variabilidade) servem para determinar as variações dos valores individuais a partir da média, da mediana e da moda. A oscilação pode ser determinada facilmente se for anotada a diferença entre o item maior e o menor. Se o item menor for 9 e o maior 81, a oscilação é igual a 72.

$81 - 9 = 72$

Exemplo: Duas classes de dez alunos cada uma, com as seguintes notas:

Classe A: 50, 50, 50, 50, 50, 50, 50, 50, 50, 50

$$M = \frac{\Sigma X_1}{N}$$

$$M = \frac{50 + 50 + 50 + 50 + 50 + 50 + 50 + 50 + 50 + 50}{10} = \frac{500}{10} = 50$$

Classe B: 0, 0, 10, 10, 40, 60, 90, 90, 100, 100

$$M = \frac{\Sigma X_1}{N}$$

$$M = \frac{0 + 0 + 10 + 10 + 40 + 60 + 90 + 90 + 100 + 100}{10} = \frac{500}{10} = 50$$

Na classe *A*, todas as notas foram iguais à média aritmética; nenhuma se desviou dela. Na classe *B*, ao contrário, houve grande variabilidade: as notas divergiram bastante da média aritmética. A diferença entre cada valor e a média aritmética ($X_1 - M$) chama-se desvio (afastamento ou discrepância) ao redor de *M*. Desvios encontrados nas duas classes:

Classe A: (50 − 50); (50 − 50); (50 − 50) ...... ou seja:

Desvios: 0, 0, 0, 0, 0, 0, 0, 0, 0, 0,

Classe B: (0 − 50); (0 − 50); (10 − 50); (10 − 50); (40 − 50); (60 − 50); (90 − 50); (90 − 50); (100 − 50); (100 − 50), ou seja:

Desvios   − 50, − 50, − 40, − 40, − 10, 10 (M 10), 40, 40, 50, 50.

Cada desvio indica quanto cada nota se afastou da média aritmética.

Problema: se são muitos os desvios, um para cada valor, não haverá um número só para indicar a variabilidade da classe em conjunto? Para responder a essa questão, há duas soluções:

- *Primeira solução*: usar valores absolutos sem consideração pelos sinais.

  O índice assim encontrado chama-se *desvio médio*.

  $$DM = \frac{380}{10}$$

  $DM = 38$

Para calcular o desvio médio, usa-se a fórmula:

$$DM = \frac{\Sigma(X_1 - M)}{N}$$

Σ = soma
X_1 = valor (nota)
M = média aritmética
N = número de valores ou desvios

Procede-se da seguinte maneira:

1. Têm-se os desvios $(X_1 - M)$.
2. Depois, a soma desses desvios, sem levar em consideração os sinais, isto é, somam-se os módulos dos desvios $\Sigma (X_1 - M)$.
3. Divide-se essa soma pelo número de valores dados.

- *Segunda solução*: elevar os desvios ao quadrado. Todo número negativo, quando elevado ao quadrado, torna-se positivo. Tem-se, então:

$(-50)^2, (-50)^2, (-40)^2, (-40)^2, (-10)^2, (10)^2, (40)^2, (40)^2, (50)^2, (50)^2 =$
2500, 2500, 1600, 1600, 100, 100, 1600, 1600, 2500, 2500

Estão assim desaparecidos os números negativos. Agora, pode-se calcular a média desses números, sem receio de resultado nulo. (Ver estatística inferencial.) Então:

$$2500 + 2500 + 1600 + 1600 + 100 + 100 + 1600 + 1600 + 2500 + 2500 =$$

$$= \frac{16600}{10} = 1660$$

Na primeira fase, elevamos ao quadrado. Para desfazer essa operação, usa-se a operação inversa, que é a da raiz quadrada. O desvio calculado chama-se *desvio-padrão*. Se não for extraída a raiz quadrada, recebe o nome de variância (V).

Cálculo para encontrar o desvio-padrão:

1. Em primeiro lugar, encontram-se os desvios: $(X_1 - M)$.
2. Elevam-se esses desvios ao quadrado: $(X_1 - M)^2$.
3. Somam-se esses quadrados: $\Sigma (X_1 - M)^2$.
4. O resultado da soma é dividido por N: $\dfrac{\Sigma(X_1 - M)^2}{N}$
5. Finalmente, extrai-se a raiz quadrada:

$$\sigma = \sqrt{\frac{\Sigma(X_1 - M)^2}{N}}$$

Observação: σ (sigma), letra s minúscula do alfabeto grego, é o símbolo usado para designar o desvio-padrão.

Quando N > 30, utilizar N - 1

As principais medidas de variabilidade são vistas a seguir.

3.1 Amplitude total

A amplitude total é a diferença entre o maior e o menor valor da série.

$At = L_s - L_i + 1$ At = amplitude
ou X_2 ou L_s = limite superior
$At = X_2 - X_1 + 1$ X_1 ou L_i = limite inferior

Numa série em que todos os valores são iguais, a amplitude total é igual a zero. À medida que os valores se tornam mais diferenciados, a amplitude total aumenta. Por isso, a amplitude total pode ser tomada como medida de variabilidade. Não é medida segura, pelas seguintes razões:

1. O cálculo da amplitude total está unicamente baseado no maior e no menor valor da série. Os demais valores não têm a menor influência, quer eles se concentrem ao redor da média aritmética, quer se enviesem para a direita ou para a esquerda. Nada disso tem influência na amplitude total.

Exemplos:
A. 5, 6, 6, 8, 12, 12, 12, 13, 18, 21, 29
B. 8, 8, 9, 16, 20, 21, 21, 25, 27, 27, 32

Na série A, a amplitude total é: 29 − 5 = 24. Por sua vez, a média aritmética, obtida pela fórmula $M = \dfrac{\Sigma X_1}{N}$ (ver seção 1.1.1 deste capítulo 5), é 12,91.

Dessa maneira, a maior concentração ocorre à esquerda da média. Na série B, a amplitude total é também 24 (32 − 8 = 24). A média aritmética é 19,45, sendo que a maior concentração se encontra à direita da média.

2. A amplitude total sofre influência do número de casos. Num grupo pequeno de valores, há pouca probabilidade de aparecerem valores muito extremos; num grupo grande, mais frequentemente ocorre o contrário. Se as divergências forem mais acentuadas, a amplitude total, consequentemente, aumenta bastante.

3.2 Amplitude semiquartil (Q)

A amplitude semiquartil é a diferença entre o terceiro e o primeiro quartis (Tabela 4). Nessa distribuição, tem-se:

$Q_3 = 18{,}75$ e $Q_1 = 10{,}07$ (ver 1.2.3.*a* e 1.2.3.*b*)

Portanto: $Q = \dfrac{18{,}75 - 10{,}07}{2} = \dfrac{8{,}68}{2} = 4{,}34$

3.3 Desvio-padrão (σ)

O desvio-padrão é a medida de variabilidade de mais larga aplicação nos trabalhos estatísticos. Há três fórmulas: (1) para dados não tabulados; (2) para dados tabulados, processo longo; (3) para dados tabulados, processo abreviado.

3.3.1 Dados não tabulados

Deduz-se o desvio-padrão de dados não tabulados da mesma fórmula já apresentada na seção 2 (medidas de dispersão):

$$\sigma = \sqrt{\dfrac{\Sigma(X_1 - M)^2}{N}}$$

σ = desvio-padrão
Σ = soma
X_1 = valores
M = média aritmética
N = número de valores

Exemplo: Calcular o desvio-padrão da série 5, 6, 7, 7, 8, 9.

TABELA 5

X_1	$(X_1 - M)$	$(X_1 - M)^2$
5	-1	4
6	-1	1
7	0	0
7	0	0
8	1	1
9	2	4
	0	10

1. Calcular a média aritmética:

$$M = \frac{5+6+7+7+8+9}{6} = \frac{42}{6} = 7$$

2. Calcular os desvios (X_1 − M). Os desvios estão calculados na segunda coluna da Tabela 5 (a soma dos desvios é zero).
3. Elevar os desvios ao quadrado. Isso foi feito na terceira coluna. $(-2)^2 = 4$; $(-1)^2 = 1$ etc.
4. Efetuar a soma dos quadrados dos desvios $\Sigma (X_1 - M)^2 = 4 + 1 + 0 + 0 + 1 + 4 = 10$ (ver terceira coluna).
5. Substituir $\Sigma (X_1 - M)^2$ e N, na fórmula:

$$\sigma = \sqrt{\frac{\Sigma(X_1 - M)^2}{N}} = \sqrt{\frac{10}{6}} \sqrt{1{,}66} = 1{,}29$$

3.3.2 Dados tabulados

A. Processo longo

Para esse cálculo, há a fórmula:

$$\sigma = \sqrt{\frac{\Sigma(X_1 - M)^2 n_1}{N}}$$

σ = desvio-padrão
Σ = soma
X_1 = pontos médios das classes
M = média aritmética
n_1 = frequência
N = número de valores

Exemplo: Calcular o desvio-padrão da distribuição da Tabela 6.

TABELA 6

CLASSES	n_1	X_1	$n_1 X_1$	$(X_1 - M)$	$(X_1 - M)^2$	$(X_1 - M)^2 n_1$
0 ⊢ 10	2	5	10	− 26	676	1352
10 ⊢ 20	2	15	30	− 16	256	512
20 ⊢ 30	8	25	200	− 6	36	288
30 ⊢ 40	7	35	245	4	16	112
40 ⊢ 50	4	45	180	14	196	784
50 ⊢ 60	2	55	110	24	576	1152
	25		775			4200

O primeiro e o segundo passos são dedicados ao cálculo da média aritmética. Do terceiro passo em diante, tem-se o cálculo do desvio-padrão propriamente dito.

1. Organizar uma coluna com pontos médios (terceira coluna).
2. Calcular a média aritmética. Para isso, é necessário multiplicar os pontos médios pelas frequências ($X_1 n_1$), conforme a quarta coluna. A soma desses produtos é 775. Então:

$$M = \frac{\Sigma X_1 n_1}{N} = \frac{775}{25} = 31$$

3. Calcular os desvios ($X_1 n_1$). De cada ponto médio, subtrai-se a média aritmética (quinta coluna): (5 − 31) = − 26; (15 − 31) = − 16; (25 − 31) = − 6; e assim por diante.
4. Elevar os desvios ao quadrado: $(X_1 - M)^2$. O quadrado de − 26 é 676; de − 16 é 256; de − 6 é 36; de 4 = 16; e assim por diante (sexta coluna).
5. Multiplicar os quadrados dos desvios pelas frequências: $(X_1 - M)^2 n_1$: 676 × 2 = 1352; 256 × 2 = 512; 36 × 8 = 288; 16 × 7 = 112; e assim por diante (sétima coluna).
6. Somar a sétima coluna: $\Sigma (X_1 - M)^2 n_1$. O resultado dessa soma é 4.200.
7. Substituir $\Sigma (X_1 - M)^2 n_1$ e N na fórmula:

$$\sigma = \sqrt{\frac{\Sigma (X_1 - M)^2}{N}} = \sqrt{\frac{4.200}{25}} \sqrt{168} = 12,96$$

B. Processo abreviado

Para o cálculo do desvio-padrão pelo processo abreviado, há a fórmula:

$$\sigma = h \times \sqrt{\frac{\Sigma d_1^2 n_1}{N} - \left(\frac{\Sigma d_1 n_1}{N}\right)^2}$$

σ = desvio-padrão
h = amplitude de classe
Σ = soma
d_1 = desvio ao redor de A, valor arbitrariamente escolhido
n_1 = frequências
N = número de valores

Exemplo: Calcular o desvio-padrão da distribuição da Tabela 7, pelo processo abreviado.

TABELA 7

CLASSES	n_1	d_1	$d_1 n_1$	$d_1^2 n_1$
0 ⊢ 10	2	−2	−4	8
10 ⊢ 20	2	−1	−2	2
20 ⊢ 30	8	0	0	0
30 ⊢ 40	7	1	7	7
40 ⊢ 50	4	2	8	16
50 ⊢ 60	2	3	6	18
	25		15	51

1. Encontrar os desvios (d_1), tal como foi feito no cálculo da média aritmética pelo processo abreviado (ver seção 1.2.1.b deste capítulo). Em correspondência à classe que tem maior frequência, faz-se $d_1 = 0$, depois, de baixo para cima, colocam-se − 1, − 2, e de cima para baixo 1, 2 e 3 (terceira coluna).
2. Multiplica-se o desvio (d_1) pela frequência (n_1) obtendo: 2 × − 2 = − 4; 2 × −1 = − 2; 2 × 0 = 0; 7 × 1 = 7 etc. (quarta coluna).

3. Somando esses produtos ($\Sigma d_1 n_1$) na coluna de $d_1 n_1$, (quarta coluna), obtêm-se dois números negativos (– 4 e – 2) e três números positivos (7, 8 e 6). Fazendo a soma dos positivos menos a soma dos negativos, obtém-se: $(7 + 8 + 6) - (4 + 2) = 21 - 6 = 15$. Portanto, $d_1 n_1 = 15$.

4. Dividir essa soma por N:

$$\frac{\Sigma d_1 n_1}{N} = \frac{15}{25} = 0{,}6$$

5. Elevar ao quadrado:

$$\left(\frac{\Sigma d_1 n_1}{N}\right)^2 = (0{,}6)^2 = 0{,}36$$

Dessa forma, tem-se calculada a expressão que, na fórmula, aparece entre parênteses. Calcula-se agora: $\dfrac{\Sigma d_1^2 n_1}{N}$

6. Calcular $d_1 n_1$. Na terceira coluna, tem-se d_1 e na quarta coluna, $d_1 n_1$. Se os números da terceira coluna forem multiplicados pelos números correspondentes da quarta coluna, obtém-se $d_1^2 n_1$. Realmente $d_1 \times d_1 n_1 = d_1^2 n_1$.
Foi assim que se obteve a quinta coluna: $(-2 \times -4) = 8$; $(-1 \times -2) = 2$; e assim por diante.

7. Somar esses produtos: $\Sigma d_1^2 n_1$. Realizando a soma da quinta coluna, obtém-se: 51.

8. Dividir essa soma por N:

$$\frac{\Sigma d_1^2 n_1}{N} = \frac{51}{25} = 2{,}04$$

9. Fazer as substituições na fórmula. Já se conhece $h = 10$.

$$\frac{\Sigma d_1^2 n_1}{N} = 2{,}04 \quad \left(\frac{\Sigma d_1 n_1}{N}\right)^2 = 0{,}36$$

Logo, pode-se substituí-los na fórmula:

$$\sigma = h \times \sqrt{\frac{\Sigma d_1^2 n_1}{N} - \left(\frac{\Sigma d_1 n_1}{N}\right)^2} = 10 \times \sqrt{2{,}04 - 0{,}36} = 10 \times \sqrt{1{,}68} = 10 \times 1{,}296 = 12{,}96$$

4 COMPARAÇÃO DE FREQUÊNCIAS

As cifras absolutas, em Estatística, às vezes são pouco significativas, surgindo a necessidade de transformar os valores absolutos em relativos. Trabalhar com cifras muito grandes também pode dificultar a sua compreensão e comparação. Por isso, é comum utilizar expressões adequadas em relação a certas grandezas no tempo. São elas: razão, proporção, percentagem e taxa.

4.1 Razão

Razão é um método comum e simples para comparar frequências ou quocientes. "Razão é um meio indicado ou um quociente que relaciona o tamanho de um número a outro" (BELTRÃO, 1972, p. 440). Sua função é atuar como medida relativa, possibilitando a comparação de números diferentes. A razão, então, seria a relação entre dois quocientes. Pode ser escrito de duas formas:

a) Quocientes indicadores: $25:10 = \dfrac{25}{10} = 5:2$

b) Quocientes reais: $25:10 = \dfrac{25}{10} = 2,5$

Exemplos:

a) Como conhecer a relação da proporção em uma classe de 70 alunos, em que 50 são do sexo masculino e 20 do sexo feminino?

$$R = \dfrac{50}{20} = 5:2 \text{ ou } 2,5$$

A razão indica que para cada 5 rapazes há 2 moças.

b) Para conhecer a relação de proporção de mortes femininas e masculinas, de várias idades, uma série de razões será instituída:

MORTES POR CENTENA DA POPULAÇÃO DE ACORDO COM O SEXO, SEGUNDO A IDADE

IDADE	HOMENS	MULHERES	RAZÃO DE HOMEM PARA MULHER
0 ⊢ 5	17,2	13,6	1,26
5 ⊢ 10	2,4	1,7	1,41
10 ⊢ 15	1,5	1,2	1,25
15 ⊢ 20	2,4	1,9	1,26

Os algarismos da quarta coluna são quocientes. Poderiam ser expressos como 172 a 136; 24 a 17; 15 a 12 e 24 a 19. O emprego de quocientes reais, porém, é mais útil, pois reduz os algarismos da direita a um em cada casa, facilitando a comparação. A quarta coluna é obtida empregando-se a fórmula:

$$172:136 = \frac{17,2}{13,6} = 1,26$$

$$24:17 = \frac{2,4}{1,7} = 1,41 \text{ etc.}$$

Não querendo utilizar a razão por quociente, podem-se comparar os valores por meio da proporção. Para conseguir a proporção, obtém-se uma fração cujo numerador é uma das duas frequências observadas e o denominador a soma das duas:

$$\frac{17,2}{17,2 + 13,6} = \frac{17,2}{30,8} = 0,558$$

$$\frac{2,4}{2,4 + 1,7} = \frac{2,4}{4,1} = 0,585 \text{ etc.}$$

Quando as proporções são expressas em múltiplos de 100, elas representam percentagens. No exemplo acima, as mortes entre as idades de 0 a 4, de indivíduos do sexo masculino, correspondem a 55,8 por cento; entre 5 e 9 anos, a 58,5 por cento, e assim por diante.

Goode e Hatt (1969, p. 441) afirmam:

> A escolha entre razão, proporção ou porcentagem, para a análise de dados é uma questão de pura preferência e depende da maneira como o pesquisador comunica seus resultados.

4.2 Proporção

A proporção é a igualdade de duas razões. Essa medida se constitui em uma fração cujo numerador é uma das duas frequências observadas e o denominador a soma das frequências observadas.

Exemplo: Alunos que ingressaram em uma faculdade, no ano de 2015, num total de 105 (70 do sexo masculino e 35 do sexo feminino).

Obtém-se a proporção de um e de outro sexo, aplicando a seguinte fórmula:

$$P = \frac{(A)}{N} \text{ ou } P' = \frac{(a)}{N}$$

$$N = (A) + (a)$$

P = proporção de rapazes
P' = proporção de moças
A = número de rapazes
a = número de moças
N = total de alunos

Fazendo a substituição na fórmula, tem-se:

$$P = \frac{70}{100} = 0{,}67 \ (\textit{proporção de rapazes})$$

Ou

$$P' = \frac{35}{105} = 0{,}33 \ (\textit{proporção de moças})$$

4.3 Percentagem

Trata-se de proporções que se multiplicam por 100, ou porção de um valor dado que pode ser determinado, desde que se saiba quanto corresponde a cada 100.

As percentagens, afirmam Goode e Hatt (1969, p. 442): "(a) Servem para dar forma numérica às características *qualitativas*. (b) Reduzem duas distribuições por frequência a uma base comum, simplificando muito a comparação."

Exemplo: Classe de 90 alunos, em que 58 são do sexo masculino e 32 do sexo feminino. Calcular a percentagem de cada sexo.

Aplica-se a fórmula:

$$P = \frac{A \times 100}{N}$$

$$P' = \frac{B \times 100}{N}$$

P = percentagem de rapazes
P' = percentagem de moças
A = número de rapazes
B = número de moças
N = total de alunos

Substituindo-se a fórmula pelos números correspondentes, tem-se:

$$P = \frac{58 \times 100}{N} = \frac{5800}{90} = 64,4\%$$

$$P = \frac{32 \times 100}{N} = \frac{3200}{90} = 35,6\%$$

Conclui-se que, do total de alunos (90), 64,4% são do sexo masculino e 35,6% do sexo feminino.

Embora a percentagem ajude na comunicação, devido à simplificação, pode conduzir a erros, se os dados significativos não forem evidenciados. Daí a importância da apresentação, nas tabelas de percentagens, dos números brutos que elas representam, indicando, dessa maneira, a base utilizada para o cálculo da percentagem.

Entretanto, há casos em que podem surgir dificuldades:

a) *Quando a tabulação inclui categorias residuais ou mais de uma dimensão.*

Exemplos:

1. *Residuais*. Se for indagado dos entrevistados se são favoráveis à institucionalização do aborto, e forem obtidas as seguintes respostas:

Sim 97
Não 78
Indecisos 44
Não responderam 31
TOTAL 250

as percentagens podem ser baseadas na "amostra total", quando então as pessoas a favor totalizarão 38,8%. Se forem tomados como base "todos os que responderam" (219), a percentagem dos favoráveis será 44,3%. Finalmente, fundamentando-se nos que "omitiram uma opinião" (75), os favoráveis alcançarão a percentagem de 55,4.

2. *Mais de uma dimensão.* Uma indagação apresentada a 250 entrevistados, possibilitando mais de uma opção nas respostas, traz um resultado diferente dos residuais. Por exemplo: "quais são os seus programas prediletos na televisão":

Novela 101
Noticiário 37
Esportes 48
Filmes 112
Humorismo 63
Outros 26
Não responderam 11
TOTAL 398

Possibilidades em relação às percentagens:
- 250 = 100%. Nesse caso, os que gostam de novelas totalizam 40,4%. Assim procedendo, o total das percentagens ultrapassa 100%.
  - 387 = 100% (387 é o número de respostas obtidas). Agora, os que preferem novelas equivalem a 26,1%.

b) *Quando se usa tabulação de dupla entrada.*

Exemplo:

MORTES DEVIDAS A CÂNCER NOS ESTADOS UNIDOS
(GOODE; HATT, 1969, p. 444)

HOMENS E MULHERES	CAUSA DE MORTE		
	CÂNCER	TODAS AS OUTRAS	TOTAL
Brancos	139.627	1.055.804	1.195.431
Negros	9.182	169.391	178.573
TOTAL	148.809	1.225.195	1.374.004

As percentagens podem ser representadas de duas maneiras:

Primeira maneira

HOMENS E MULHERES	CÂNCER	TODAS AS OUTRAS	TOTAL
Brancos	93,8	86,2	87,0
Negros	6,2	13,8	13,0
TOTAL	100,0	100,0	100,0

Segunda maneira

HOMENS E MULHERES	CÂNCER	TODAS AS OUTRAS	TOTAL
Brancos	11,7	88,3	100,0
Negros	5,1	94,9	100,0
TOTAL	10,7	89,3	100,0

Nesse caso, as percentagens podem ser calculadas em relação aos totais vertical e horizontal. Esse fato demonstra a necessidade de uma análise do que indicam os dados para determinar o sentido em que se devem colocar as percentagens. No primeiro caso, os percentuais indicam:

- Na primeira coluna: do total de mortos por câncer, quantos são brancos e quantos negros.
- Na segunda coluna: o total de mortes por outras causas.
- Na terceira coluna: do total de mortes pesquisadas, quantas são de brancos e quantas de negros.

Essas percentagens não permitem apreender, à primeira vista, quem é mais suscetível a câncer: se brancos ou negros. No segundo caso, os percentuais apontam:

- Na primeira linha, do total de mortos de brancos investigados, quantos morrem de câncer e quantos de outras causas.
- Na segunda linha, consta o mesmo para os negros.
- Na terceira linha, verifica-se que, do total de casos investigados, quantos faleceram de câncer e quantos de outras causas.

Portanto, no segundo caso, torna-se claro que os brancos são mais suscetíveis a câncer do que os negros. A diferença pode ser apontada de duas formas:

1. Quanto por cento dos brancos que morreram de câncer é superior aos que morreram pela mesma causa dos negros? Para encontrar essa diferença, emprega-se uma regra de três, em que a percentagem menor é equivalente a 100: 5,1 = 100.

$$X = \frac{11,7 \times 100}{5,1} = 229,4$$

$11,7 = X$

Desse total, retirando 100, resta a percentagem procurada, que é 129,4%.

2. Quanto por cento dos que morreram de câncer entre os negros é inferior à percentagem dos brancos que também morreram de câncer? A operação processa-se equivalendo a percentagem mais elevada a 100 e empregando-se também a regra de três:

$11,7 = 100$

$$X = \frac{5,1 \times 100}{11,7} = 43,6$$

$5,1 = X$

Subtraindo esse total de 100, aparece a percentagem real, que é igual a 56,4%.

c) *Quando se usa tabulação com mais de duas entradas.*

GRAU DE ORGANIZAÇÃO DA FAMÍLIA MIGRANTE NO QUE CONCERNE À PROGRAMAÇÃO DE GASTOS, SEGUNDO O TEMPO MÉDIO DE PERMANÊNCIA EM CADA LOCALIDADE

TEMPO MÉDIO DE PERMANÊNCIA	PROGRAMAÇÃO DE GASTOS					
	FAMÍLIA ORGANIZADA		FAMÍLIA DESORGANIZADA		TOTAL (1)	
	N	%	N	%	N	%
0 ⊢ 2	2	10,00	18	90,00	20	100,00
2 ⊢ 6	15	35,71	27	64,29	42	100,00
6 ⊢ 10	14	42,42	19	57,58	33	100,00
10 ⊢ 14	16	61,54	10	38,46	26	100,00
14 ⊢	15	62,50	9	37,50	24	100,00
TOTAL (2)	62	42,76	83	57,24	145	100,00

TEMPO MÉDIO DE PERMANÊNCIA	PROGRAMAÇÃO DE GASTOS					
	FAMÍLIA ORGANIZADA		FAMÍLIA DESORGANIZADA		TOTAL (1)	
	N	%	N	%	N	%
0 ⊢ 2	2	3,23	18	21,69	20	13,79
2 ⊢ 6	15	24,19	27	32,53	42	28,97
6 ⊢ 10	14	22,58	19	22,89	33	22,76
10 ⊢ 14	16	25,81	10	12,05	26	17,93
14 ⊢	15	24,19	9	10,84	24	16,55
TOTAL (2)	62	100,00	83	100,00	145	100,00

Fonte: Di Gianni (1990).

A hipótese que orientou a realização da pesquisa postulava que, quanto menor o tempo de permanência da família migrante por localidade, maior o grau de desorganização da família. Vários indicadores foram utilizados para dividir as famílias pesquisadas em organizadas e desorganizadas. No exemplo em pauta, o indicador é a programação de gastos mensais da família.

Colocando o total de percentagens no sentido horizontal, como ocorre na primeira Tabela, percebemos no Total (1) que a maioria das famílias desorganizadas tem baixo grau de tempo médio de permanência: das 20 famílias que se estabeleceram por menos de dois anos em cada localidade, 90,00% são desorganizadas (sob o aspecto em pauta) e 10,00% organizadas. A primeira percentagem (família desorganizada) é 80,00% maior que a segunda (família organizada). Já entre as que permaneceram 14 anos ou mais, 37,50% são desorganizadas e 62,50% organizadas, isto é, 66,67% a mais, no que se refere ao grau de organização.

As percentagens postas em sentido vertical indicam apenas no Total (1) o percentual de famílias que permanecem por determinado tempo médio em cada localidade de migração. Em consequência, a comprovação da influência do tempo médio de permanência no grau de organização da família é dada pelo Total (1) das percentagens, no sentido horizontal.

4.4 Taxas

Taxas, de acordo com Ander-Egg (1978, p. 254),

> são razões que têm um caráter dinâmico; por meio delas se expressa a relação de uma proposição numérica existente entre duas séries de coisas.

Taxa de população, por sua vez, é, para Goode e Hatt (1969, p. 377), "uma frequência de ocorrências de um fato por unidade-padrão de uma população-base, durante determinado período de tempo".

São vários os tipos de taxas; os mais empregados são os de natalidade, de mortalidade, de nupcialidade, de migração e de crescimento.

4.4.1 Taxa de natalidade (ou de fecundidade)

É a frequência de nascimentos em dada população, durante um ano. Também denominada coeficiente de natalidade, é definida como a relação entre o total de nascidos vivos e o número total de pessoas que a formam.

Para o cálculo da taxa de natalidade, emprega-se a fórmula:

$$N = \frac{nv}{P} \times 1.000$$

N = natalidade
nv = nascidos vivos
P = população

O procedimento para investigar taxas de natalidade, bem como de mortalidade e de nupcialidade é o mesmo.

4.4.2 Taxa de crescimento

A fórmula básica usada para medir a taxa de crescimento é a seguinte:

$$P_2 = P_1 + (B - D) + (IM - OM)$$

P_2 = população em determinado ano
P_1 = população do ano anterior
B = total de nascidos vivos
D = total de mortes
IM = total da população imigrante
OM = total da população emigrante

As taxas podem ser: bruta, específica e padronizada.

a) Taxa bruta é aquela em que o cálculo é realizado sobre o total da população.
b) Taxa específica refere-se especialmente ao aumento ou diminuição da população, tendo como base o número de nascimentos e/ou de mortes. Baseia-se sobre uma população específica (idade ou sexo), para que a medida de fertilidade ou de mortalidade seja mais precisa.
Segundo Beltrão (1972, p. 147), as "taxas de fecundidade (específicas) apresentam os nascimentos, não em confronto com toda a população, mas em relação com o total ou uma parte da população feminina em idade de procriação". Esse procedimento evita erros procedentes da diferença na estrutura etária da população. Para calcular a taxa de nascimento, devem-se eliminar os homens, visto que só as mulheres concebem filhos, e levar em consideração o fato de que elas não são férteis em todas as idades.

Fórmula empregada:

$$\text{Taxa anual de crescimento} = \frac{\text{Total dos nascidos vivos}}{\text{Total de mulheres na faixa etária de 15 a 45 anos}} \times 1.000$$

c) Taxa padronizada indica quanto a taxa de mortalidade está relacionada com uma distribuição por idade e/ou idade e sexo, em determinada área geográfica, durante determinado ano.

Fórmula empregada:

$$\frac{\text{Taxa anual de mortalidade}}{\text{por grupo de idade}} = \frac{\text{Mortes em uma faixa etária, em uma área geográfica, durante certo ano}}{\text{População do mesmo grupo de idade, na mesma área, na metade desse ano}} \times 1.000$$

Para comparar a mortalidade em duas cidades dentro de um mesmo Estado, pode-se utilizar como padrão a população de todo o Estado (por idade ou por idade e sexo), chegando-se dessa forma a resultados diferentes. Esse procedimento oferece uma visão mais completa da mortalidade do que os índices simples.

5 APRESENTAÇÃO DOS DADOS

Para a apresentação dos dados, são utilizados cinco procedimentos: série estatística, representação escrita, representação semitabular, tabelas e gráficos.

5.1 Série estatística

Série é toda e qualquer coleção de dados referentes a uma mesma ordem de classificação. Os dados de uma série são também denominados itens ou termos da série e sua classificação atende a quatro modalidades principais, que podem caracterizar um fato em observação: tempo, lugar, categoria e intensidade.

Há quatro tipos de série: temporal, geográfica, categórica e ordenada.

5.1.1 Série temporal, cronológica ou marcha

É a série em que os dados são distribuídos de acordo com o tempo em que foram produzidos, permanecendo fixos os locais e a categoria. Tem a finalidade de "analisar o comportamento de uma variável em sucessivos intervalos de tempo".

Exemplo:

CRESCIMENTO DA POPULAÇÃO BRASILEIRA
Série Cronológica

ANO	POPULAÇÃO
1872	9.930.478
1890	14.333.915
1900	17.438.434
1920	30.635.605
1940	41.236.315
1950	51.944.397
1960	70.191.370
1970	93.139.037
1980	119.002.706
1991	146.825.475
1996	157.079.573

Fonte: IBGE (1997).

5.1.2 Série geográfica, territorial ou regional

Aqui, os dados são distribuídos por regiões, fixos o tempo e as categorias.

Exemplo:

POPULAÇÕES POR REGIÕES DO BRASIL
Série Regional

REGIÕES	POPULAÇÃO
Sudeste	67.003.069
Nordeste	44.768.201
Sul	23.516.730
Norte	11.290.093
Centro-Oeste	10.501.480

Fonte: IBGE (1997).

5.1.3 Série categórica ou especificada

Nesta, os dados são distribuídos de acordo com espécies ou categorias, permanecendo fixos o tempo e o local.

Exemplos:

RELAÇÃO ENTRE IDADE MENTAL E NOTAS ESCOLARES
Série Especificada

NOTAS ESCOLARES	IDADE MENTAL			TOTAL
	RETARDADOS	NORMAIS	ADIANTADOS	
Fracas	29	17	1	47
Regulares	25	83	21	129
Boas	0	13	31	44
Ótimas	0	9	39	48
TOTAL	54	122	92	268

ESTATURA DE ALUNOS EM UMA CLASSE
Série Especificada

ESTATURA	ALUNOS
Baixos	8
Médios	25
Altos	7
TOTAL	40

5.1.4 Série ordenada ou distribuição de frequências

É aquela cuja ordem de classificação é formada pelas intensidades ou modalidades de um atributo quantitativo ou qualitativo.

Exemplo:

ESTATURA DE ALUNOS EM UMA CLASSE

ESTATURA CM	FREQUÊNCIA
150 ├── 155	6
155 ├── 160	11
160 ├── 165	15
165 ├── 170	8
TOTAL	40

5.2 Representação escrita

A representação escrita consiste em expor os dados coletados em forma de texto. Hoje, é a modalidade mais comum em documentos, livros e informações.

Exemplo: Atualmente, a região Sudeste possui 51,8% do total dos estabelecimentos industriais do Brasil: 69,7% do total do pessoal que trabalha na indústria do Brasil; 78,3% do total do valor da produção industrial do Brasil (Secretaria da Economia e Planejamento do Estado de São Paulo, 1977).

5.3 Semitabela

Esse procedimento é empregado quando são incorporadas cifras a um texto, ressaltando-as, de forma a facilitar sua comparação.

Exemplo: "Na Suíça, há quatro idiomas nacionais exatamente iguais perante a lei. O Censo de 1941 demonstra (ANDER-EGG, 1978, p. 263):

3.097.059 falam alemão	(72,6%)
884.668 falam francês	(20,7%)
220.530 falam italiano	(5,2%)
46.456 falam reto-romano	(1,1%)."

5.4 Tabela ou quadro

Tabela é uma forma de disposição gráfica das séries, de acordo com determinada ordem de classificação. Seu objetivo é sintetizar os dados de observação, tornando-os mais compreensivos. Visa "ajudar o investigador para que distinga semelhanças, diferenças e relações mediante a clareza e o relevo que a distribuição lógica presta à classificação" (ANDER-EGG, 1978, p. 150). Para o IBGE (1993), tabela é "forma não discursiva de apresentar informações, das quais o dado numérico se destaca como informação central". Na tabela, os dados numéricos são ordenados em filas ou colunas com as especificações equivalentes à sua natureza.

A NBR 12256, ao distinguir **quadros** de tabelas, dispõe em 4.2.2.2: "Para efeito desta Norma, consideram-se quadros as apresentações de tipo tabular que não empregam dados estatísticos" (ou seja, neles não se empregam números). E continua na letra a: "As tabelas e quadros são numerados consecutiva e independentemente, em algarismos arábicos." A NBR 14724:2006, ao tratar de tabelas na seção 5.10, define: "As tabelas apresentam informações tratadas estatisticamente, conforme IBGE (1993)." O leitor pode encontrar maiores detalhes em *Normas de apresentação tabular* (IBGE, 1993).

Assim como as séries, as tabelas são classificadas, levando-se em consideração quatro modalidades principais: tempo, lugar, categoria e intensidade.

5.4.1 Elementos de uma tabela

Os elementos da tabela ou quadro são:

1. Título: a palavra *tabela* é escrita em caracteres maiúsculos, seguida de um número identificador. Em seguida, vem a legenda da tabela (nome) em uma, duas ou três linhas, sempre centralizadas em relação à largura da tabela. Exemplo:

> TABELA 3
> ESTRUTURA DE ALUNOS EM UMA CLASSE

> TABELA 5
> SÍNTESE DAS INSTITUIÇÕES, CARACTERÍSTICAS E RAÍZES
> DOS SISTEMAS ECONÔMICOS CONTEMPORÂNEOS

2. Cabeçalho: linha horizontal que precede o preenchimento com números da tabela.

3. Coluna indicadora: fica à esquerda na tabela. Ela também é composta de palavras separadas dos números da tabela por linhas verticais.
4. Notas: qualquer explicação referente à tabela é indicada por asteriscos. Da mesma forma, as notas colocadas logo após a tabela iniciarão com um, dois, três asteriscos, conforme as chamadas que aparecem na tabela.
5. Fonte: pode ser de outro autor ou oriunda da pesquisa do próprio autor.

Observações:

1. Uma tabela não é fechada lateralmente por convenção internacional, cujo significado é: existe uma causa anterior que não foi pesquisada e existe uma consequência posterior que não foi examinada. Ou seja: como a tabela é uma representação de um elo de uma cadeia causal de fenômenos, sua representação com laterais abertas indica a exclusão de variável(is) anterior(es) e posterior(es). Diferentemente, os quadros têm suas laterais fechadas.
2. Diferencia-se tabela de quadro pelos seguintes fatores:
   a) A tabela é composta de dados numéricos.
   b) O quadro contém apenas palavras.

Exemplo:

POPULAÇÃO POR REGIÕES DO BRASIL – 1996

REGIÕES	POPULAÇÃO	% DA POPULAÇÃO TOTAL	DENSIDADE DEMOGRÁFICA
Sudeste	67.003.069	42,6	72,44
Nordeste	44.768.201	28,5	28,91
Sul	23.516.730	15,0	40,70
Norte	11.290.093	7,2	2,92
Centro-Oeste	10.501.480	6,7	6,60
Brasil	157.079.573	100,0	18,45 hab/km^2

Fonte: Fonte: IBGE (1996).

5.4.2 Normas gerais de representação de tabelas

As tabelas devem ser designadas com precisão: o título deve apresentar o assunto da tabela, bem como todas as qualificações necessárias. Explicações e esclarecimentos, se necessários, devem ser apresentados no rodapé da tabela. O cabeçalho deve ser composto de expressões curtas e consistentes.

Mesmo que a apresentação esteja clara na tabela, costuma-se apresentar no texto os dados importantes, pois, se o leitor não quiser lê-la, ele poderá obter as devidas informações lendo o texto.

5.4.3 Tabelas complexas

Referem-se àquelas em que mais de duas dimensões devem ser simultaneamente apresentadas. A análise dos dados, diretamente relacionada com a complexidade das hipóteses ou hipótese, pode criar problemas.

Exemplo: Número de alunos, sexo dos alunos, nível econômico.

Uma apresentação complexa exigiria várias tabelas, tornando a apresentação confusa. A solução está na sua simplificação, o que pode ser feito removendo uma variável. Se qualquer percentagem dicotômica pode ser expressa com apenas um algarismo, é possível transformar qualquer variável tricotômica ou dicotômica, simplificando a tabela.

Se 60% dos alunos de uma classe mista são do sexo masculino, já está implícito que os 40% restantes são do sexo feminino; não há, portanto, necessidade de mencionar essa variável, o que leva a uma simplificação.

Exemplos:

1. Tabela de uma entrada (dimensão):

TRABALHADORES DESOCUPADOS POR REGIÃO DO BRASIL

REGIÃO	NÚMERO	%
Norte	275.442	6,1
Nordeste	1.110.122	24,6
Sudeste	2.172.238	48,2
Sul	619.026	13,7
Centro-Oeste	333.005	7,4
Brasil	4.509.833	100,0

Fonte: IBGE (1995).

2. Tabela de duas entradas:

TRABALHADORES TEMPORÁRIOS POR ÁREA DE ATUAÇÃO, SEGUNDO A REGIÃO

REGIÃO	ÁREA DE ATUAÇÃO					
	BUROCRÁTICA		PRODUÇÃO		TOTAL	
	N	%	N	%	N	%
São Paulo	308	72,0	220	62,2	528	67,5
ABC	52	12,1	118	33,3	170	21,7
Rio de Janeiro	68	15,9	16	4,5	84	10,8
TOTAL	428	100,0	354	100,0	782	100,0

3. Tabela de três entradas:

TRABALHADORES TEMPORÁRIOS POR ÁREA DE ATUAÇÃO E SEXO, SEGUNDO A REGIÃO

REGIÃO	BUROCRÁTICA				PRODUÇÃO				TOTAL			
	MASCULINO		FEMININO		MASCULINO		FEMININO		MASCULINO		FEMININO	
	N	%	N	%	N	%	N	%	N	%	N	%
São Paulo	153	73,2	155	70,8	184	60,1	36	75,0	337	65,4	191	71,5
ABC	25	12,0	27	12,3	113	36,9	5	10,4	138	26,8	32	12,0
Rio de Janeiro	31	14,8	37	16,9	9	3,0	7	14,6	40	7,8	44	16,5
TOTAL	209	100,0	219	100,0	306	100,0	48	100,0	515	100,0	267	100,0

Análise e interpretação dos dados 213

4. Tabela de quatro entradas:

TRABALHADORES TEMPORÁRIOS POR ÁREA DE ATUAÇÃO E SEXO, SEGUNDO A REGIÃO E A FAIXA ETÁRIA

REGIÃO E FAIXA ETÁRIA	BUROCRÁTICA				PRODUÇÃO				TOTAL			
	MASCULINO		FEMININO		MASCULINO		FEMININO		MASCULINO		FEMININO	
	N	%	N	%	N	%	N	%	N	%	N	%
SÃO PAULO												
12 ⊢— 18 anos	21	13,7	12	7,8	21	11,4	4	11,1	42	12,5	16	8,4
18 ⊢— 30 anos	97	63,4	116	74,8	121	65,8	22	61,1	218	64,7	138	72,2
30 ⊢— 45 anos	5	3,3	2	1,3	16	8,7	3	8,3	21	6,2	5	2,6
45 ⊢—												
ABC												
12 ⊢— 18 anos	1	4,0	2	7,4	3	2,6	1		4	2,9	3	9,4
18 ⊢— 30 anos	15	60,0	19	70,4	75	65,4	3	20,0	90	65,2	22	68,8
30 ⊢— 45 anos	9	36,0	4	14,8	34	30,1	1	60,0	43	31,2	5	15,6
45 ⊢—	—	—	2	7,4	1	0,9	—	20,0	1	0,7	2	6,2
RIO DE JANEIRO												
12 ⊢— 18 anos	—	—	—	—	1	11,1	—	—	1	2,5	—	—
18 ⊢— 30 anos	20	64,5	18	48,7	3	33,3	4	57,1	23	57,5	22	50,0
30 ⊢— 45 anos	9	29,0	18	48,6	5	55,6	3	42,9	14	35,0	21	47,7
45 ⊢—	2	6,5	1	2,7	—	—	—	—	2	5,0	1	2,3
TOTAL												
12 ⊢— 18 anos	22	10,5	14	6,4	25	8,2	5	10,4	47	9,1	19	7,1
18 ⊢— 30 anos	132	63,2	153	69,9	199	65,0	29	60,4	331	64,3	182	68,2
30 ⊢— 45 anos	48	23,0	47	21,4	65	21,2	11	22,9	113	21,9	58	21,7
45 ⊢—	7	3,3	5	2,3	17	5,6	3	6,3	24	4,7	8	3,0

5.5 Gráficos

A representação dos dados com elementos geométricos permite uma descrição imediata do fenômeno. Representa uma forma atrativa e expressiva, uma vez que facilita a visão do conjunto com apenas uma olhada e possibilita ver o abstrato com facilidade.

A representação gráfica apresenta algumas limitações (ANDER-EGG, 1978, p. 268):

(a) Não pode representar tantos dados como um quadro ou tabela estatística.
(b) Não permite a apreciação de detalhes.
(c) Não pode apresentar valores exatos.
(d) Requer maior tempo em sua execução do que os quadros ou tabelas.
(e) Presta-se a deformações, pelas escalas utilizadas.

Há inúmeros tipos de gráficos estatísticos, mas todos eles podem formar dois grupos:

1. **Gráficos informativos (ou de informação):** seu objetivo é dar ao leitor ou ao investigador um conhecimento da situação real, atual, do problema estudado ou de interesse. Devem ser feitos com cuidado, de modo que o desenho impressione bem, tenha algo de atraente. Todavia, esse cuidado não pode ser exagerado, a ponto de prejudicar o observador na apreensão dos dados.
2. **Gráficos analíticos (ou de análise):** seu objetivo é, além de fornecer informações, oferecer ao pesquisador elementos de interpretação, cálculo, inferências e previsões.

Os gráficos devem conter o mínimo de construções e ser simples. Os principais gráficos de informação são:

- **Gráficos de base matemática**
    1. Lineares:
        a) Retilíneos.
        b) Curvilíneos.

2. De superfície:
    a) Retangulares (barras ou colunas).
    b) Circulares:
        - De setores.
        - De círculos concêntricos.
        - De ordenada polar.
        - De gráficos em espiral.
    c) Triangulares.
    d) Quadrangulares.
3. Estereométricos:
    a) Cúbicos.
    b) Prismáticos.
    c) Piramidais.

- **Gráficos de base não matemática**
    1. Cartogramas:
        a) Mapas.
        b) Cartas.
    2. Pictogramas.
    3. Organogramas.
    4. Livres ou especiais.

5.5.1 Gráficos de base matemática

A. Gráficos lineares

O diagrama linear é um tipo de gráfico muito simples e empregado com grande frequência. Representa alterações quantitativas sob a forma de linha reta ou curva, que avança pelo quadrilátero. É o tipo mais eficaz para representar as séries em marcha.

O gráfico linear apresenta uma série de variações e é largamente empregado ao lado do gráfico de colunas.

Exemplo de gráfico linear retilíneo:

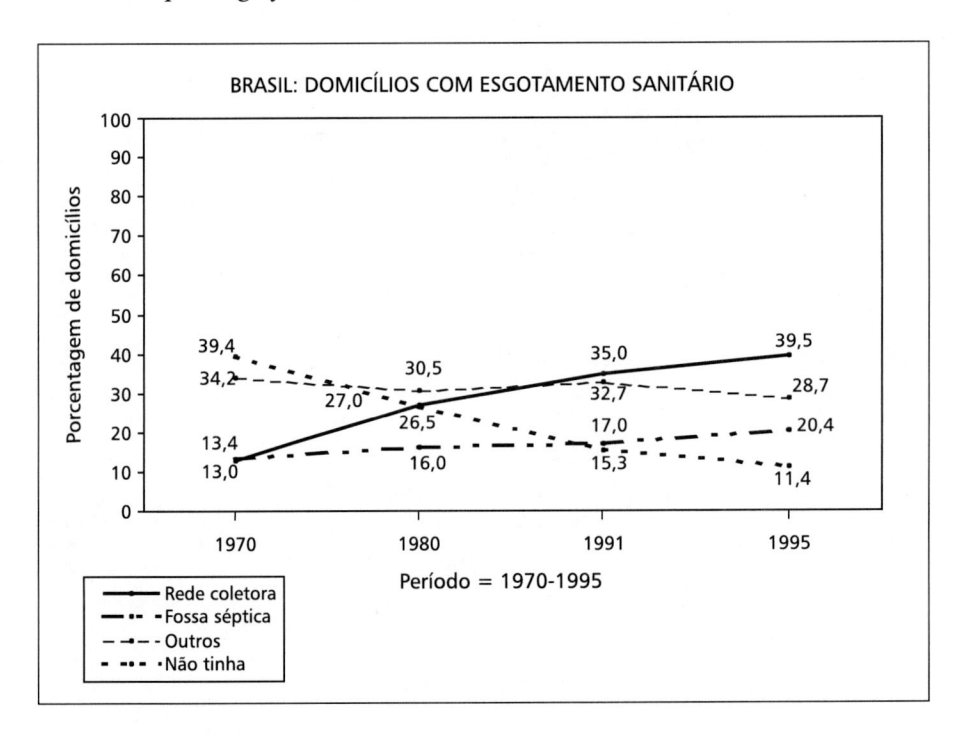

BRASIL: DOMICÍLIOS COM ESGOTAMENTO SANITÁRIO

(Porcentagem de domicílios — Período = 1970-1995)

	1970	1980	1991	1995
Rede coletora	13,4	26,5	35,0	39,5
Fossa séptica	13,0	16,0	15,3	11,4
Outros	34,2	27,0	32,7	28,7
Não tinha	39,4	30,5	17,0	20,4

Fonte: IBGE (1995)

Exemplo de gráfico linear curvilíneo:

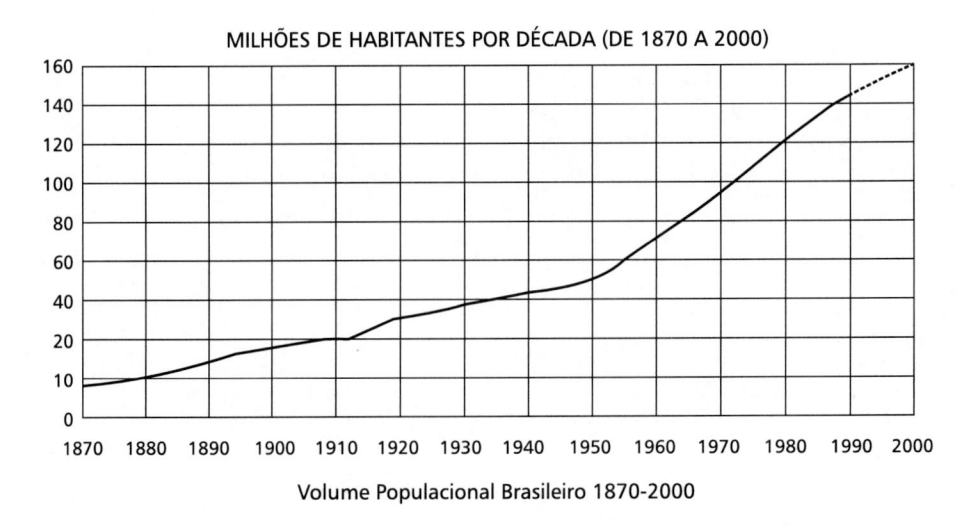

MILHÕES DE HABITANTES POR DÉCADA (DE 1870 A 2000)

Volume Populacional Brasileiro 1870-2000

Fonte: IBGE (2016).

B. **Gráficos de superfície**

1. Retangulares: também denominados de barras ou colunas, são representações formadas por retângulos alongados, de base assentada sobre uma linha horizontal ou vertical. No primeiro caso, temos gráficos de colunas; no segundo, os de barra. As barras são escolhidas arbitrariamente e as alturas são proporcionais aos valores ou dados da série respectiva. Quando as legendas forem muito extensas, convém usar o gráfico de barras.

Exemplo de gráfico em colunas:

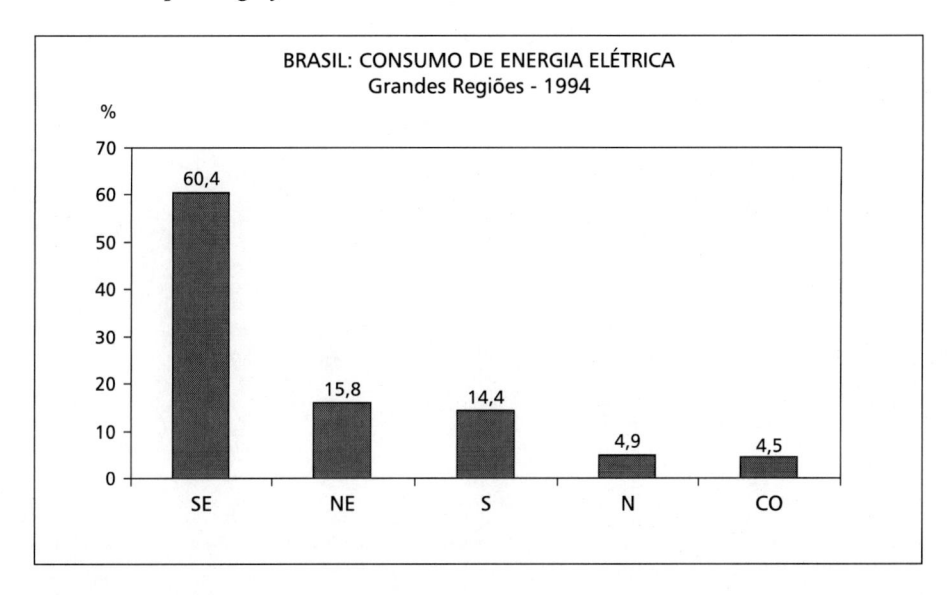

BRASIL: CONSUMO DE ENERGIA ELÉTRICA Grandes Regiões - 1994	
SE	60,4
NE	15,8
S	14,4
N	4,9
CO	4,5

Fonte: IBGE (1994).

Exemplo de gráfico de barras:

BRASIL - MERCOSUL: TOTAL DO COMÉRCIO
(milhões de dólares)

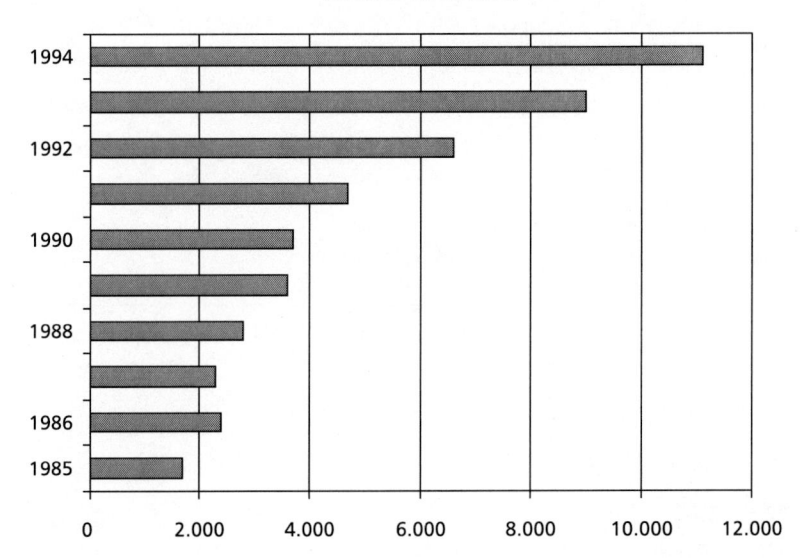

Ano	Valor (aprox.)
1994	11.000
	9.000
1992	6.500
	4.500
1990	3.800
	3.500
1988	2.800
	2.200
1986	2.400
1985	1.800

Fonte: Brandão (1995).

Afirma Ander-Egg (1978, p. 281):

> O *histograma* é uma modalidade do diagrama retangular, no qual se representa, por um retângulo, cada classe da série, determinando a frequência de classe respectiva à altura do retângulo. No caso em que as classes sejam desiguais, deve-se introduzir uma correção na altura do retângulo correspondente.

O gráfico de barras consiste, portanto, em colunas ou barras duplas que se dispõem sem espaço entre si ou com alguma separação, dependendo da exatidão, clareza e estética do conjunto.

Exemplos de histograma:

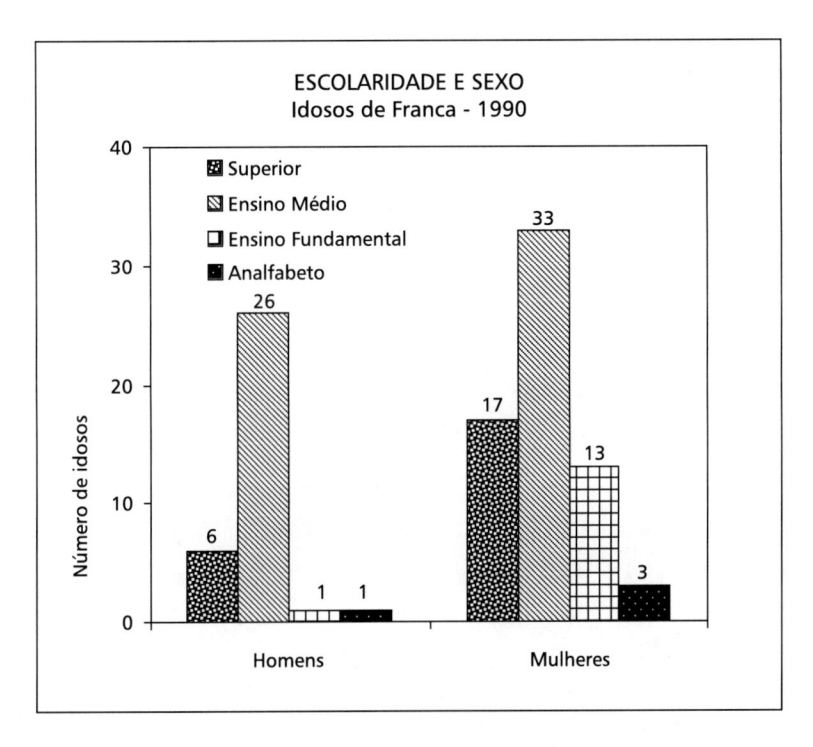

ESCOLARIDADE E SEXO
Idosos de Franca - 1990

[Gráfico de barras: Homens — Superior: 6, Ensino Médio: 26, Ensino Fundamental: 1, Analfabeto: 1; Mulheres — Superior: 17, Ensino Médio: 33, Ensino Fundamental: 13, Analfabeto: 3. Eixo Y: Número de idosos]

Fonte: Di Gianni (1990).

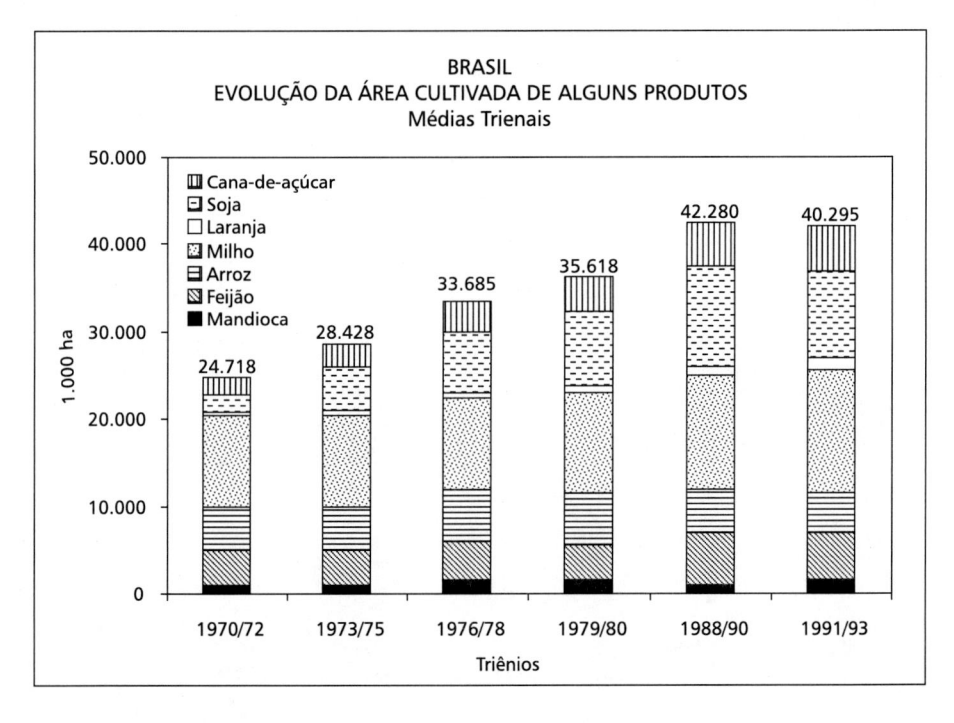

BRASIL
EVOLUÇÃO DA ÁREA CULTIVADA DE ALGUNS PRODUTOS
Médias Trienais

Triênios	1970/72	1973/75	1976/78	1979/80	1988/90	1991/93
Total (1.000 ha)	24.718	28.428	33.685	35.618	42.280	40.295

Produtos: Cana-de-açúcar, Soja, Laranja, Milho, Arroz, Feijão, Mandioca

Fonte: Mello (1983).

Dentro dos diagramas retangulares, as *pirâmides de idade* constituem uma modalidade muito usada. Exemplo:

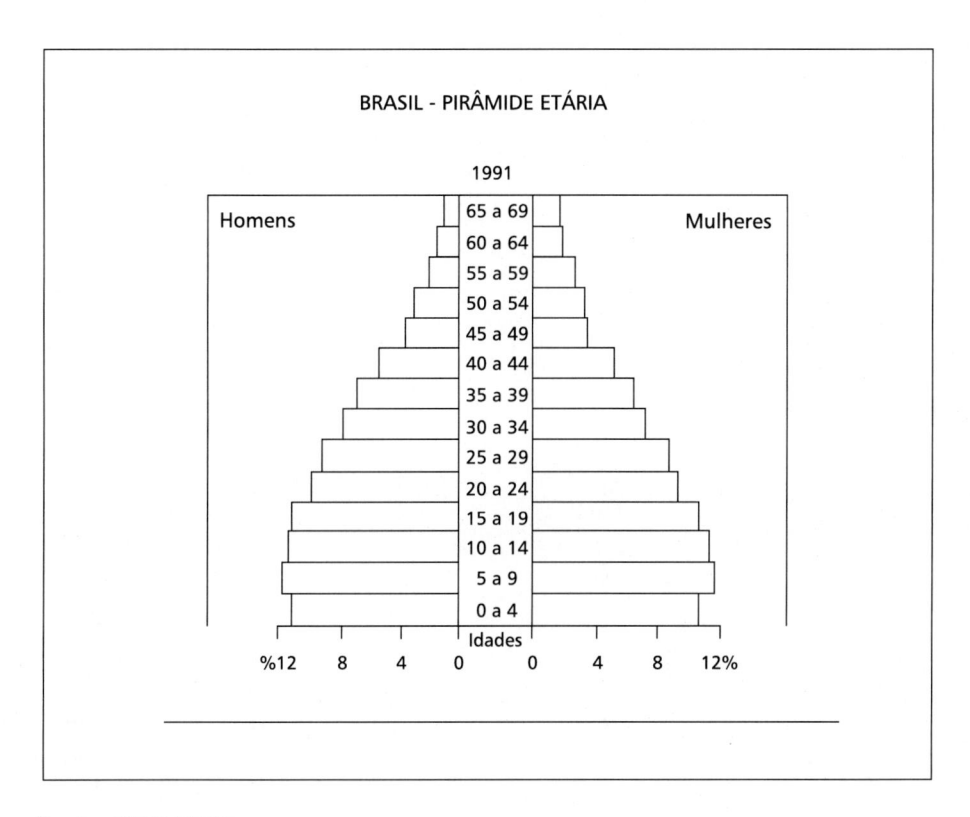

BRASIL - PIRÂMIDE ETÁRIA

1991

| Homens | | Mulheres |

Faixas etárias: 65 a 69, 60 a 64, 55 a 59, 50 a 54, 45 a 49, 40 a 44, 35 a 39, 30 a 34, 25 a 29, 20 a 24, 15 a 19, 10 a 14, 5 a 9, 0 a 4

Idades

%12 8 4 0   0 4 8 12%

Fonte: IBGE (2016).

2. Circulares: dos gráficos circulares, o mais utilizado, em área, é o de *setores*, que se presta para confrontar as partes integrantes de um total. Os valores são dispostos num círculo, onde o total equivale a uma amplitude de 360°. A área do círculo será dividida em setores proporcionais aos acontecimentos que se quer representar. A operação matemática consiste em dividir 360° em setores proporcionais aos valores. Tem-se assim o número de graus para cada valor.

Exemplo de gráfico de setores:

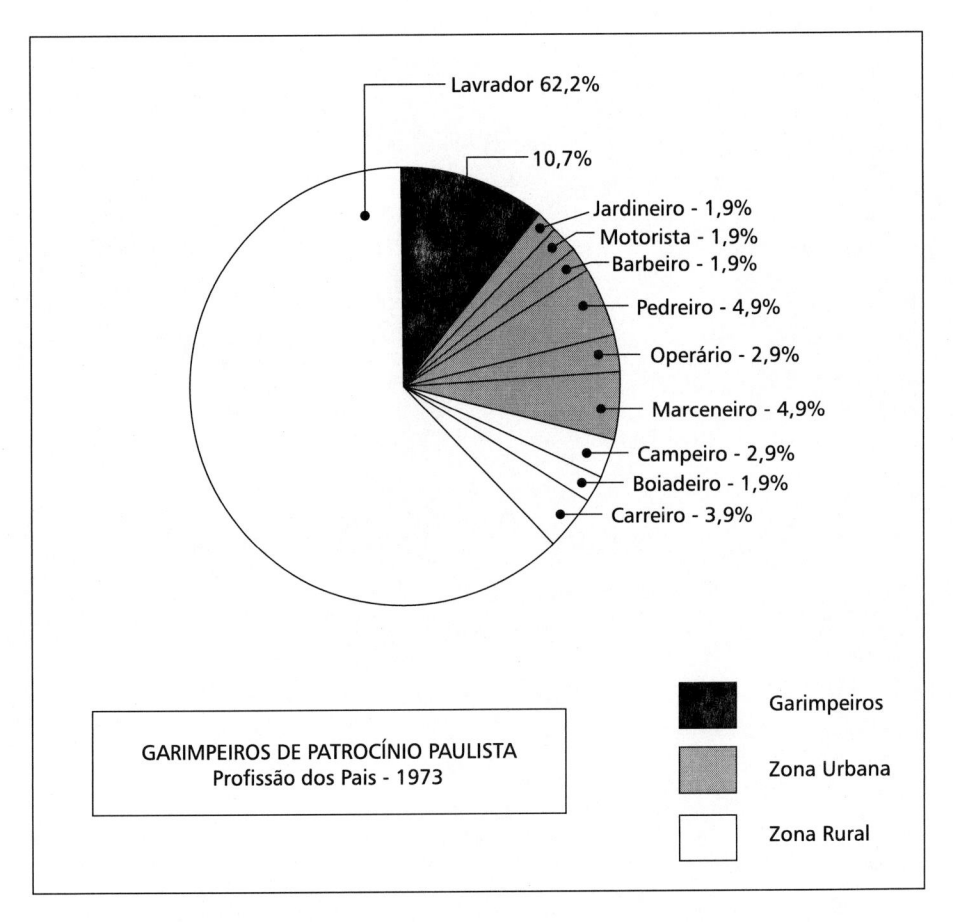

```
                        Lavrador 62,2%
                         10,7%
                         Jardineiro - 1,9%
                         Motorista - 1,9%
                         Barbeiro - 1,9%
                         Pedreiro - 4,9%
                         Operário - 2,9%
                         Marceneiro - 4,9%
                         Campeiro - 2,9%
                         Boiadeiro - 1,9%
                         Carreiro - 3,9%

   GARIMPEIROS DE PATROCÍNIO PAULISTA        ■ Garimpeiros
         Profissão dos Pais - 1973           ▨ Zona Urbana
                                             □ Zona Rural
```

Fonte: Organizado por Marina de Andrade Marconi,1973. Desenho de Valdete.

O gráfico de *círculos concêntricos* é de grande utilidade para representar um conjunto de fenômenos em épocas diferentes. Às vezes, é difícil de confeccionar, quando as amplitudes são pouco desiguais. Exemplo:

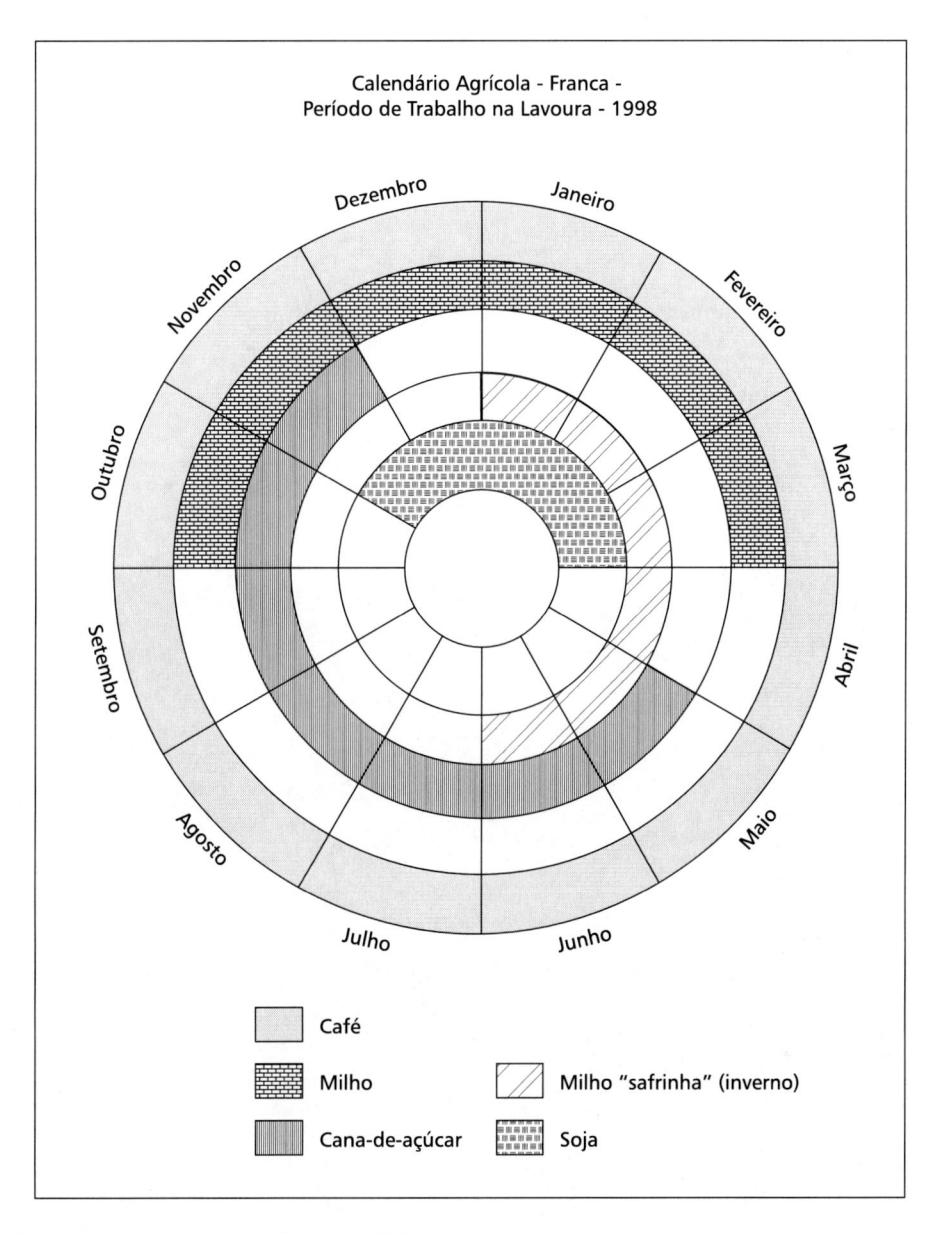

**Calendário Agrícola - Franca -
Período de Trabalho na Lavoura - 1998**

- Café
- Milho
- Cana-de-açúcar
- Milho "safrinha" (inverno)
- Soja

Fonte: Casa da Lavoura, Franca, 1998.

Os diagramas com base em ordenadas polares são mais empregados nos processos dinâmicos, de caráter cíclico, de período bem definido. As divisões são marcadas mediante círculos concêntricos, cada um com um valor determinado:

10, 20, 30, 40 etc. A representação estatística é feita por meio de um polígono irregular (linha poligonal fechada), que indica as variações no tempo ou no espaço (7:60). São *simples* quando representam apenas um fenômeno; *compostos* quando se consideram dois ou mais.

Exemplo: Extração de diamantes em um ano, representada em um gráfico polar:

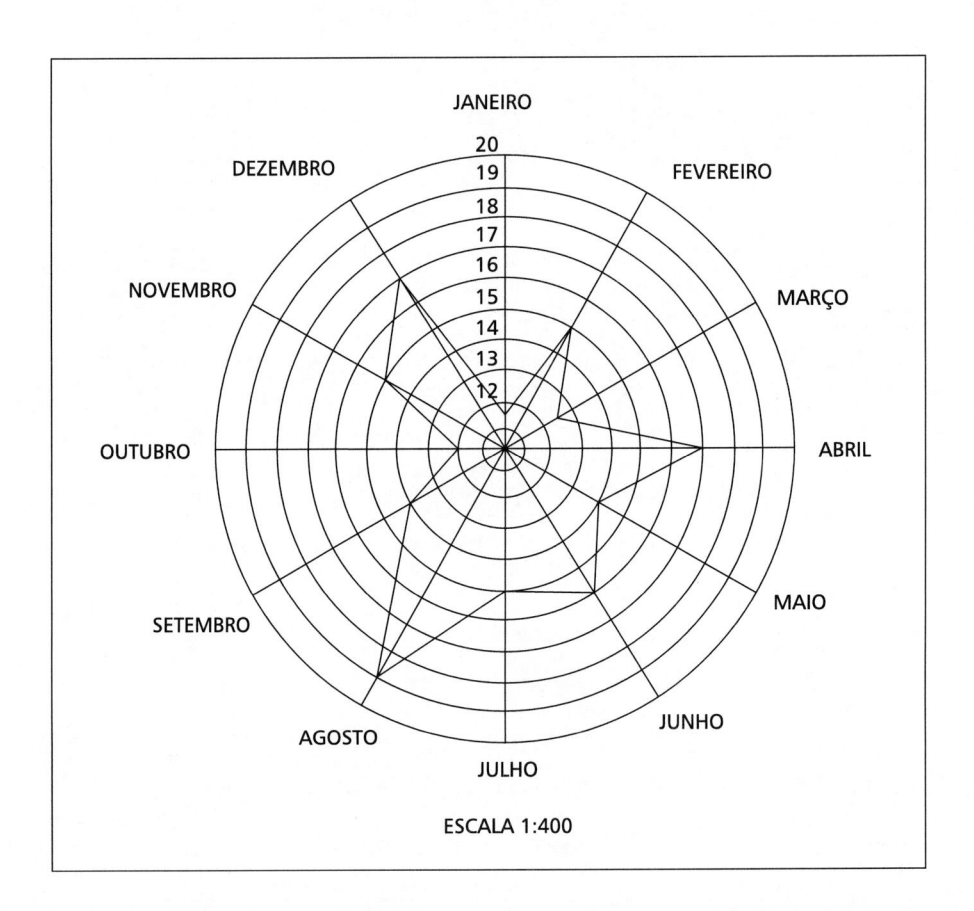

C. Gráficos estereométricos

São utilizados quando se deseja representar fenômenos com duas ou mais variáveis, mediante o emprego de figuras geométricas, principalmente prismas ou cubos; o menos utilizado é o de pirâmide. Em geral, representam fenômenos medidos em unidades cúbicas: m^3, l^3, t. etc. Medem valores e suas variações no tempo e/ou no espaço.

Exemplo: Produção de feijão de um Estado, no período das águas (20 t) e no período da seca (10 t), representada em um gráfico estereométrico:

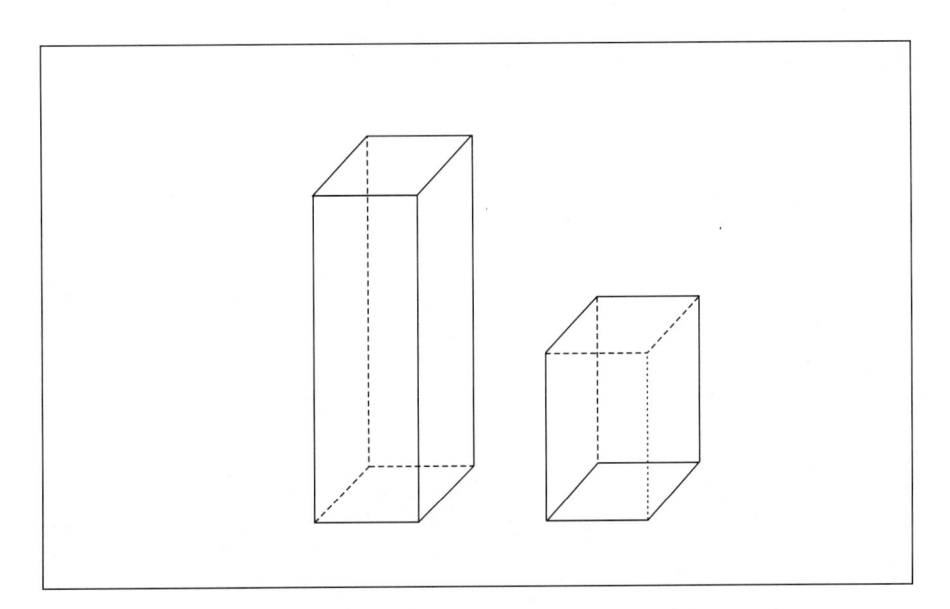

Fonte: Casa da Lavoura de Franca, 1998.

5.5.2 Gráficos de base não matemática

A. Cartogramas

Os cartogramas constituem uma associação entre mapas geográficos e representações propriamente estatísticas. São gráficos estabelecidos sobre mapas. Mesmo não havendo base matemática, devem ser confeccionados com precisão em relação ao fenômeno representado.

Segundo Hofmann (1974, p. 25), há vários tipos de cartogramas:

> (a) De densidade. Quando as regiões do mapa se apresentam diferenciadas por cores ou traços mais ou menos espaçados.
> (b) Ponteados. A densidade progressiva das variáveis está representada, no mapa, por pontos mais ou menos numerosos, ou seja, por círculos cuja superfície seja proporcional ao número a ser representado.
> (c) De gráficos. Em cada região do mapa se situa um pequeno gráfico que corresponde à região e pode ser de colunas, barras, circulares, de superfície, figurativo etc.

(d) Cifrados. Em lugar de um pequeno gráfico, nada impede de se escrever um número por região, se não houver mais de duas magnitudes a representar, segundo seu valor por região.

Exemplo de cartograma de gráficos:

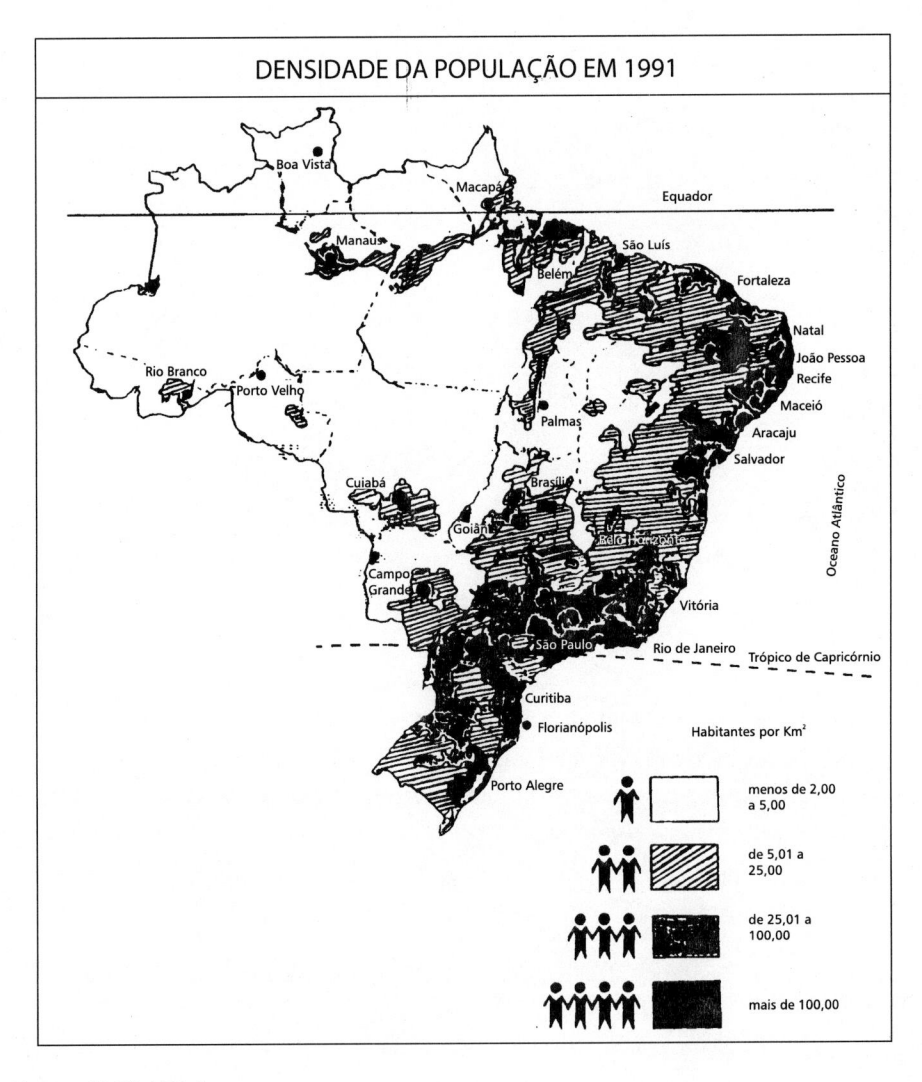

DENSIDADE DA POPULAÇÃO EM 1991

Habitantes por Km²
- menos de 2,00 a 5,00
- de 5,01 a 25,00
- de 25,01 a 100,00
- mais de 100,00

Fonte: IBGE (1994).

Exemplo de cartograma cifrado:

A MIGRAÇÃO NAS REGIÕES ADMINISTRATIVAS NO ESTADO DE SÃO PAULO – 1997 –
(Saldo Migratório em Milhares de Pessoas)

Fonte: Toledo (1997).

B. Pictograma

Esse tipo de gráfico nada mais é do que uma forma artística dos gráficos de barras ou colunas. As figuras têm tamanho proporcional ao valor atribuído na série. As figuras (isótipos) representam um fenômeno, explicado pela própria natureza da figura. "Os pictogramas só devem ser utilizados para fazer comparações e não para apresentar números isolados" (ANDER-EGG, 1978, p. 320). Exemplo:

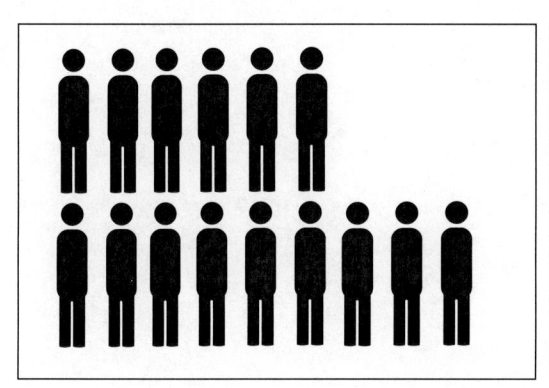

C. Organograma

Não são gráficos no sentido próprio da palavra, porque não servem para comparar quantidades, mas para representar esquematicamente os diversos órgãos de uma administração: comercial, governamental, educacional, industrial etc. Exemplo:

BRASIL: CONSTITUIÇÃO DE 1824

```
ESQUEMA DOS PODERES DA NAÇÃO
             |
      Poder Moderador
             |
Conselho de Estado
             |
  ┌──────────┼──────────┐
Poder      Poder      Poder
Legislativo Executivo  Judiciário
  │          │            │
┌─┴──┐   Presidentes   Supremo Tribunal
Câmara  de Províncias   da Justiça
dos    Senado
Deputados   │
         Conselhos
         Provinciais
```

D. Gráficos de base não matemática livres ou especiais

São gráficos que escapam a toda regra ou norma estatística para sua construção. Para que tenham validade, é preciso observar duas regras: precisão e clareza.

5.6 Construção de gráficos

Embora haja outras, as regras gerais para a construção de gráficos, apontadas por Ander-Egg (1978, p. 303), são as seguintes:

      (a) O título deve ser claro, conciso, preciso e figurar dentro dos limites da trama.

(b) Todo gráfico deve ter uma legenda, para explicar e esclarecer o fenômeno representado.
(c) Não se deve representar grande número de componentes, mesmo que o fenômeno seja composto, a fim de evitar confusões.
(d) Escolher sempre o sistema mais adequado ao tipo de fenômeno que se deseja representar.
(e) O quadro estatístico, com os dados numéricos equivalentes, deve acompanhar o gráfico.
(f) Devem-se utilizar cores contrastantes nas representações dos fenômenos compostos, para destacar o dado e favorecer a interpretação.
(g) Se a apresentação gráfica abranger uma superfície muito grande, deve-se truncá-la, a fim de evitar tamanhos descomunais.
(h) A escolha da escala deve ser efetuada de maneira que diferentes intensidades constituam valores perfeitamente adaptáveis ao gráfico.

6 TESTE DE HIPÓTESES COMO INSTRUMENTAL DE VALIDAÇÃO DA INTERPRETAÇÃO (ESTATÍSTICA INFERENCIAL)

Como se viu, a apresentação e a organização descritiva adequada dos dados obtidos constituem-se em notável contribuição estatística, quando procedem do estudioso de Ciências Sociais. Em última instância, consistem na formulação atualizada de preocupação talvez tão antiga quanto a humanidade, qual seja, a sistematização dos resultados dos esforços empregados.

Outras possibilidades de apresentação descritiva de dados são as medidas de posição, de dispersão, comparação de frequências e taxas.

No entanto, modernamente, o recurso mais relevante que a estatística nos fornece é o procedimento inferencial. Também conhecido como Testes de Hipóteses, ele consiste no instrumental metodológico que permite ao pesquisador apreciar a validade de expandir seus dados para amplas generalizações, bem como verificar se eles são valiosos por diferirem do que se conhece até então a esse respeito. Pode ser o caso, por exemplo, de o investigador, ao longo de um estudo de uma população de pré-escolares, coletar os respectivos dados antropométricos (peso e altura, entre outros), visando esclarecer tratar-se de crianças com crescimento deficiente ou representativas das de determinada cidade.

Uma sequência de passos deverá ser seguida, começando pelo conhecimento de dados populacionais com os quais se pretende fazer a comparação. Em um estudo realizado por Gonçalves (1979, p. 64), a condução de tal questão resultou nos dados sumariados na Tabela 8.

TABELA 8
VALORES MÉDIOS DOS DADOS ANTROPOMÉTRICOS DOS ALUNOS ESTUDADOS E DO GRUPO DE CONTROLE (PARA A MESMA IDADE E SEXO).

VALOR ANTROPOMÉTRICO	SEXO	GRUPO ESTUDADO		GRUPO DE CONTROLE	
		MÉDIA	DESVIO-PADRÃO	MÉDIA	DESVIO-PADRÃO
Peso	Masculino	24,77	± 3,53	23,56	± 3,29
	Feminino	24,19	± 6,34	23,53	± 3,59
Altura sentada	Masculino	67,80	± 3,12	67,00	± 2,70
	Feminino	66,90	± 2,94	66,53	± 2,89
Altura tronco-cefálica	Masculino	125,50	± 6,13	122,56	± 5,3
	Feminino	123,80	± 5,45	122,62	± 5,6

Observações:
(1) Componentes do grupo estudado: 57 elementos (masculino); 47 elementos (feminino).
(2) Componentes do grupo de controle: 380 elementos (masculino); 340 elementos (feminino).

A inspeção da tabela mostra-nos uma diferença de valores antropométricos médios entre ambos os grupos.

A pergunta que se coloca é: As diferenças observadas correm por conta de fatores não relevantes, ou realmente refletem realidades diferentes (digamos, crianças com crescimento normal e com crescimento comprometido)? Aqui, há que se recorrer a um teste estatístico.

Nessa altura, diante de todas essas percepções, iniciam-se as várias fases de sua aplicação. Já a questão enunciada pode ser formulada em termos estatísticos no sentido de se pretender verificar se as diferenças observadas são não relevantes ou efetivamente significativas. Simbolicamente temos:

$H_0: \overline{x}_a = \overline{x}_b$ ou

$H_a: \overline{x}_a \neq \overline{x}_b$

em que $\overline{x}_a$ e $\overline{x}_b$ são as médias de cada uma das amostras

Todo pesquisador trabalha com uma hipótese que pretende comprovar (hipótese alternativa, H_a ou H_1). Para isso, deve contrapô-la ao já conhecido, por um imperativo científico (H_o). Uma vez assim definidas as hipóteses e situado o problema a ser tratado, cabe decidir qual o instrumental estatístico para resolvê-lo (eis a função primordial do estatístico).

No caso, por se tratar de comparação entre médias, o indicado é o teste t de Student.

6.1 Teste t de Student

A fórmula desse teste consiste em:

$$t = \frac{\overline{x}_a - \overline{x}_b}{\sqrt{\frac{(N_a + N_b)[(N_a - 1)V_a + (N_b - 1)V_b]}{N_a N_b (N_a + N_b - 2)}}}$$

em que as representações com índice a referem-se a uma amostra e as com índice b a outra amostra e X, N e V, respectivamente, referem-se a média, tamanho da amostra e variância. Por sua vez $(N + N - 2)$, para o caso, é o grau de liberdade.

Para Ackoff (1975, p. 246-247), em geral,

> os graus de liberdade de uma estatística, objeto de cálculo, indicam o número de fatores (a partir dos quais a estatística é calculada) que podem ser alterados independentemente, sem alterar o valor da estatística. Suponhamos, por exemplo, calcular a soma de três números:
>
> $x + y + z = S$
>
> Se se fixasse o valor de S, poder-se-ia atribuir valor a (diga-se) x e y, mas, uma vez determinados x e y, estará determinado z. Ou seja, se a soma é fixada e todas, menos uma das variáveis, são determinadas, também esta última variável estará determinada. Portanto, todas as variáveis menos uma são "livres". Neste caso, portanto, há dois graus de liberdade. Em geral, se há n variáveis, e uma equação que define a estatística, há $n - 1$ graus de liberdade.

A variância é uma medida de dispersão. Muitos são os meios de medir a dispersão. Um deles seria tomar a soma dos desvios da média. No entanto, a soma dos desvios da média é sempre igual a zero. Por exemplo, a média aritmética de 2, 4, 6, 8, 10 e 12 é 7; os desvios em relação à média são –5, –3, –1, 1, 3 e 5; o total desses desvios é igual a zero. Tal dificuldade pode ser contornada tornando positivo o sinal de todos os desvios, ao elevá-los ao quadrado. A média desses quadrados é exatamente a variância.

Voltando à Tabela 8, pode-se calcular t para cada valor antropométrico. Tome-se como exemplo, para efeito de cálculo, o peso de alunos do sexo masculino. Tem-se, então:

$$t = \frac{24,77 - 23,56}{\sqrt{\frac{437\,[(56 \times 12,46) + (379 \times 10,82)]}{57 \times 380 \times (57 + 380 - 2)}}}$$

$$t = \frac{1,21}{\sqrt{\frac{437\,[697,76 + 4.100,78]}{9.422.100}}}$$

$$t = \frac{1,21}{\sqrt{\frac{437 \times 4.789,54}{9.422.100}}} = \frac{1,21}{\sqrt{\frac{2.096.961,9}{9.422.100}}}$$

$$t = \frac{1,21}{\sqrt{0,2225}} = \frac{1,21}{0,47} = 2,574$$

Da mesma forma obtêm-se, para os demais valores antropométricos, 1,064; 0,205; 0,822; 3,818 e 1,395, respectivamente.

Que significam tais números? Eles são, a seguir, comparados com um valor de t acima do qual se rejeita H_o e se aceita H_a e abaixo do qual se procede contrariamente. Tal valor assim tão relevante, tão crítico, é fornecido pelos manuais correntes de estatística, nos quais ele é detectado a partir das entradas chamadas grau de liberdade e α (alfa). Daí ter-se mencionado, ao apresentar a fórmula estatística, esse primeiro elemento. Já o alfa, ou erro de tipo I, consiste no risco que o pesquisador dispõe a correr, de rejeitar H_o quando esta é verdadeira. Em geral, chega até a 5% e, excepcionalmente, a 10%, quando se trata de experimento muito caro, pioneiro ou preliminar.

Essa probabilidade, ou risco, denominado α, é com frequência especificada antes da extração de qualquer amostra, de modo que os resultados obtidos não influenciam a escolha.

De fato, para α = 5% e 385 graus de liberdade, obtém-se um t crítico de 1,960, que indica que a diferença significativa observada entre ambas as amostras se refere ao peso e à altura tronco-cefálica das meninas. Portanto, dos seis valores apresentados, apenas esses dois diferem significativamente entre ambos os grupos analisados, contrariamente às eventuais conclusões aventadas pela simples inspeção da Tabela 8.

Expressão geral: A fórmula mais comum do teste t de Student é:

$$t = \frac{\bar{X} - u}{Ss} = \sqrt{N-1}$$

γ = Grau de liberdade

$\gamma = N - 1$

6.2 Teste de χ^2 (qui quadrado)

Quando se lida com diferenças de proporções entre duas amostras, os padrões de raciocínio e procedimento são os mesmos, com a diferença, apenas, de que se aplica o teste adequado, χ^2 (qui quadrado). É o caso, por exemplo, da Tabela 9, em que o pesquisador, ao descrever pela primeira vez geneticamente uma doença humana, interessa-se em aplicar a técnica dos dermatóglifos e, portanto, torna-se-lhe fundamental discernir se as diferenças entre as proporções observadas, nos padrões digitais de ambas as populações (doentes e sãs), são casuais ou associadas a peculiaridades biológicas do grupo de afetados (GONÇALVES, 1977, p. 46).

TABELA 9
FREQUÊNCIA DOS VÁRIOS PADRÕES DIGITAIS DOS ELEMENTOS VIVOS, AFETADOS PELA SÍNDROME DE MOUNIER-KUHN

PADRÕES	GRUPO ESTUDADO		GRUPO DE CONTROLE		χ^2
	N	%	N	%	
Arco	13	13,0	60	3,4	30,09*
Presilha radial	2	2,0	97	5,5	
Presilha ulnar	68	68,0	1.096	61,9	
Verticilos	17	17,0	517	29,2	
Total	100	100,0	1.770	100,0	

Sendo a fórmula do χ^2:

$$\chi^2 = \frac{\Sigma(o-e)^2}{e}$$

Onde:

Σ = somatória (soma),

o = cada um dos valores observados,

e = cada um dos valores esperados,

os valores esperados são obtidos da seguinte forma: para cada um dos números de ambos os grupos (estudado e de controle) atribui-se uma representação literal. Temos, portanto:

PADRÕES	GRUPO ESTUDADO	GRUPO DE CONTROLE	TOTAL
Arco	a_o	e_o	$a_o + e_o$
Presilha radial	b_o	f_o	$b_o + f_o$
Presilha ulnar	c_o	g_o	$c_o + g_o$
Verticilos	d_o	h_o	$d_o + h_o$
Total	$a_o + b_o + c_o + d_o$	$e_o + f_o + g_o + h_o$	n

A seguir, calcula-se o valor esperado para cada casela (a, b, ..., h):

$$a_e = \frac{(a_0 + b_0 + c_0 + d_0) \times (a_0 + e_0)}{n}$$

$$a_e = \frac{(13 + 2 + 68 + 17) \times (13 + 60)}{1.870} = \frac{(100) \times (73)}{1.870} = \frac{7.300}{1.870} = 3,9$$

Da mesma forma, obtemos: $b_e = 62,3$; $c_e = 5,3$; $d_e = 28,5$; $e_e = 69,1$; $f_e = 1.101,7$; $g_e = 93,7$; $h_e = 505,5$.

Como tabela auxiliar para o cálculo, constrói-se a que segue:

	e	o – e	(o – e)²	(o – e)²/e
a	3,9	9,1	82,81	21,23
b	62,3	5,7	32,49	0,52
c	5,3	3,3	10,89	2,05
d	28,5	11,5	132,25	4,64
e	69,1	9,1	82,81	1,20
f	1.101,7	5,7	32,49	0,02
g	93,7	3,3	10,49	0,17
h	505,5	11,5	132,25	0,26
				Σ 30,09

Portanto, o valor χ^2 é 30,09, com sete graus de liberdade (número de caselas: 8 – 1, igual a 7).

Da mesma forma que se procedeu para o teste t de Student, o valor obtido para χ^2 é comparado com um valor de χ^2 acima do qual se rejeita H_o e se aceita H_a e abaixo do qual se procede de forma contrária. Tal valor (χ^2 crítico) também é fornecido pelos livros de estatística.

No caso, o χ^2 crítico para sete graus de liberdade e $\alpha = 5\%$ é 14,6. Portanto, o valor de χ^2 obtido foi superior ao crítico, isto é, foi significativo (daí ser representado com *) e, consequentemente, rejeita-se H_o: há diferenças efetivas entre as proporções dos padrões digitais existentes na população e os encontrados no grupo estudado de afetados. A partir daí, o problema excede o campo da estatística e cabe ao pesquisador, mercê de sua formação específica, aprofundar-se no estudo das possíveis peculiaridades biológicas envolvidas em tal resultado.

Como se viu na aplicação, os cálculos e a interpretação dessa estatística são bastante simples e não requerem formação matemática profunda. Realmente, a dificuldade reside em qual teste indicar, diante de cada situação em particular. Há que se verificar qual a distribuição do fenômeno estudado, se a amostra em questão merece correção ou não em função de seu tamanho e, entre outras preocupações, se o que se está testando é uma diferença entre médias ou entre proporções. Daí a necessidade de o investigador, especialista em ciências humanas, estar em contato com o colega de formação e experiência estatística.

Essa sequência de procedimentos, no teste estatístico de hipóteses, aqui apresentada de forma tão descritiva, foi sistematizada por Montenegro (1981, p. 1579-1589), de forma bastante operativa, para ser aplicada pelo estudante passo a passo. Desse modo, há, no teste de hipóteses, oito passos a serem observados:

a) Identificação dos dados do problema, ou seja, identificação da média, desvio-padrão e tamanho amostral com que se está trabalhando.

b) Localização do problema: discriminar se se está lidando com duas amostras ou uma amostra e uma população; se se trata de pequenas ou de grandes amostras; se a questão envolve teste de médias ou de proporção, por exemplo.

c) Estabelecimento das hipóteses (H_o e H_a).

d) Escolha de fórmula. No caso, para o teste de médias escolheu-se t de Student e, para proporções, χ^2.

e) Cálculos.

f) Determinação da estatística crítica.

g) Avaliação das hipóteses diante do objeto das estatísticas calculadas e das críticas.

h) Conclusão, isto é, enunciado da hipótese aceita, em termos do problema inicial.

Uma última observação pertinente à questão em foco é que, nesta era da tecnologia em que se vive, já se dispõe de um número bastante grande e diversificado de calculadoras, de gabinete, de mesa ou mesmo de bolso programadas para realizar tais estatísticas, bastando para o usuário obtê-las, após a leitura dos respectivos manuais de instrução, saber operar adequadamente seus botões. No entanto, é desejável que o aluno conheça pelo menos as bases apresentadas, para saber o sentido do que está fazendo: não apenas carregar pedras, mas construir uma catedral!

7 ANÁLISE NA PESQUISA QUALITATIVA: PESQUISA SOCIAL E ESTATÍSTICA

Essa discussão sobre os testes de hipóteses leva, de forma bastante direta, à questão da aplicação da estatística às Ciências Sociais. Habitualmente, o cientista social admite que a estatística é um instrumento adicional no arsenal de que dispõe para abordar a realidade empírica que estuda e sobre a qual atua, chegando até a reconhecer não lhe ser lícito, como profissional da pesquisa, ignorar ou desprezar um recurso já conhecido como adequado.

De fato, isto é verdadeiro. Carneiro Leão Ribeiro, com a propriedade que lhe é peculiar, afirma que a estatística gera sua própria demanda, isto é, tal instrumental, eficiente e refinado, embora eventualmente de aparência difícil, estimula a projeção de estudos que seriam, de outra forma, inviáveis. Isso sem se falar de sua natureza de evidente agente de mudança em favor da quantificação, ao imprimir maior exatidão na descrição e apreciação dos fenômenos.

Assim, as reservas do cientista social a esse respeito situam-se sobretudo no nível operativo. Na prática, tende a admiti-la no máximo quando se lida com massa muito grande de dados, na qual o nível de complexidade envolvido bloqueia uma primeira percepção globalizadora das questões em pauta. No entanto, a estatística pode auxiliá-lo ainda mais em tais situações, ao prevenir tal desgaste, à medida que, em decorrência da teoria da amostragem, permite lidar com pequeno número de casos que seja legitimamente representativo do todo.

De início, já a linguagem simbólica e literal, em muitas situações, lhe causa estranheza. Adicionalmente, sua formação e experiência no trato da pesquisa lhe permitem certo *insight* das tendências do fato em estudo, de sorte que a estatística vem situar-se como esoterismo a demonstrar o óbvio. Finalmente, tal descrença o leva a um comportamento conceitual e axiológico de rejeição. Em síntese, se tudo o que o estatístico propôs der certo, ainda assim terá sido uma fonte adicional de recursos, talvez não tão necessária!

Essas visões são completamente compreensíveis e o esforço consiste em relacionar os profissionais pela complementaridade e não pelo antagonismo, pelo entendimento e não por uma conversa de surdos. Um é homem do todo, o outro do detalhe. O trabalho de campo de um se completa pela montagem e análise de gabinete. Em linguagem administrativa, é a articulação do coordenador com o assessor. É da atuação conjugada de ambos que resulta o trabalho final, a refletir o concurso de experiências convergentes.

Mais detalhadamente, o planejamento da amostragem é o primeiro encontro de ambos. A consolidação, a tabulação, a ordenação e a apresentação dos dados sobre a sociedade se beneficiam igualmente dessa atuação a dois, pela montagem, como se viu, racional e clara das tabelas, gráficos e medidas de tendência central e de dispersão cujo resultado final exige conhecimento básico de suas propriedades e indicações. Já abandonando a fase eminentemente estatístico-descritiva, vê-se que o cientista social é impelido, em sua busca pela verdade, a cogitar da procedência das generalizações. Então é aí que se lhe pode propiciar a possibilidade do uso de testes de hipóteses. Realmente, torna-se bastante difícil discriminar qual das duas contribuições da estatística às Ciências Sociais é mais relevante, se a descritiva ou a inferencial.

Tudo isso, porém, deve ser entendido e vivido realisticamente. A supervalorização dos números e seu uso excessivo e a sofisticação são riscos de que se precisa ser alertado constantemente. A estatística é um instrumento e não um fim em si mesmo, ainda quando indispensável.

LEITURA RECOMENDADA

ACKOFF, Russell L. *Planejamento de pesquisa social*. Tradução de Leonidas Hegenberg, Octanny Silveira da Mota. 2. ed. São Paulo: EPU: Edusp, 1975. Cap. 5.

AZEVEDO, Amilcar Gomes; CAMPOS, Paulo H. B. *Estatística básica*. 3. ed. Rio de Janeiro: Livros Técnicos e Científicos, 1978. Caps. 3, 4, 5, 6 e 7.

GATTI, Bernadete A.; FERES, Nagib Lima. *Estatística básica para ciências humanas*. São Paulo: Alfa-Omega, 1975. Caps. 6 e 7.

PEREIRA, Wlademir; KIRSTEN, José Tiacci; ALVES, Walter. *Estatística para as ciências sociais*: teoria e aplicações. São Paulo: Saraiva, 1980. Caps. 3, 4, 8 e 9.

LEITE, Francisco Tarciso. *Metodologia científica*: métodos e técnicas de pesquisa. 3. ed. Aparecida: Ideias e Letras, 2015. Cap. 6.

RUMMEL, J. Francis. *Introdução aos procedimentos de pesquisa em educação*. Tradução de Jurema Alcides Cunha. 3. ed. Porto Alegre: Globo, 1977. Apêndice B e Cap. 10.

SAMPIERI, Roberto Hernández; COLLADO, Carlos Fernández; LUCIO, María del Pilar Baptista. *Metodologia de pesquisa*. Tradução de Daisy Vaz de Moraes. 5. ed. Porto Alegre: Penso, 2013. Caps. 10 e 14.

6
Trabalhos científicos

1   CONCEITO E CARACTERÍSTICAS

Trabalho científico é uma expressão genérica que engloba todos os tipos de trabalhos realizados seguindo metodologia científica, acadêmicos ou profissionais: monografias de graduação (TCC), dissertação de mestrado, tese de doutorado, relatórios científicos, artigos científicos, resenha crítica, seminários, palestras etc.

Os trabalhos científicos devem ser elaborados de acordo com normas preestabelecidas e com os fins a que se destinam; ser inéditos ou originais e não só contribuir para a ampliação de conhecimentos ou a compreensão de certos problemas, mas também servir de modelo ou oferecer subsídios para outros trabalhos.

Referindo-se aos trabalhos científicos de abordagem quantitativa, Salvador (1980, p. 11) postula que os trabalhos científicos originais devem permitir a outro pesquisador, baseado nas informações dadas:

> (a) Reproduzir as experiências e obter os resultados descritos, com a mesma precisão e sem ultrapassar a margem de erro indicada pelo autor.
> (b) Repetir as observações e julgar as conclusões do autor.
> (c) Verificar a exatidão das análises e deduções que permitiram ao autor chegar às conclusões.

Rey (1978, p. 29) aponta como trabalhos científicos:

(a) *Observações ou descrições originais* de fenômenos naturais, espécies novas, estruturas e funções, mutações e variações, dados ecológicos etc.

(b) *Trabalhos experimentais* cobrindo os mais variados campos e representando uma das férteis modalidades de investigação, por submeter o fenômeno estudado às condições controladas da experiência.

(c) *Trabalhos teóricos* de análise ou síntese de conhecimentos, levando à produção de conceitos novos por via indutiva ou dedutiva; apresentação de hipóteses, teorias etc.

Os trabalhos científicos podem ser realizados com base em fontes de informação primária ou secundária e elaborados de várias formas, de acordo com a metodologia e com os objetivos propostos.

Neste capítulo, focalizamos os seguintes trabalhos científicos: relatório de pesquisa, trabalho de conclusão de curso (TCC), dissertação de mestrado, tese de doutorado, artigo científico e resenha crítica.

2 RELATÓRIO

Relatório é um texto que relata pormenorizadamente o progresso ou resultado de uma pesquisa científica ou técnica. Ele é a parte final da pesquisa, devendo ser considerado também como "o ato culminante do pensar reflexivo", afirma Whitney (1958, p. 365). Seu objetivo consiste em "dar às pessoas interessadas o resultado completo do estudo, com pormenores suficientes e dispostos de modo a permitir que o leitor compreenda os dados e determine para si a validade das conclusões" (GOODE; HATT, 1969, p. 456). É, portanto, a exposição de um estudo original e de suas conclusões.

Os relatórios de pesquisa "dependem das condições e dos objetivos fixados no projeto de estudo e do tipo de dados colhidos na investigação" (HIRANO, 1979, p. 108). Diferem uns dos outros em relação a forma, estilo, extensão e ao leitor a que se destinam: público em geral ou especializado, instituição ou entidades patrocinadoras da pesquisa etc.

É mais do que a apresentação dos dados coletados, pois tem um propósito: comunicar os resultados da pesquisa em toda a sua dimensão, apresentando fatos, dados, procedimentos utilizados, resultados obtidos, análise, chegando a certas conclusões e recomendações.

Para esse tipo de redação, é indispensável um roteiro, um esquema básico formal e a observância de certas normas. "Ao desenvolver o esquema, procure conciliar um *plano cronológico* com o *lógico*, ciente de que a melhor maneira de 'relatar' é seguir a sequência natural da pesquisa efetuada" (SALOMON, 2014, p. 240).

2.1 Estrutura do relatório

Para relatórios técnicos e/ou científicos, a NBR 10719 da ABNT estabelece no parágrafo 4 a seguinte sequência e disposição dos elementos que integram as suas partes:

Parte externa:

- Capa (obrigatório)
- Lombada (opcional)

Parte interna
1. **Elementos pré-textuais**
    - Folha de rosto (obrigatório)
    - Errata (opcional)
    - Agradecimentos (opcional)
    - Resumo na língua vernácula (obrigatório)
    - Lista de ilustrações (opcional)
    - Lista de tabelas (opcional)
    - Lista de abreviaturas e siglas (opcional)
    - Lista de símbolos (opcional)
    - Sumário (obrigatório)
2. **Elementos textuais**
    - Introdução (obrigatório)
    - Desenvolvimento (obrigatório)
    - Considerações finais (obrigatório)
3. **Elementos pós-textuais**
    - Referências (obrigatório)
    - Glossário (opcional)
    - Apêndice (opcional)
    - Anexo (opcional)
    - Índice [sistemático e/ou onomástico] (opcional)
    - Formulário de identificação (opcional)

2.1.1 Comentário a elementos pré-textuais

São objeto desta seção a capa, o anverso da folha de rosto e o verso da folha de rosto.

- Capa: primeira e segunda, ou seja, frente e verso. Reúne os seguintes elementos: nome e endereço da instituição responsável, número do relatório, ISSN (se houver), título e subtítulo, classificação de segurança (se houver).
- Folha de rosto (anverso). Deve conter: nome do órgão ou entidade responsável que solicitou ou gerou o relatório, título do projeto, programa ou plano a que o relatório está relacionado, título do relatório, subtítulo (se houver), precedido de dois-pontos, número do volume em algarismo arábico (se o relatório for constituído de mais de um volume), código de identificação (se houver): "recomenda-se que seja formado pela sigla da instituição, indicação da categoria do relatório, data, indicação do assunto e número sequencial do relatório na série" (n. 4.2.1.1.1 da Norma), classificação de segurança, nome do autor ou autor-entidade, título e qualificação do autor, local (cidade) da instituição responsável e/ou solicitante, ano da publicação em algarismos arábicos.
- Verso da folha de rosto: equipe técnica (opcional); pode-se incluir a ficha catalográfica, mas ela não é obrigatória.

2.1.2 Comentário a elementos textuais

A **introdução**, em geral, ocupa-se de:

- Objeto investigado.
- Problema investigado.
- Hipótese(s) (se couber ou couberem).
- Objetivo.
- Justificativa.
- Metodologia e instrumento de pesquisa.
- Referencial teórico (embasamento teórico).

A introdução é o lugar para a apresentação do trabalho. Devem ser incluídos os motivos da realização da pesquisa, sua importância, caráter e delimitação, indicando também os objetivos da pesquisa. Abrange:

1. Explicitação da pesquisa realizada: exposição clara sobre a natureza do problema focalizado, juntamente com as questões específicas relacionadas com ele. Cada divisão principal do problema deve ser apresentada em um capítulo.
2. Significado da pesquisa: explicações sucintas, mas suficientes, que demonstrem a relevância da pesquisa e a razão pela qual foi levada em consideração.
3. Objeto investigado: especificação do tema geral em torno do qual a pesquisa foi realizada; justificativa da escolha, indicando também lacunas no conhecimento científico.
4. Aspectos teóricos: referências à teoria de base na qual o estudo se apoiou.
5. Definições operacionais utilizadas: definição cuidadosa dos termos importantes utilizados na pesquisa, a fim de que o leitor possa compreender os conceitos sob os quais a pesquisa se desenvolveu.

O **desenvolvimento** é a parte em que o autor apresenta suas ideias, fatos e provas. Contém o material coletado, elaborado, analisado, interpretado. A forma de apresentação deve ser objetiva, clara e concisa, levando-se em consideração o tema central, o desenvolvimento lógico e a sequência dos passos.

O desenvolvimento compreende ainda o delineamento da investigação, englobando:

1. Procedimentos empregados: descrição dos procedimentos utilizados, indicando, da melhor maneira, como se realizou a pesquisa.
2. Fontes de dados: identificação dos tipos de fontes onde foram coletados os dados, segundo sua procedência.
3. Metodologia e sua utilização: explicação da metodologia empregada na obtenção dos dados, relatando, em pormenores, as próprias experiências e observações e indicando o manejo dos instrumentos empregados. Justificativa da escolha tanto dos métodos quanto das técnicas utilizados e grau de precisão e validez dos instrumentos.

O desenvolvimento detalha a pesquisa ou estudo realizado. É dividido em capítulos e seções, tantos quantos necessários para a explicitação da pesquisa (descrição dos métodos, teorias, procedimentos experimentais, discussão de resultados). O texto apresentado deve ser suficiente para permitir a compreensão das etapas da pesquisa.

A análise e interpretação dos dados é a parte principal do corpo do relatório, que descreve o desenvolvimento do trabalho e os resultados obtidos. Abrange:

1. Dados: apresentação dos resultados, passo a passo, indicando os elementos mais importantes, delineando as fases do estudo e demonstrando o que a pesquisa realmente apurou.
2. Análise dos dados: análise crítica dos dados, tentando explicar o fenômeno e as relações existentes entre ele e alguns fatores antecedentes ou independentes, valendo-se de processos matemáticos e estatísticos. A comprovação ou refutação da hipótese se faz por meio da análise.
3. Interpretação dos dados: discussão dos resultados encontrados e confronto com os obtidos por outros estudiosos, apontando pontos mais importantes e realçando determinados setores. Indicação dos vínculos de tais resultados com os objetivos propostos pela hipótese, incorporando-se num sistema teórico-prático.

As **considerações finais** constituem uma seção (capítulo) à parte e devem finalizar a parte textual do relatório. Elas compreendem a exposição sucinta de todo o trabalho ou do conteúdo do trabalho. Devem estar em consonância com a introdução e o resumo. Englobam:

1. Principais achados e conclusões. Apresentação sumária dos principais achados e explicitação clara e concisa dos resultados finais, de preferência ordenados por itens. "A conclusão confirma total ou parcialmente a hipótese ou hipóteses colocadas na introdução" (REHFELDT, 1980, p. 49).
2. Sugestões para pesquisas posteriores. Indicação de problemas secundários não abordados, mas prometedores, e sugestões para futuros estudos no mesmo campo. Em se tratando de pesquisa aplicada, devem-se fazer recomendações para que outros interessados possam valer-se das informações, ou repetir as experiências e observações.

2.1.3 Comentário a elementos pós-textuais

Focalizaremos aqui referências bibliográficas, anexos, apêndices, glossário e formulário de identificação do relatório:

- Referências bibliográficas. Compreende a lista de obras consultadas: artigos científicos, livros, teses de doutorado, dissertações de mestrado, enfim, todo material consultado. Elas são elaboradas seguindo a NBR 6023 da ABNT ou outra norma previamente estabelecida pela instituição patrocinadora. Em geral, aparecem listadas ao final de todo o trabalho (ver Capítulo 7 deste livro).
- Anexos. São partes extensivas ao texto, destacados deste para evitar descontinuidade de sequência lógica das seções. São compostos de textos que não foram elaborados pelo autor. Incluem: fotografias, mapas, plantas. Os anexos recebem uma letra do alfabeto que os identificam: Anexo A, Anexo B, Anexo C.
- Apêndices. São constituídos de textos produzidos pelo próprio autor, mas deslocados para o final da obra para não prejudicar a sequência lógica das seções. São identificados, tal como os anexos, por letras sequenciais. Os apêndices (questionários, formulários) são textos suplementares que, embora não necessários à compreensão das informações, ilustram o conteúdo da pesquisa.
- Glossário. Não é elemento obrigatório, mas pode constar do relatório se o autor considerar necessário. É constituído por uma lista de expressões técnicas acompanhadas de seu respectivo significado. Deve figurar após as referências bibliográficas.
- Índices alfabético de assuntos tratados (sistemático) e/ou de nomes de autores citados (onomástico). É o que normalmente se chama de índice remissivo. Apresenta as entradas, seguidas do número da página em que elas aparecem no texto. Se de assunto, deve ser composto de expressões utilizadas no texto (e não de expressões equivalentes, sinônimos) e acompanhadas do respectivo número de página em que aparecem. Não é elemento obrigatório.
- Formulário de identificação do relatório. É elemento opcional. A Norma apresenta no Anexo A (informativo) "Exemplo de formulário de identificação":

DADOS DO RELATÓRIO TÉCNICO E/OU CIENTÍFICO			
Título e subtítulo	Classificação de segurança		
	Nº		
Tipo de relatório	Data		
Título do projeto/programa/plano	Nº		
Autor(es)			
Instituição executora e endereço completo			
Instituição patrocinadora e endereço completo			
Resumo			
Palavras-chave/descritores			
Edição	Nº de páginas	Nº do volume/parte	Nº de classificação
ISSN	Tiragem	Preço	
Distribuidor			
Observações/notas			

2.2 Redação e estilo

A representação científica de um trabalho deve ser o mais didática possível e ter um estilo simples, claro, preciso e objetivo. Alguns autores ainda acrescentam estilo criador.

A apresentação do trabalho requer linguagem gramatical, evitando-se não só o vocabulário popular, vulgar, mas também o pomposo.

Os relatórios em determinadas áreas do conhecimento são escritos na terceira pessoa, valendo-se de formas impessoais ("realizou-se a pesquisa";

"a pesquisa foi realizada"; "faz-se", "verifica-se"); em outras, admite-se o uso de primeira pessoa do plural ("realizamos as entrevistas", "aplicamos o questionário") e até a primeira do singular ("comecei a investigação"; "para a tabulação, vali-me de programas de computador..."). Em relação a tais usos, o pesquisador deve estar atento às exigências de sua área.

Na descrição dos procedimentos realizados na pesquisa, usa-se o verbo no passado. Abreviações no texto do trabalho devem ser evitadas, salvo em notas de rodapé e tabelas.

Em relação ao estilo, Ander-Egg (1978, p. 325) afirma a necessidade de "uma apresentação orgânica e inteligente do material". Para Barras (1979, p. 92), "um bom estilo depende de inteligência, imaginação e bom gosto de quem escreve; depende da sinceridade, da modéstia, planejamento cuidadoso e atenção para com as regras de redação científica".

3 RELATÓRIO PROGRESSIVO

Os relatórios progressivos, exigidos sobretudo por instituições de fomento à pesquisa (Fapesp, Capes, CNPq etc.), precisam ser apresentados sistematicamente em períodos curtos, estabelecidos pelas entidades. Nesse caso, o relatório progressivo dá conta, explicitamente, do que já foi realizado num período e o que se pretende fazer no período subsequente.

Exemplo de plano de trabalho:

O ARTESANATO FEMININO (EM X LUGAR)

1º ano

1. Levantamento de bibliografia atinente ao artesanato, dado que a pesquisa se propõe investigar o artesanato.
2. Levantamento das artesãs da região.
3. Exame da bibliografia metodológica.
4. Desenvolvimento da pesquisa de campo: aplicação de formulários e de entrevistas; seleção de elementos para histórias de vida.

> **2º ano**
>
> 1. Estudos de diferentes técnicas de trabalho e do instrumental utilizado pelas artesãs.
> 2. Sistematização e interpretação dos dados coletados sobre as artesãs.
> 3. Análise da dinâmica cultural na qual se integra a artesã:
>   a) Tradição × industrialização.
>   b) Subemprego, ocupação e/ou atividade valorizada.
>   c) Lazer ou necessidade.
> 4. Análise e interpretação dos dados obtidos na pesquisa de campo.
> 5. Redação provisória dos resultados obtidos.
>   a) Revisão da redação.
>   b) Redação definitiva.
>   c) Seleção das ilustrações.

Esse plano pode ser subdividido, de acordo com o órgão patrocinador, em etapas de seis meses e até de menos. Os relatórios progressivos obedecem à sequência do plano.

A Fapesp (2001) disponibiliza o *Manual de Sistema de Apoio à Gestão* (SAGe Versão 1.2), que trata submissão de relatórios científicos. Define então o SAGe como:

> um sistema informatizado da FAPESP que permite ao pesquisador acesso on-line, provido pela Internet, utilizado para recebimento de propostas de financiamento a projetos de pesquisa científica e tecnológica e para administração de projetos aprovados em suas linhas de apoio. Ele tem como objetivos: facilitar o fornecimento de informações por parte dos pesquisadores, agilizar procedimentos e possibilitar maior visibilidade das ações da FAPESP, entre outros.

4 TRABALHO DE CONCLUSÃO DE CURSO, DISSERTAÇÃO DE MESTRADO, TESE DE DOUTORADO

O parágrafo 4 da NBR 10724 da ABNT estabelece os elementos estruturais de um trabalho acadêmico, seja ele um TCC, seja uma dissertação de mestrado, seja uma tese de doutorado. O que distingue esses trabalhos é a profundidade da pesquisa e das análises. Afirma Salomon (2014, p. 256): "um elemento caracterizador da *tese* em relação à monografia: *ser exaustiva quanto ao aprofundamento da parte teórica*".

Vejamos a estrutura dos trabalhos acadêmicos.

Parte externa
- Capa (obrigatório)
- Lombada (opcional)

Parte interna
1. **Elementos pré-textuais**
    - Folha de rosto (obrigatório)
    - Errata (opcional)
    - Folha de aprovação (obrigatório)
    - Dedicatória (opcional)
    - Agradecimentos (opcional)
    - Epígrafe (opcional)
    - Resumo na língua vernácula (obrigatório)
    - Resumo em língua estrangeira (obrigatório)
    - Lista de ilustrações (opcional)
    - Lista de tabelas (opcional)
    - Lista de abreviaturas e siglas (opcional)
    - Lista de símbolos (opcional)
    - Sumário (obrigatório)

2. **Elementos textuais**
    - Introdução
    - Desenvolvimento
    - Conclusão

3. **Elementos pós-textuais**
    - Referências (obrigatório)
    - Glossário (opcional)
    - Apêndice (opcional)

- Anexo (opcional)
- Índice (opcional)

4.1 Trabalho de conclusão de curso (TCC)

O trabalho de conclusão de curso (TCC) é também conhecido como *monografia*.

Os estudantes, ao longo de suas carreiras, precisam apresentar uma série de trabalhos que se diferenciam uns dos outros quanto ao nível de escolaridade e quanto ao conteúdo. Em geral, ao término do curso de graduação, os estudantes têm o compromisso de elaborar um trabalho baseado em fontes bibliográficas. À medida que ascendem na carreira universitária, esses trabalhos vão exigindo mais embasamento, mais reflexão, mais amplitude e criatividade.

Considerando a origem histórica, a etimologia e a evolução do uso do termo, Salomon (2014, p. 256) distingue dois sentidos de monografia:

> Em sentido e*strito* identifica-se com a *tese*: tratamento escrito de um tema específico que resulte de pesquisa científica com o escopo de apresentar uma contribuição relevante ou original e pessoal à ciência.

> Em sentido *lato* é todo trabalho científico de *primeira mão*, que resulte de *pesquisa*. Consideram-se nesta categoria: as *dissertações científicas*, as *dissertações de mestrado*, as antigas *exercitações* e *tesinas*, as *memórias científicas*, os *college papers* das universidades americanas, os *informes científicos ou técnicos* e obviamente a própria *monografia* no *sentido acadêmico*, ou seja, o tratamento escrito aprofundado de um só assunto, de maneira descritiva e analítica, em que a reflexão é a tônica (está entre o ensaio e a tese e nem sempre se origina de outro tipo de pesquisa que não seja a bibliográfica e a de documentação),

Para Salvador (1980, p. 32), monografias escolares ou trabalhos de caráter didático, apresentados ao final de um curso específico, são trabalhos elaborados por alunos iniciantes na autêntica monografia, ou de "iniciação à pesquisa e como preparação de seminários" (SALVADOR, 1980, p. 32). Esses textos também são chamados trabalhos de média divulgação, porque baseados em dados de segunda mão.

4.1.1 Conceito

São numerosos os conceitos de monografia, segundo os mais variados autores.

Asti Vera (1979, p. 164) define monografia como sendo o "tratamento escrito de um tema específico". Para Rehfeldt (1980, p. 9), a monografia "é degrau rumo à pesquisa mais ampla, além de possibilitar ao futuro professor condições de habilitar-se para o treinamento dos jovens". É uma consequência da investigação científica, que exige tratamento reflexivo.

Entre outros conceitos ainda há: (1) monografia é a descrição ou o tratado especial de determinada parte de uma ciência qualquer; (2) dissertação ou trabalho escrito que trata especialmente de determinado ponto da ciência, da arte, da história etc.; (3) "trabalho sistemático e completo sobre um assunto particular, usualmente pormenorizado no tratamento, mas não extenso em alcance" (American Library Association).

Trata-se, portanto, de um estudo sobre um tema específico ou particular, com suficiente valor representativo, que obedece a rigorosa metodologia. Investiga determinado assunto não só em profundidade, mas também em todos os seus ângulos e aspectos, dependendo dos fins a que se destina.

Tem como base a escolha de uma unidade ou elemento social, sob duas circunstâncias: (1) ser suficientemente representativo de um todo cujas características são analisadas; (2) ser capaz de reunir os elementos constitutivos de um sistema social, ou de refletir as incidências e os fenômenos de caráter autenticamente coletivo.

4.1.2 Características

A característica essencial de um trabalho de conclusão de curso (TCC) não é a extensão, como querem alguns autores, mas o caráter do trabalho (tratamento de um tema delimitado) e a qualidade da tarefa, isto é, o nível da pesquisa, que está intimamente ligado aos objetivos propostos para a sua elaboração. Embora se tenha popularizado o sentido de monografia como trabalho apresentado ao final de cursos de graduação, ela não se restringe a tais trabalhos. São igualmente monografias a dissertação de mestrado e a tese de doutorado.

Salomon (2014, p. 259) salienta "a necessidade de estabelecer para o trabalho monográfico um tratamento essencialmente reflexivo". Esclarece então que, "sem a marca da reflexão, a monografia transforma-se facilmente em 'mero relatório de procedimentos de pesquisa' ou de 'compilação de obras alheias' ou 'medíocre divulgação'". E, à página seguinte, conclui que

> a *monografia* não é, como muitos equivocadamente pensam, um trabalho caracterizado pela *pouca extensão da abordagem*. Não é o número de páginas que faz a monografia: pode compreender desde algumas laudas até o tamanho de um livro volumoso.

A monografia implica originalidade, mas até certo ponto, uma vez que é impossível obter total novidade em um trabalho científico. Todavia, como a ciência está sujeita a contínuas revisões, pode-se falar em originalidade relativa.

4.1.3 Comentário a alguns elementos da estrutura do TCC (monografia)

Os trabalhos científicos, em geral, apresentam a mesma estrutura: introdução, desenvolvimento e conclusão. Pode haver diferenças quanto ao material, o enfoque dado, a utilização desse ou daquele método, dessa ou daquela técnica, mas não em relação à forma ou à estrutura.

4.1.3.1 Escolha do tema

Na escolha do tema, o estudante pode tomar a iniciativa, selecionando um assunto ou problema de trabalho, de acordo com suas preferências. Pode aceitar o tema indicado pelo professor, ou escolher um tópico, constante de uma relação oferecida pelo orientador, tendo sempre em vista o seu interesse.

O tema geral de um estudo também "pode ser sugerido por alguma vantagem prática ou interesse científico ou intelectual em benefício dos conhecimentos sobre certa situação particular", afirmam Selltiz, Jahoda, Deutsch e Cook (1965, p. 33-34).

Escolhido o tema, a primeira coisa a fazer é procurar conhecer o que a ciência atual sabe sobre ele, para não cair no erro de apresentar como novo o que já é conhecido há tempos, de demonstrar o óbvio ou de preocupar-se em demasia com detalhes sem grande importância, desnecessários ao estudo.

Esse trabalho prévio abrange três aspectos:

a) Orientação geral sobre a matéria que vai ser desenvolvida.
b) Conhecimento da bibliografia pertinente.
c) Reunião, seleção e ordenação do material levantado.

Outros pontos importantes a serem considerados: relevância do assunto, áreas controvertidas ou obscuras, natureza e extensão da contribuição.

No conhecimento da bibliografia, faz-se necessário consultar, ler e fichar os estudos já realizados sobre o tema, com espírito crítico, valendo-se da literatura especializada, a partir dos trabalhos mais gerais e indo a seguir para os estudos mais específicos.

Quanto ao assunto escolhido, devem-se ainda observar algumas qualidades importantes:

a) Ter valor científico.
b) Não ser extenso demais ou muito restrito.
c) Ser claro e bem delineado.

O trabalho de investigação (teórico ou prático, bibliográfico ou de campo) dá oportunidade ao estudante para explorar determinado tema ou problema, levando-o a um estudo com maior ou menor profundidade e/ou extensão. Possibilita o desenvolvimento de sua capacidade de coletar, organizar e relatar informações obtidas e, mais, de analisar e até de interpretar os dados de maneira lógica e apresentar conclusões.

4.1.3.2 Introdução, desenvolvimento, conclusão

Em um TCC, a introdução, o desenvolvimento e a conclusão contêm:

a) **Introdução:** formulação clara e simples do tema (que deve ser delimitado) da investigação; apresentação do problema, objetivo, justificativa, metodologia, embasamento teórico.

b) **Desenvolvimento:** fundamentação lógica do trabalho de pesquisa, cuja finalidade é expor e demonstrar. No desenvolvimento, podem-se levar em consideração três fases ou estágios: explicação, discussão e demonstração.

- Explicação "é o ato pelo qual se faz explícito o implícito, claro o escuro, simples o complexo" (ASTI VERA, 1979, p. 169). Explicar é apresentar o sentido de uma noção, é analisar e compreender, procurando suprimir o ambíguo ou o obscuro.

- Discussão é o exame, a argumentação e a explicação da pesquisa: explica, discute, fundamenta e enuncia as proposições.

- Demonstração é a dedução lógica do trabalho; implica o exercício do raciocínio. Demonstra que as proposições, para atingirem o objetivo formal do trabalho e não se afastarem do tema, devem obedecer a uma sequência lógica.

c) **Conclusão:** fase final do trabalho de pesquisa. Consiste no resumo completo da argumentação dos dados e dos exemplos constantes das duas primeiras partes do trabalho. Da conclusão devem constar a relação existente entre as diferentes partes da argumentação e a união das ideias e, ainda, conter o fecho da introdução ou síntese de toda a reflexão.

4.2 Dissertação de mestrado

A dissertação de mestrado é "um estudo teórico, de natureza reflexiva, que consiste na ordenação de ideias sobre um determinado tema" (SALVADOR, 1980, p. 35), "aplicação de uma teoria já existente, para analisar determinado problema" (REHFELDT, 1980, p. 62)

A dissertação de mestrado é, portanto, um tipo de trabalho científico apresentado no final do curso de pós-graduação, visando obter o título de mestre. Requer defesa de tese. Tem caráter didático, pois se constitui em um treinamento e/ou iniciação à investigação.

Como estudo teórico, de natureza reflexiva, requer sistematização, ordenação e interpretação dos dados. Por ser um estudo formal, exige metodologia própria do trabalho científico.

A estrutura da dissertação de mestrado é idêntica à da tese de doutorado, como já expusemos na seção 4 deste capítulo.

A dissertação de mestrado pode ser, segundo Salvador (1980, p. 35):

a) Expositiva: reúne e relaciona material obtido de diferentes fontes, expondo o assunto com fidedignidade e demonstrando habilidade não só de levantamento, mas também de organização.

b) Argumentativa: requer interpretação das ideias apresentadas e o posicionamento do pesquisador.

A dissertação de mestrado é de natureza semelhante à tese de doutorado, no sentido de que contribui, de modo substancial, na solução de problemas importantes.

Comparando uma dissertação de mestrado com uma tese de doutorado, além dos aspectos de qualidade, existem as limitações de tempo, de fundos e de esforços, que, geralmente, restringem a extensão e a quantidade do estudo, aspectos que não podem deixar de ser considerados em trabalhos desse tipo.

4.3 Tese de doutorado

Tese significa proposição sobre determinado aspecto de qualquer ciência, devendo ser apresentada e defendida publicamente. É uma monografia científica, escrita, original, sobre um tema específico, cuja contribuição amplia os conhecimentos do tema escolhido. Representa, portanto, um avanço na área científica em que se situa. São várias, mas não contraditórias, as definições de tese formuladas por diferentes autores.

Tese é "opinião ou posição que alguém sustenta e está preparado para defender" (BARRAS, 1979, p. 152), proposição clara e terminantemente formulada, em um de seus aspectos, formal ou material, e que se submete à discussão ou prova, "ato culminante do pensar reflexivo" (WHITNEY, 1958, p. 368).

A tese de doutorado, por sua "importância e transcendência, é o projeto de fim de carreira e deve ter uma apresentação cuidadosa, esmerada, já que à primeira vista deve dizer, transmitir, dar uma ideia da importância de seu conteúdo", afirma Vega (1969, p. 658).

Ela é um tipo de trabalho científico que objetiva a obtenção do grau de doutor.

Caracteristicamente, ela levanta e soluciona problemas; argumenta e apresenta razões, baseadas em evidências dos fatos, com o objetivo de provar se as hipóteses construídas são falsas ou verdadeiras. Ela pode ser considerada como um teste de conhecimento para o candidato, que deve demonstrar capacidade de imaginação, de criatividade e habilidade não só para relatar o trabalho, mas também para apresentar soluções para determinado problema; ela constitui-se no mais alto nível de pesquisa, requerendo não só exposição e explicação do material coletado, mas também análise e interpretação dos dados.

Na elaboração de uma tese, faz-se uso do raciocínio lógico para se chegar a conclusões válidas. A argumentação tem em vista justificar e persuadir em relação a determinadas ideias ou posições. Seu objetivo básico é, por meio da argumentação, colaborar na solução de um problema. Ela pode resultar de estudo teórico ou de pesquisa de campo, de trabalho em laboratório ou experimental. Como todo trabalho científico, utiliza um ou mais métodos e técnicas, usados concomitantemente ou separados.

Em relação à estrutura, a tese de doutorado tem a mesma estrutura da dissertação de mestrado: introdução, desenvolvimento e conclusão, diferindo, porém, com relação à profundidade da pesquisa, extensão e objetividade.

5 ARTIGO CIENTÍFICO

O parágrafo 3.3 da NBR 6022 da ABNT define artigo científico como "parte de uma publicação com autoria declarada, que apresenta e discute ideias, métodos, técnicas, processos e resultados nas diversas áreas do conhecimento". A norma citada distingue dois tipos de artigo científico: o **original** ("parte de uma publicação que apresenta temas ou abordagens originais" e o de **revisão** ("parte de uma publicação que resume, analisa e discute informações já publicadas") (parágrafos 3.3 e 3.4). Nos periódicos científicos, o leitor ainda encontra um terceiro tipo: os artigos científicos de **metanálise**, que é uma técnica estatística utilizada para combinar resultados originários de diferentes estudos.

Os artigos científicos, para publicações em revistas ou periódicos, são pequenos estudos que tratam de uma questão verdadeiramente científica. Distinguem-se das dissertações de mestrado e das teses de doutorado, abordadas anteriormente, pela sua reduzida dimensão e pelo conteúdo, mas têm a mesma estrutura exigida para trabalhos científicos, ou seja: introdução, desenvolvimento e conclusão. É comum, no entanto, nos periódicos a estrutura IMRD, sigla formada de introdução, metodologia, resultados e discussão.

A introdução apresenta o assunto, o objeto da pesquisa, o problema examinado, o objetivo, a justificativa; a metodologia descreve todo o delineamento da pesquisa; os resultados compreendem o que foi investigado e que fatos a investigação revelou; a discussão ocupa-se do significado dos achados, bem como da concordância ou discordância em relação a outros estudos e o que a pesquisa acrescenta ao conhecimento já disponível.

O conteúdo abrange os mais variados aspectos e, em geral, apresenta temas e/ou abordagens novos, atuais, diferentes. Pode:

a) Versar sobre um estudo pessoal, uma descoberta, ou apresentar um enfoque contrário ao já conhecido.
b) Oferecer soluções para questões controvertidas.
c) Levar ao conhecimento do público intelectual, ou especializado no assunto, ideias novas, para sondagem de opiniões ou atualização de informes.
d) Abordar aspectos secundários levantados em alguma pesquisa, mas que não serão utilizados nela.

O estabelecimento de um plano de trabalho, para expor, de maneira lógica e sistemática, os diferentes itens do assunto evita repetições ou omissões ao longo da dissertação.

O público a que se destina o artigo também deve ser levado em consideração; isto pode ser mais ou menos previsto, conhecendo-se de antemão a natureza da revista: científica, didática, de divulgação etc.

O estilo, em geral, é conciso, preciso e objetivo e a linguagem segue o padrão gramatical. Adjetivos e advérbios (modalizadores) que produzem juízos avaliativos, rodeios, repetições ou explicações inúteis são evitados, assim como a forma excessivamente compacta, que pode prejudicar a compreensão do texto.

O título também merece atenção: precisa corresponder de maneira adequada ao conteúdo.

6 RESENHA CRÍTICA

Resenha crítica é a apresentação do conteúdo de uma obra, juntamente com um juízo crítico sobre ela. Em outros termos, consiste em leitura, resumo e crítica de um livro, peça de teatro, filme, em que o resenhista apresenta um conceito avaliativo sobre tais obras. Ela, em geral, é feita por especialistas que, além do conhecimento sobre o assunto, têm capacidade de juízo crítico, embora possa ser feita também por estudantes. Neste caso, como um exercício de compreensão e crítica. Para iniciar-se nesse tipo de trabalho, a maneira mais prática seria começar por comentários avaliativos de capítulos de livros e artigos científicos.

O resenhista deve resumir o assunto e ressaltar as falhas, sem entrar em muitos pormenores, pois o seu objetivo é informar. Deve ter competência no assunto, mas isso não lhe dá o direito de deturpar o pensamento do autor.

A resenha crítica apresenta a seguinte estrutura ou roteiro:

1. Referência bibliográfica
   - Autor(es)
   - Título (subtítulo)
   - Imprenta (local da edição, editora, data)
   - Número de páginas
   - Ilustrações (tabelas, gráficos, fotos etc.)

2. Credenciais do autor
   - Informações gerais sobre o autor
   - Autoridade no campo científico
   - Quem fez o estudo?
   - Quando? Por quê? Em que local?

3. Conhecimento
- Resumo detalhado das ideias principais
- Do que trata a obra? O que diz?
- Tem alguma característica especial?
- Como foi abordado o assunto?
- Exige conhecimentos prévios para entendê-lo?

4. Conclusão do autor
- O autor apresenta conclusões? (ou não?)
- Onde foram colocadas? (final do livro, dos capítulos)
- Quais foram?

5. Quadro de referência do autor
- Modelo teórico
- Que teoria serviu de embasamento?
- Qual o método utilizado?

6. Apreciação
- Julgamento da obra
  - Científica, didática, de divulgação
  - Como se situa o autor em relação:
    ◊ Às escolas ou correntes científicas, filosóficas, culturais?
    ◊ Às circunstâncias culturais, sociais, econômicas, históricas etc.?
- Mérito da obra:
  - Qual a contribuição dada?
  - Ideias verdadeiras, originais, criativas?
  - Conhecimentos novos, amplos, abordagem diferente?
- Estilo
  - Conciso, objetivo, simples?
  - Claro, preciso, coerente?
  - Linguagem gramatical padrão?
  - Ou o contrário?
- Forma
  - Lógica, sistematizada?
  - Há originalidade e equilíbrio na disposição das partes?
- Indicação da obra
  - A quem é dirigida: grande público, especialistas, estudantes?

Observação: Quando se tratar de resenhas realizadas por estudantes, sob orientação de um professor, podem-se solicitar outros tópicos, para avaliação:

- Qual o sistema utilizado para fazer o trabalho?
- Quantas vezes leu o texto? Leu tudo de uma vez?
- Adquiriu conhecimentos? Reforçou conhecimentos anteriores?

LEITURA RECOMENDADA

ARAGÃO, Rodrigo Moura Lima de. Modelos de estruturação do artigo científico: retrato e discussão a partir de instruções aos autores da SciELO Brasil. *Cadernos de Letras da UFF*, Rio de Janeiro, n. 43, p. 153-163, 2011. Disponível em: http://www.cadernosdeletras.uff.br/joomla/images/stories/edicoes/43/artigo8.pdf. Acesso em: 28 mar. 2020.

BARRASS, Robert. *Os cientistas precisam escrever*: guia de redação para cientistas, engenheiros e estudantes. Tradução de Leila Novaes, Leonidas Hegenberg. São Paulo: T. A. Queiroz: Edusp, 1979. Caps. 12 e 13.

BRASILEIRO, Ada Magaly Matias. *Manual de produção de textos acadêmicos e científicos*. São Paulo: Atlas, 2013. Cap. 4.

CASTRO, Cláudio de Moura. *A prática da pesquisa*. 2. ed. São Paulo: Pearson Prentice Hall, 2014. Caps. 4 e 9.

FEITOSA, Vera Cristina. *Redação de textos científicos*. 2. ed. Campinas: Papirus, 1995. Caps. 3, 4 e 5.

HOHENDORFF, Jean von. *Como escrever um artigo de revisão de literatura*. In: KOLLER, Sílvia H.; COUTO, Maria Clara P. de Paula; HOHENDORFF, Jean Von (org.). *Manual de produção científica*. Porto Alegre: Penso, 2014. Cap. 2.

MEDEIROS, João Bosco. *Redação científica*: a prática de fichamentos, resumos, resenhas. 13. ed. São Paulo: Atlas, 2013. Caps. 7, 8, 9 e 12.

NASCIMENTO, Francisco Paulo do; SOUSA, Flávio Luís Leite. *Metodologia da pesquisa científica*: teoria e prática. Brasília: Thesaurus, 2015. Caps. 9 e 13.

RUMMEL, J. Francis. *Introdução aos procedimentos de pesquisa em educação*. Tradução de Jurema Alcides Cunha. 3. ed. Porto Alegre: Globo, 1977. Cap. 11 e Apêndice A.

SALOMON, Délcio Vieira. *Como fazer uma monografia*. 13. ed. São Paulo: Martins Fontes, 2014. Segunda parte, Caps. 5, 6, 7 e 8.

7
Apresentação de citações diretas e indiretas e elaboração de referências bibliográficas

1 CITAÇÕES DIRETAS E INDIRETAS

Citações diretas e indiretas são normatizadas pela Associação Brasileira de Normas Técnicas (ABNT), na NBR 10520. Ao pesquisador cabe, quando faz citações, observar a fidelidade da transcrição (se se tratar de transcrição literal), ou de rigor na paráfrase (citação indireta) que fizer. É sempre necessário não equivocar-se nas citações, afirmando que determinado autor disse o que não disse. Nas citações, observar com precisão o sentido dos verbos, substantivos e expressões que estabelecem limites de sentido, ou que o restringem. Outra preocupação diz respeito aos verbos introdutores das citações: *afirmar, sustentar, definir, descrever, argumentar* etc. A escolha apropriada do verbo introdutor do texto alheio é fundamental, para evitar afirmações indevidas. Finalmente, a ética na pesquisa impede a apropriação de textos alheios. Os créditos de toda citação, direta ou indireta, devem ser referenciados.

1.1 Citação direta

A citação direta consiste na transcrição literal das palavras do autor, respeitando suas características. Deve ser transcrita sempre entre aspas quando ocupar até três linhas (parágrafo 5.2 da NBR 10520) e ser mantida no próprio parágrafo em que aparece. Nesse caso, se houver alguma palavra ou expressão destacada com aspas, estas serão simples (não duplas). Se ocupar mais de três linhas, elas são apresentadas em parágrafo à parte, com recuo lateral à esquerda de 4 cm.

No texto seguinte, Demo (2012, p. 116-117) faz uma breve citação de Cerulo, que, ao final do livro, constará de suas referências bibliográficas [CERULO, K. A. *Non humans in social interaction*. New York: Amazon Digital Service, 2011]. Vejamos a citação:

> Diz Cerulo (2011, p. 446): "Se a vida social é, em larga medida, construída e não programada, então os sociólogos precisam periodicamente considerar e revisar o foco de suas pesquisas". [...] Assim como assegurar que a realidade é invariável rigorosamente, estruturada fixamente, lógico-experimental é uma petição hipotética, não é menos assegurar que a realidade seja dinâmica complexa não linear, híbrida, feita de redes abertas de associações de suas entidades.

Havendo coincidência de autores com o mesmo sobrenome e data, acrescentam-se as iniciais de seus prenomes. Se, ainda assim, houver coincidência, "colocam-se os prenomes por extenso" (parágrafo 6.1.2 da NBR 10520). Exemplo:

(CASTRO, B., 1989, p. 56)
(CASTRO, B., 1989, p. 21)
(OLIVEIRA, Andrade, 2016, p. 53)
(OLIVEIRA, Almeida, 2016, p. 53)

Se houver necessidade de citar diversos documentos de um mesmo autor, cujas datas de publicação coincidam, eles serão distinguidos "pelo acréscimo de letras minúsculas, em ordem alfabética, após a data e sem espacejamento" (parágrafo 6.1.4). Exemplo:

(BUNGE, 1974a, p. 12)
(BUNGE, 1980b, p. 208)

Dentro dos parênteses, os sobrenomes são separados por ponto e vírgula. Fora dos parênteses, são separados pela conjunção *e* se forem dois, e por vírgula e pela conjunção *e* se mais de dois. Exemplo:

(MARCONI; LAKATOS, 2017a, p. 15)

Afirmam Marconi e Lakatos (2017a, p. 15)...

(MARCONI; LAKATOS, 2017a, p. 83; MINAYO, 2014, p. 166)

(BOOTH; COLOMB; WILLIAMS, 2019, p. 222)

Ressaltam Booth, Colomb e Williams (2019, p. 222)...

Se várias obras de um mesmo autor são citadas, o ano de publicação aparece separado por vírgula. Exemplo:

Em três oportunidades, Marconi e Lakatos (2017a, 2017b, 2017c) destacam...

Citações com mais de três linhas, como já dissemos, são transcritas em parágrafo próprio, "destacada com recuo de 4 cm da margem esquerda, com letra menor que a do texto utilizado e sem as aspas" (parágrafo 5.3). Exemplo:

> Para Demo (2011, p. 60), as áreas do conhecimento não são superiores umas às outras e seria fundamental superar a tendência de considerar as Ciências Humanas e sociais menores ou não ciências. Afirma:
>
>> ← 4 cm → Do ponto de vista do método científico de cariz lógico-experimental, as Ciências Humanas e sociais mostram dificuldades de aí se encaixarem, embora sempre seja possível esse esforço. Não há qualidade humana que não tenha base quantitativa. Parte da crítica, no entanto, pode ser adequada, porque é comum em Ciências Humanas e sociais o desprezo pela empiria, por exemplo, contentando-se com discursos frouxos, filosofantes, verbosos.

A norma distingue ainda duas formas para as chamadas: (1) se o sobrenome do autor citado ou nome de uma instituição for colocado entre parênteses, ele será grafado com letras maiúsculas; (2) se o sobrenome do autor citado ou nome da instituição de onde o texto provém aparecer fora dos parênteses, ele é grafado apenas com a letra inicial em maiúscula (parágrafo 5 da NBR). Observe a referência a Demo (apenas com a letra inicial em maiúscula) no exemplo anterior e a DEMO no próximo exemplo (agora, entre parênteses e com todas as letras em maiúsculas):

> Através do método científico bem utilizado, conseguimos ver melhor, embora nunca tudo. Desfaz-se, assim, a pretensão de devassar a realidade analiticamente, voltando à modéstia de Einstein: nossas teorias veem facetas seletivas e pequenas; como somos parte da natureza, a vemos como parte, parcialmente (DEMO, 2012, p. 20).

Agora, um exemplo de texto retirado de um livro de uma instituição:

> Lembre que *gender* (gênero) refere-se ao papel, não ao sexo biológico, e é cultural. Evite ambiguidade na identidade sexual ou no papel do gênero utilizando substantivos, pronomes e adjetivos que descrevem especificamente seus participantes. Tendenciosidades sexistas podem ocorrer quando os pronomes são usados sem cuidado, como, por exemplo, quando o pronome masculino *he* (ele) é usado para se referir a ambos os sexos ou quando o pronome masculino ou feminino é usado exclusivamente para definir os papéis pelo sexo (p. ex., *the nurse... she*" [ela]). O uso de *man* (homem) como substantivo genérico ou na terminação de um título ocupacional (por exemplo, *policeman* em vez de *police officer*) pode ser ambíguo e erroneamente sugerir que todas as pessoas do grupo são do sexo masculino. Especifique claramente se você está ser referindo a um ou a ambos os sexos (AMERICAN PSYCHOLOGICAL ASSOCIATION, 2012, p. 96).

Se o nome da instituição aparecer fora dos parênteses, temos:

> Afirma a American Psychological Association (2012, p. 96):
>
> > Lembre que *gender* (gênero) refere-se ao papel, não ao sexo biológico, e é cultural. Evite ambiguidade na identidade sexual ou no papel do gênero utilizando substantivos, pronomes e adjetivos que descrevem especificamente seus participantes. Tendenciosidades sexistas podem ocorrer quando os pronomes são usados sem cuidado, como, por exemplo, quando o pronome masculino *he* (ele) é usado para se referir a ambos os sexos ou quando o pronome masculino ou feminino é usado exclusivamente para definir os papéis pelo sexo (p. ex., *the nurse... she*" [ela]). O uso de *man* (homem) como substantivo genérico ou na terminação de um título ocupacional (por exemplo, *policeman* em vez de *police officer*) pode ser ambíguo e erroneamente sugerir que todas as pessoas do grupo são do sexo masculino. Especifique claramente se você está ser referindo a um ou a ambos os sexos.

Se a obra referenciada é composta de mais de um volume, temos, no corpo do texto:

(SOBRENOME, 2018, v. 1, p. 22-28)

Na lista de referências, temos, por exemplo, se forem dois os volumes:

SOBRENOME, Prenomes. *Título da obra*. Edição. Local: Editora, ano. 2 v.

1.2 Citação indireta

Citações indiretas são constituídas por paráfrases de texto de terceiros. Podem conter um resumo das ideias apresentadas nesse texto de terceiros, ou um comentário, ou uma crítica a ele etc. O parágrafo 3.4 da NBR 10520 assim define *citação indireta*: "texto baseado na obra do autor consultado". Como não se trata de transcrição literal, mas de uma paráfrase, esse tipo de citação não admite aspas.

Duas são as formas de citar textos alheios: fazer referência genérica a toda uma obra e fazer referência precisa a uma página. Na primeira forma, segundo o sistema autor-data, citamos apenas o sobrenome do autor (em letras maiúsculas) e o ano da obra entre parênteses. Referimo-nos nesse caso a toda a obra. Se o sobrenome aparecer no enunciado ("Segundo Silva...."; "como define Medeiros..."), o sobrenome é grafado apenas com a letra inicial em maiúscula. Na segunda forma, temos uma referência a um trecho específico de uma obra, a um parágrafo ou um enunciado. Suponhamos no primeiro caso que estejamos fazendo referência ao livro *Metodologia das ciências sociais*, de Max Weber (5ª edição, publicado pela Cortez Editora em coedição com a Editora Unicamp, em 2016):

> Para Weber (2016), a objetividade das Ciências Sociais apoia-se na neutralidade valorativa. Daí, sua preocupação com o rigor da explicação causal.

A afirmação é genérica; constitui o tema da obra de Weber. Por isso, não se refere a uma página específica. Todavia, se fizermos referência ao conceito de *dominação legal* e nos basearmos em um trecho específico de sua obra, então a indicação precisa da página é necessária:

> Para Weber (2016, p. 544), o tipo mais comum e tecnicamente mais puro de dominação legal é a dominação burocrática. Postula, no entanto, que nenhuma dominação é exclusivamente burocrática, visto que nenhuma é exercida apenas por funcionários contratados.

Se houver necessidade de fazer referência a mais de uma obra de um autor, onde defende as mesmas ideias, o ano das obras é separado por vírgulas. Suponhamos que estejamos nos referindo ao tratamento que Pedro Demo dá ao argumento de autoridade em *Metodologia científica em ciências sociais* (2014) e *Introdução à metodologia da ciência* (2015). No caso da citação genérica, temos:

> Para Demo (2014, 2015), o argumento de autoridade...

No caso da citação precisa:

> Para Demo (2014, p. 41, 2015, p. 38), não se confundem o argumento de autoridade com a autoridade do argumento.

Se forem relacionados simultaneamente diversos textos de vários autores, estes são separados por ponto e vírgula, em ordem alfabética (parágrafo 6.1.5 da NBR 10520):

> Os livros de metodologia científica (DEMO, 2014, p. 104-122, 2015, p. 90-100; MINAYO, 2014, p. 166; TRIVIÑOS, 2015, p. 21-24), em geral, por causa de sua importância nos estudos sociais, dedicam-se, às vezes extensamente, a explicar o conceito de dialética.

1.3 Citação de citação

De modo geral, deve-se evitar fazer citação que terceiros citaram, o que se denomina *citação de citação*, ou seja, não se teve contato com a obra citada, mas por meio de uma citação de terceiros. Todavia, há casos em que se revela impossível a consulta ao original. Nesse caso, faz-se a citação, valendo-se da expressão latina *apud*. Exemplo:

> Em pesquisa científica, "não formular o problema é andar às cegas" (DEWEY *apud* RUDIO, 2014, p. 19).

1.4 Supressão e acréscimo

Supressões em um texto citado literalmente são indicadas por meio de colchetes e reticências [...]. Da mesma forma, se quem está citando, por necessidade de esclarecimento, fizer alguma interpolação, esta aparecerá entre colchetes. Exemplos:

> Para Minayo (2014, p. 144), "a fenomenologia da *vida cotidiana* trabalha com o fato de que as pessoas se situam na vida com suas angústias e preocupações, em intersubjetividade com seus semelhantes [...] e isso constitui a existência social".
>
> Lima (2007, p. 420) sustenta que "o cientista [aqui, Lima refere-se ao cientista da área de ciências exatas] e o historiador operam com um sistema de filtragem", constituído pela teoria que utiliza: "a ausência de um quadro teórico torna tanto a experiência científica quanto o documento aglomerados cegos".

1.5 Destaque

Se houver necessidade de destacar alguma expressão do texto citado, ao final da citação deve aparecer, entre colchetes, a expressão *destaque nosso* [destaque nosso]. Exemplo:

> Afirma Lima (2007, p. 459) que "não há gênero [refere-se a gêneros textuais] sem a adoção de certas regras básicas, as quais *têm menos uma função normativa do que orientadora do processo de comunicação desejável* [destaque nosso].

1.6 Sistemas de chamada

Dois são os sistemas de chamada: sistema autor-data e o sistema numérico.

No **sistema autor-data**, a referência se dá "pelo sobrenome de cada autor ou pelo nome de cada entidade responsável até o primeiro sinal de pontuação, seguido(s) da data de publicação do documento e da(s) página(s) da citação, no caso de citação direta, separados por vírgula e entre parênteses". Se não há indicação de autoria, faz-se a referência "pela primeira palavra do título seguida de reticências [...], seguida da data de publicação do documento e da(s) página(s) da citação" (NBR 10520, n. 6.3). A norma estabelece ainda que "se o título iniciar por artigo (definido ou indefinido), ou monossílabo [uma preposição acompanhada ou não de artigo definido], este deve ser incluído na indicação da fonte". Exemplo:

No texto, teríamos (além da grafia do título, observar a posição do ano (omite-se a data) e da página):

> Este é um comportamento difícil de entender (REAÇÃO..., 2020, p. A2).
> Faltou um pouco de elegância (A CARTA..., 2020, p. A2).
> É uma administração que provoca calafrios (UM GOVERNO..., 2020, p. A3).
> Como são tortuosos os caminhos dos acordos! (ENFIM um acordo, 2020, p. A3).

Na lista de referências (além da grafia das primeiras palavras do título, observar a posição da página e da data completa):

> REAÇÃO corporativa. *Folha de S. Paulo*, São Paulo, ano 100, n. 33.210, p. A2, 6 mar. 2020.
> A CARTA de Regina. *Folha de S. Paulo*, São Paulo, ano 100, n. 33.210, p. A2, 6 mar. 2020.
> UM GOVERNO de outro mundo. *O Estado de S. Paulo*, São Paulo, ano 141, n. 46.161, p. A3, 6 mar. 2020.
> ENFIM um acordo. *O Estado de S. Paulo*, São Paulo, ano 141, n. 46.161, p. A3, 6 mar. 2020.

No **sistema numérico**, as referências são numeradas sequencialmente, em geral considerando os capítulos (se o texto é dividido por capítulos). A NBR 10520 afirma no parágrafo 6.2:

> Neste sistema, a indicação da fonte é feita por uma numeração única e consecutiva, em algarismos arábicos, remetendo à lista de referências ao final do trabalho, do capítulo ou da parte, na mesma ordem em que aparecem no texto. Não se inicia a numeração das citações a cada página.

Para a norma, ainda, no parágrafo 6.2.1, "a indicação da numeração pode ser feita entre parênteses, alinhada ao texto, ou situada pouco acima da linha do texto em expoente à linha do mesmo, após a pontuação que fecha a citação" (a segunda forma é mais comum):

> Para Demo (1), "a fé dispensa argumento, estabelecendo um vínculo forte e afetivo com entidade transcendental que não cabe no método científico".
> Para Demo,[1] "a fé dispensa argumento, estabelecendo um vínculo forte e afetivo com entidade transcendental que não cabe no método científico".

Na lista de referências, temos:

> ¹ DEMO, Pedro. *Praticar ciência*: metodologia do conhecimento científico. São Paulo: Saraiva, 2011. p. 153.

No sistema numérico, ao final do capítulo ou de todo o texto, faz-se uma lista de referências, segundo a ordem em que foram aparecendo no texto, diferentemente, pois, do sistema autor-data, em que a ordenação da lista de referências se faz alfabeticamente pelo sobrenome do autor. Poderíamos, por exemplo, ter numa possível lista de um sistema numérico:

> 1. MARCONI, Marina de Andrade; LAKATOS, Eva Maria. *Metodologia científica*. 7. ed. São Paulo: Atlas, 2017.
> 2. BOOTH, Wayne C.; COLOMB, Gregory G.; WILLIAMS, Joseph M. *A arte da pesquisa*. Tradução de Henrique A. Rego Monteiro. São Paulo: Martins Fontes, 2019.

Se optássemos pelo sistema autor-data, a lista de referências seria por ordem alfabética, com entrada pelo sobrenome do autor:

> BOOTH, Wayne C.; COLOMB, Gregory G.; WILLIAMS, Joseph M. *A arte da pesquisa*. Tradução de Henrique A. Rego Monteiro. São Paulo: Martins Fontes, 2019.
> MARCONI, Marina de Andrade; LAKATOS, Eva Maria. *Metodologia científica*. 7. ed. São Paulo: Atlas, 2017.

No sistema numérico, se um mesmo autor é citado mais de uma vez, temos o uso de expressões latinas grafadas com destaque.

- Se duas ou mais citações de um mesmo autor e de uma mesma obra são feitas em sequência, utiliza-se a expressão latina *idem* (que significa mesmo autor):

No texto, teríamos:

> Para Demo,¹ "método, em ciência, possui a pretensão de oferecer garantias mais ou menos negociáveis, em especial em nos guiar para o destino procurado de produção de conhecimento confiável".

> Ainda segundo Demo,[2] "não sabemos, porém, como a realidade é, porque a interpretamos, mesmo usando método científico".

Na lista de referências, teríamos:

> 1. DEMO, Pedro. *Ciência rebelde*: para continuar aprendendo cumpre desestruturar-se. São Paulo: Atlas, 2012. p. 65.
> 2. *Idem*, 2012, p. 66.

- Também pode aparecer em referências a expressão *ibidem* (= na mesma obra). *Ibidem* é expressão usada quando duas ou mais notas de rodapé se referem à mesma obra. Exemplo:

> 1. DEMO, Pedro. *Ciência rebelde*: para continuar aprendendo cumpre desestruturar-se. São Paulo: Atlas, 2012. p. 65.
> 2. *Idem, ibidem*, p. 66.

O número da referência é destacado, ou seja, a segunda linha de uma referência (quando ela ocupa mais de uma linha) começa sob a primeira letra da linha anterior.

- Se, porém, as citações de um mesmo autor são entremeadas por outro, é outra a expressão latina utilizada (*op. cit.*).

No texto, teríamos:

> Para Demo,[1] "método, em ciência, possui a pretensão de oferecer garantias mais ou menos negociáveis, em especial em nos guiar para o destino procurado de produção de conhecimento confiável".
> A American Psychological Association[2] orienta o pesquisador a reconhecer "as limitações de sua pesquisa" e a abordar "explicações alternativas dos resultados", bem como a discutir "a generalizabilidade, ou validade externa dos resultados".
> Ainda segundo Demo,[3] "não sabemos, porém, como a realidade é, porque a interpretamos, mesmo usando método científico".

Na lista de referências, teríamos:

> 1. DEMO, Pedro. *Ciência rebelde*: para continuar aprendendo cumpre desestruturar-se. São Paulo: Atlas, 2012. p. 65.
> 2. AMERICAN PSYCHOLOGICAL ASSOCIATION. *Manual de publicação APA*. Tradução de Daniel Bueno. Porto Alegre: Penso, 2012. p. 56.
> 3. DEMO, Pedro. *Op. cit.*, p. 66.

A numeração das referências pode ser feita no nível do texto (veja exemplo anterior), ou elevada:

> [1] DEMO, Pedro. *Ciência rebelde*: para continuar aprendendo cumpre desestruturar-se. São Paulo: Atlas, 2012. p. 65.
> [2] AMERICAN PSYCHOLOGICAL ASSOCIATION. *Manual de publicação APA*. Tradução de Daniel Bueno. Porto Alegre: Penso, 2012. p. 56.
> [3] DEMO, Pedro. *Op. cit.*, p. 66.

A expressão *op. cit.* significa que se está referindo a uma obra citada nas páginas anteriores. É usada logo após o nome do autor ou do título (quando a obra não tiver autor), seguida do número da página da citação. Evite o uso de *op. cit.* para referência de capítulo anterior. Sempre que iniciar novo capítulo, ainda que uma obra tenha sido citada em capítulo anterior, repita as informações completas na primeira vez.

Outras expressões latinas usadas em referências:

• **Passim** (= aqui e ali): Essa expressão é usada para indicar que a informação obtida é tratada em várias passagens ao longo do texto referido. Exemplo:

> [33] CASTRO, C. M. *Estrutura e apresentação de publicações científicas*. São Paulo: McGraw-Hill do Brasil, 1990. *Passim*.

• **Apud** (= citado por). É expressão usada quando se transcrevem palavras textuais ou conceitos de um autor a que não se teve acesso diretamente, mas por meio de terceiros. Exemplo:

> [22] CASTRO, 1976. *Apud* KOTAIT, I. *Editoração científica*. São Paulo: Ática, 1981. p. 12.

- **Et al.** Para a NBR 6023 (n. 8.1.1.2), "quando houver quatro ou mais autores, *convém indicar todos*. Permite-se que se indique apenas o primeiro, seguido da expressão *et al.*" [destaque nosso].

Com até três autores, todos são citados:

> CERVO, Amado Luis; BERVIAN, Pedro Alcino; SILVA, Roberto da. *Metodologia científica*. 6. ed. São Paulo: Pearson, 2014.

Com mais de três autores, duas são as formas: (1) citação de todos os autores (forma recomendável). (2) Citação do primeiro autor acompanhado da expressão *et al.* (forma apenas permitida).

No texto, poderíamos ter algo como:

> "Como a interpretação está inextricavelmente ligada à análise [...], pode ser bom apresentar, antes da discussão de processos analíticos, um esclarecimento do processo de interpretação (SELLTIS; JAHODA; DEUTSCH; COOK, p. 439).

Ou:

> "Como a interpretação está inextricavelmente ligada à análise [...], pode ser bom apresentar, antes da discussão de processos analíticos, um esclarecimento do processo de interpretação (SELLTIS *et al.*, p. 439).
> Conforme Selltiz, Jahoda, Deutsch e Cook (1974, p. 275), ...

Ou:

> Conforme Selltiz *et al.* (1974, p. 275), ...

Na lista de referências, teríamos:

> SELLTIZ, Claire; JAHODA, Marie; DEUTSCH, Morton; COOK, Stuart W. *Métodos de pesquisa nas relações sociais*. Tradução de Dante Moreira Leite. São Paulo: Editora Pedagógica e Universitária, 1974.

Ou:

> SELLTIZ, Claire et al. *Métodos de pesquisa nas relações sociais.* Tradução de Dante Moreira Leite. São Paulo: Editora Pedagógica e Universitária, 1974.

- ***In.*** Expressão usada em duas ocasiões: citação de um capítulo de uma obra do mesmo autor do livro; citação de um capítulo de obra de outro autor. Exemplos:

No texto, poderíamos ter:

> Para Candido (*In*: ABDALA JUNIOR, 2019, p. 27), o incesto, em *Os Maias*, de Eça de Queirós, "não é apenas coragem naturalista, nem truque sensacional. É também semente de significados profundos, é ironia trágica reveladora das nossas impossibilidades".

Na lista de referências, teríamos:

> CANDIDO, Antonio. Eça de Queirós, passado e presente. *In*: ABDALA JUNIOR, Benjamin (org.). *Ecos do Brasil*: Eça de Queirós, leituras brasileiras e portuguesas. São Paulo: Edições Sesc, 2019. p. 15-30.

Agora, imaginemos que um capítulo de Habermas tenha sido sugerido como leitura. Teríamos:

> HABERMAS, Jürgen. Teoria da sociedade de Talcott Parsons: problemas de construção. *In*: HABERMAS, Jürgen. *Teoria do agir comunicativo*: sobre a crítica da razão funcionalista. Tradução de Flávio Beno Siebeneichler. São Paulo: WMF Martins Fontes, 2012. Cap. 7.

Na lista de referências:

> HABERMAS, Jürgen. Teoria da sociedade de Talcott Parsons: problemas de construção. *In*: HABERMAS, Jürgen. *Teoria do agir comunicativo*: sobre a crítica da razão funcionalista. Tradução de Flávio Beno Siebeneichler. São Paulo: WMF Martins Fontes, 2012. v. 2, p. 357-542.

Observações: (1) A expressão latina *In* é acompanhada de dois-pontos. (2) O nome da parte (capítulo) não é destacado (não se grafa com itálico).

(3) Ao final da referência, coloca-se a informação das páginas iniciais e finais em que o texto se encontra (**não** se abrevia a citação das páginas: p. 122-3; p. 450-69).

- *Sic.* Essa expressão latina é usada para salientar uma informação ou uma grafia indevida que ocorre no texto transcrito. Significa "assim" (= "assim mesmo no original"). Recomenda-se que seu uso se atenha à imprescindibilidade. É de lembrar que a transcrição de textos em trabalhos acadêmico-científicos não segue as mesmas regras da fidelidade exigida em textos de processos judiciais. A transcrição em trabalhos científicos tem relação com o conteúdo da informação. Não se trata de uma "prova", que não pode ser tocada para não perder a validade. O leitor pode estranhar, por exemplo, o rigor de um autor que, numa transcrição literal, depois da palavra *eficiencia* venha a colocar (*sic*), mas, cinco páginas adiante, venha ele mesmo a escrever intrin*s*icamente. Nesse caso, seria preferível colocar o acento em *eficiência,* deixando de salientar a falta de acento (que, convenhamos, é insignificante).

2 PRÁTICA DE ELABORAÇÃO DE REFERÊNCIAS BIBLIOGRÁFICAS

A elaboração de referências bibliográficas no Brasil orienta-se pela NBR 6023, da Associação Brasileira de Normas Técnicas (ABNT). Outra norma utilizada sobretudo em publicações internacionais é a de Vancouver. Trataremos neste capítulo das normas da ABNT, que define referência como "conjunto padronizado de elementos descritivos, retirados de um documento, que permite sua identificação individual" (parágrafo 3.9), e faremos breves comentários com relação à norma Vancouver.

Em regras gerais de apresentação, a norma citada estabelece que, na lista de referências, "as referências devem ser elaboradas em espaço simples, alinhadas à margem esquerda do texto e separadas entre si por uma linha em branco de espaço simples" (n. 6.3). Elas podem aparecer: em rodapé (cada dia menos frequente, e isso se se optar pelo sistema numérico), ao final de capítulos, partes ou de todo o texto (livro), em lista de referências ao final de todo o texto, antes de resumos, resenhas e erratas. A norma estabelece, ainda, em 6.7 que as referências são "ordenadas em uma única lista".

As informações bibliográficas são retiradas do frontispício da obra. Transcreve-se com rigor o nome do(s) autor(es), bem como o título da obra, local de publicação, nome da editora, ano de publicação.

2.1 Livros

A entrada de uma referência é constituída pelo sobrenome do autor, em letras maiúsculas, seguido por seus prenomes: "O autor deve ser indicado pelo último sobrenome, em letras maiúsculas, seguido do prenome e outros sobrenomes, abreviados ou não, *conforme consta do documento*" (NBR 6023, n. 8.1.1) [destaque nosso]. (Diferentemente da norma Vancouver, em que o sobrenome aparece apenas com a letra inicial maiúscula e os prenomes abreviados, sem pontuação. Exemplo: para Lilia Moritz Schwarcz e Heloisa Murgel Starling, teríamos: Schwarcz LM, Starling HM.) Se os autores forem mais de um, eles são separados por ponto e vírgula (na norma Vancouver, eles são separados por vírgula, como podemos ver no exemplo apresentado). Na referência a obras que apresentam um organizador, coloca-se a abreviatura *org.*, entre parênteses logo após o nome do organizador. Não se pluraliza essa abreviatura, ainda que sejam dois ou mais os organizadores. Exemplos:

MINAYO, Maria Cecília de Souza. *O desafio do conhecimento*: pesquisa qualitativa em saúde. 14. ed. São Paulo: Hucitec, 2014.

TRAVAGLIA, Luiz Carlos; FINOTTI, Luisa Helena Borges; MESQUITA, Elisete Maria Carvalho de (org.). *Gêneros de texto*: caracterização e ensino. Uberlândia: Edufu, 2008.

BOOTH, Wayne C.; COLOMB, Gregory G.; WILLIAMS, Joseph M. *A arte da pesquisa*. Tradução de Henrique A. Rego Monteiro. 3. ed. São Paulo: Martins Fontes, 2019.

Até três autores, todos são nomeados. De quatro em diante, há duas possibilidades: (1) nomear todos (recomendável), ou (2) nomear o primeiro e, em seguida, colocar a expressão latina *et al.* A NBR 6023 (ABNT) estabelece em 8.1.1.2: "Quando houver quatro ou mais autores, *convém* indicar todos. Permite-se que se indique apenas o primeiro, seguido da expressão *et al.*" [destaque nosso]. Temos então (forma recomendável):

PADUA, Jorge; AHMAN, Ingvar; APEZECHEA; Héctor; BORSOTI, Carlos. *Técnicas de investigación aplicadas a las ciencias sociales*. México: Fondo de Cultura Económica, 1979.

Ou (forma permitida):

PADUA, Jorge et al. *Técnicas de investigación aplicadas a las ciencias sociales*. México: Fondo de Cultura Económica, 1979.

Observações:

- **Nome dos autores:** entrada pelo sobrenome simples ou composto se dele fizer parte relação de parentesco (filho, neto, sobrinho). Todavia, serão grafados compostamente "autores com nomes hispânicos, nomes compostos, com grau de parentesco e com sobrenomes com prefixos":

BARBOSA FILHO, Manuel
ABDALA JUNIOR, Benjamin
DELORENZO NETO, Antonio
GARCÍA MÁRQUEZ, Gabriel.
VAN DIJK, Teun A.

Quando uma entidade coletiva assume integral responsabilidade por um trabalho, ela é tratada como autor. Temos:

ASSOCIAÇÃO BRASILEIRA DE NORMAS TÉCNICAS. *ABNT NBR 6023*: informação e documentação: referências: elaboração. Rio de Janeiro: ABNT, 2018.
IBGE. Diretoria Técnica. *Geografia do Brasil*. Rio de Janeiro: Sergraf-IBGE, 1977. 5 v.

- **Título:** é grafado em destaque; em geral, usa-se *itálico*. Título é elemento essencial. Se a entrada da referência (por não haver autor) se dá pelo título, a primeira palavra do título é escrita em letras maiúsculas. Se a primeira palavra é acompanhada de artigo definido ou indefinido, temos então duas palavras grafadas com letras maiúsculas:

MODERNA enciclopédia Melhoramentos. São Paulo: Melhoramentos, 1976.

- **Subtítulo:** é grafado sem nenhum destaque e é precedido de dois-pontos. Subtítulo (se houver) é elemento essencial (ou seja, não pode ser omitido).

- **Edição:** se se tratar da primeira edição, não se faz referência a edição; da segunda em diante, usa-se um número arábico, seguido de ponto (a norma não usa números ordinais) e da abreviatura da palavra *edição* (ed.). A abreviatura do numeral ordinal da edição é transcrita conforme consta do texto citado. Poderá ser, por exemplo, 2nd.; 3rd.; 4th. (em inglês, segunda, terceira, quarta); 2nd; 3ème (em francês, segunda, terceira).

- **Local de publicação:** o nome do local (cidade) de publicação é indicado tal como figura no documento. Se o local da publicação não aparece na obra, mas pode ser identificado, ele deve aparecer nas referências entre colchetes. Por exemplo: [Belo Horizonte]. Se houver ausência de local de publicação da obra, usa-se a abreviatura [S.l.], que é abreviatura de *sine loco* (= sem local). Observar que o S da abreviatura é maiúsculo. No caso de localidades com o mesmo nome, acrescenta-se o nome do Estado, do país etc. Exemplos:

Presidente Bernardes (SP)

Presidente Bernardes (MG)

Se há mais de um local para uma editora no frontispício da obra, indica-se a primeira mencionada na publicação.

- **Editora:** grafa-se apenas o nome que a identifica, eliminando-se as palavras que designam a natureza jurídica ou comercial, como: "Cia.", "S.A." etc. Palavras como *Editora, Livraria*, se constarem do nome da editora, são eliminadas, desde que dispensável para sua identificação. Para referência a editoras universitárias, ou outro tipo de instituição, no entanto, se usa a palavra *editora*. Exemplos:

Editora da Unicamp

Editora UFMG

Editora Senac

Se são duas as editoras, mas da mesma cidade, a separação das editoras se faz com dois-pontos:

São Paulo: Brasiliense: Edusp, 2020

Rio de Janeiro: José Olympio: Editora UFRJ

Se duas são as editoras e de localidades diferentes, temos o uso de ponto e vírgula separando as localidades e editoras:

LAVILLE, Christian; DIONNE, Jean. *A construção do saber*. Tradução de Heloísa Monteiro e Francisco Settineri. Porto Alegre: Artmed; Belo Horizonte: Editora UFMG, 2007.

Se o nome da editora ou do editor não constar do frontispício nem de nenhum outro lugar do livro, utiliza-se a abreviatura de *sine nomine* (= sem nome): [s.n.]. Se o local e o editor não são identificados na obra, utilizam-se ambas as expressões: [S.l.: s.n.].

- **Ano de publicação:** é indicado em algarismos arábicos. Quando não é localizado no frontispício da obra, mas pode ser encontrado em algum lugar do texto (prefácio, orelha, ou no colofão), faz-se referência ao ano entre colchetes. A norma estabelece: "Se nenhum ano de publicação, distribuição, copirraite, impressão, entre outros, puder ser localizado no documento, deve ser indicado um ano, entre colchetes" (n. 8.6.1.3):

Ano certo, mas não indicado [2019]

Ano aproximado: [ca. 2016]

Ano provável: [2016?]

Ano: um ou outro: [1950 ou 1951]

Ano indicado com intervalo menor de 20 anos [entre 1906 e 1912]

Década certa: [199-]

Década provável: [199-?]

Século certo: [20--]

Século provável: [20--?]

Em algumas referências publicadas em livros ou em artigos científicos, o leitor pode encontrar o ano de publicação entre parênteses, logo depois do nome do autor. Para a NBR 6023, o ano da publicação é posto ao final, depois do nome da editora, separado por vírgula. Exemplo:

BRANDÃO, Carlos Rodrigues (org.). *Pensando a pesquisa participante.* São Paulo: Brasiliense, 1984.

Embora não estejamos tratando da norma Vancouver, destacamos que também nela o local do ano é ao final da referência, separando-se da editora, porém com ponto e vírgula; não é entre parênteses, depois do nome do(s) autor(es).

- **Página e volume:** a página é indicada depois do ano de publicação. Se entre parênteses, no sistema autor-data, ela aparece depois da vírgula:

(BRANDÃO, 1984, p. 35)

Se necessário citar o número de páginas na lista de referências (caso que se dá quando se cita um capítulo de um livro que se encontra em uma obra sob a responsabilidade de um organizador, ou capítulo de um mesmo autor), a referência às páginas aparece depois do ano da publicação com a abreviação de página (p.), com *p* minúsculo e os números das páginas:

CALAIS, Sandra Leal. Delineamento de levantamento ou *survey*. In: BAPTISTA, Makilim Nunes; CAMPOS, Dinael Corrêa de. *Metodologias de pesquisa em ciências*: análises quantitativa e qualitativa. 2. ed. Rio de Janeiro: LTC, 2016. p. 105-114.

HABERMAS, Jürgen. Teoria da sociedade de Talcott Parsons: problemas de construção. *In*: HABERMAS, Jürgen. *Teoria do agir comunicativo*: sobre a crítica da razão funcionalista. Tradução de Flávio Beno Siebeneichler. São Paulo: WMF Martins Fontes, 2012. v. 2, p. 357-542.

- **Elementos complementares:** para a norma da ABNT, se necessário, "acrescentam-se elementos complementares à referência para melhor identificar o documento" (n. 7.1.1) [destaque nosso]. Observar que, uma vez utilizado elemento complementar em uma referência, mantém-se o padrão, a uniformidade com relação a outras referências, como é o caso de uma **tradução**. Se introduzimos o tradutor em uma referência a obra traduzida, todas as obras traduzidas que da lista constarem terão referência ao tradutor. O nome do tradutor é posto imediatamente ao título ou subtítulo se houver. Exemplos de elementos complementares:

LAVILLE, Christian; DIONNE, Jean. *A construção do saber*. Tradução de Heloísa Monteiro e Francisco Settineri. Adaptação de Lana Mara Siman. Porto Alegre: Artmed; Belo Horizonte: Editora UFMG, 2007.

WEBER, Max. *Metodologia das ciências sociais*. Tradução de Augustin Wernet. Introdução à edição brasileira de Maurício Tragtenberg. 5. ed. São Paulo: Cortez; Campinas: Editora Unicamp, 2016.

- **Citação de mais de um livro do mesmo autor**. Nesse caso, há duas possibilidades: (1) expor as referências em ordem cronológica decrescente do ano de publicação, ou (2) seguir a ordem alfabética dos títulos das obras. Teríamos então:

Ordem cronológica decrescente (da mais atual para a mais antiga):

DEMO, Pedro. *Introdução à metodologia científica*. 2. ed. São Paulo: Atlas, 2015.

DEMO, Pedro. *Ciência rebelde*: para continuar aprendendo, cumpre desestruturar-se. São Paulo: Atlas, 2012.

DEMO, Pedro. *Praticar ciência*: metodologias do conhecimento científico. São Paulo: Saraiva, 2011.

Ou ordem alfabética dos títulos das obras:

DEMO, Pedro. *Ciência rebelde*: para continuar aprendendo, cumpre desestruturar-se. São Paulo: Atlas, 2012.

DEMO, Pedro. *Introdução à metodologia científica*. 2. ed. São Paulo: Atlas, 2015.

DEMO, Pedro. *Praticar ciência*: metodologias do conhecimento científico. São Paulo: Saraiva, 2011.

Se o ano de publicação coincidir, para diferenciar as referências de um mesmo autor usam-se letras depois do ano:

MARCONI, Marina de Andrade; LAKATOS, Eva Maria. *Fundamentos de metodologia científica*. 8. ed. São Paulo: Atlas, 2017a.

MARCONI, Marina de Andrade; LAKATOS, Eva Maria. *Metodologia do trabalho científico*. 8. ed. São Paulo: Atlas, 2017b.

MARCONI, Marina de Andrade; LAKATOS, Eva Maria. *Técnicas de pesquisa*. 8. ed. São Paulo: Atlas, 2017c.

- **Citação de livros que apresentam "indicação explícita de responsabilidade pelo conjunto da obra" (org.; coord.).** A entrada é feita pelo nome do responsável, que pode ser um coordenador, um editor, um organizador. A abreviatura dessas expressões é feita no singular e posta entre parênteses:

BRANDÃO, Alfredo de Barros L. (comp.). *Modelos de contratos, procurações, requerimentos e petições*. 5. ed. São Paulo: Trio, 1974.

SOUSA, Maria Margarete Fernandes de; LEAL, Abniza Pontaes de Barros; SILVA, Luciene Helena da; IRINEU, Lucineudo Machado (org.). *Gêneros*: do texto ao discurso. Campinas: Pontes, 2018.

2.2 Parte de um livro (capítulo)

Considera-se parte de um livro: uma seção, um capítulo, uma parte com título próprio. O autor pode ser o mesmo do livro, ou um autor próprio. Exemplos:

DEMO, Pedro. Positivismo e pretensão de validade absoluta. *In*: DEMO, Pedro. *Ciência rebelde*: para continuar aprendendo, cumpre desestruturar--se. São Paulo: Atlas, 2012. p. 5-26.

LE BOTERF, Guy. Pesquisa participante e reflexões metodológicas. *In*: BRANDÃO, Carlos Rodrigues (org.). *Repensando a pesquisa participante*. São Paulo: Brasiliense, 1984. p. 51-81.

NABUCO, Joaquim. A escravidão atual. *In*: NABUCO, Joaquim. *O abolicionismo*. Rio de Janeiro: Nova Fronteira; São Paulo: Publifolha, 2000. p. 85-96.

O autor do capítulo não é o autor (ou organizador) da obra:

FRANÇA, Jean M. Carvalho. Capistrano de Abreu: caminhos para uma história do Brasil. *In*: ABREU, Capistrano de. *Capítulos de história colonial*: 1500-1800. Edição revista, anotada e prefaciada por José Honório Rodrigues. 7. ed. Belo Horizonte: Itatiaia; São Paulo: Publifolha, 2000. p. 273-279.

Observar que, quando se cita parte de um livro, necessariamente, depois do ano de publicação deve aparecer a referência às páginas onde se encontra o texto.

2.3 Trabalhos acadêmicos: teses de doutorado e dissertações de mestrado

A ordem dos elementos é a seguinte: autor, título, subtítulo (se houver), ano do depósito, tipo de trabalho (tese, dissertação, TCC), vinculação acadêmica, local da defesa, ano. Exemplo:

> LAKATOS, Eva Maria. *O trabalho temporário*: nova forma de relações sociais. 1979. Tese (Livre-docência em Sociologia) – Escola de Sociologia e Política de São Paulo, São Paulo, 1979. 2 v.
>
> SCHWARTZMANN, Saulo Nogueira. *Semiótica da composição pictural*: o jogo tensivo entre o figurativo e o plástico na série das Ligas de Wesley Duke Lee. 2014. Dissertação (Mestrado em Semiótica) – Faculdade de Filosofia, Letras e Ciências Humanas, Universidade de São Paulo, São Paulo, 2014.
>
> HOLANDA, Rita de Cássia. *Percepções da reconceituação no curso de Serviço Social*. Franca, 1985. Trabalho de Conclusão de Curso (Bacharelado em Serviço Social) – Faculdade de História, Direito e Serviço Social da Universidade Estadual Paulista – Franca, 1985.

Com elementos complementares, temos (com orientador e número de folhas):

> SCHWARTZMANN, Saulo Nogueira. *Semiótica da composição pictural*: o jogo tensivo entre o figurativo e o plástico na série das Ligas de Wesley Duke Lee. Orientador: Ivã Carlos Lopes. 2014. 152 f. Dissertação (Mestrado em Semiótica) – Faculdade de Filosofia, Letras e Ciências Humanas, Universidade de São Paulo, São Paulo, 2014.

Apenas com o número de folhas (sem informação sobre o orientador):

> LAKATOS, Eva Maria. *O trabalho temporário*: nova forma de relações sociais. 1979. XXX f. Tese (Livre-docência em Sociologia) – Escola de Sociologia e Política de São Paulo, São Paulo, 1979. 2 v.

HOLANDA, Rita de Cássia. *Percepções da reconceituação no curso de Serviço Social.* 1985. 57 f. Trabalho de Conclusão de Curso (Bacharelado em Serviço Social) – Faculdade de História, Direito e Serviço Social da Universidade Estadual Paulista – Franca, 1985.

2.4 Artigos de periódicos (revistas)

São elementos essenciais para citar um número inteiro: título do periódico (em letras maiúsculas), local da publicação, editora, data de início e de encerramento da publicação (se houver), período consultado. Exemplo:

REVISTA BRASILEIRA DE ANTROPOLOGIA. São Paulo: USP, 1986. 29 v.
CONJUNTURA ECONÔMICA. *As 500 maiores empresas do Brasil.* Rio de Janeiro: FGV, v. 38, n. 9, set. 1984. 135 p. Edição especial.

Para citar um artigo publicado em um periódico impresso, são elementos essenciais: autor, título do artigo, título do periódico, local de publicação, numeração do ano e/ou volume, número e/ou edição, páginas inicial e final, data da publicação. Exemplos:

FAGUNDES, Gustavo Gonçalves. O racismo no caso brasileiro e as raízes da superexploração do proletariado negro. *Em Pauta*, Rio de Janeiro, Faculdade de Serviço Social da Universidade da UERJ, v. 18, n. 45, v. 18, p. 55-68, 1º semestre de 2020.

COSTA, V. R. À margem da lei: o Programa Comunidade Solidária. *Em Pauta*, Rio de Janeiro, Faculdade de Serviço Social da UFRJ, n. 12, p. 131-148, 1998.

CARMONA, Carlos Alberto. Arbitragem e jurisdição. *Revista de Processo*, São Paulo, v. 15, n. 38, p. 33-40, abr./jun. 1990.

QUEIROZ, Christina. O gênero da ciência. *Pesquisa Fapesp*, São Paulo, edição 289, p. 19-25, mar. 2020.

BOURDIEU, Pierre. Espaço físico, espaço social e espaço físico apropriado. *Estudos Avançados*, São Paulo, Universidade de São Paulo, v. 27, n. 79, p. 133-144, 2013.

Se se tratar de publicação periódica em meio eletrônico, acrescentam-se o endereço eletrônico e a data de acesso ao texto. Exemplos:

BARBOSA, Antonio Rafael. Política e moral nas prisões brasileiras. *Tempo Social*, São Paulo, v. 31, n. 3, set./dez. 2019. Disponível em: http://www.scielo.br/scielo.php?script=sci_arttext&pid=S0103-20702019000300121&lng=pt&nrm=iso&tlng=pt. Acesso em: 10 mar. 2020.

QUEIROZ, Christina. O gênero da ciência. *Pesquisa Fapesp*, São Paulo, edição 289, p. 19-25, mar. 2020. Disponível em: https://revistapesquisa.fapesp.br/2020/03/04/o-genero-da-ciencia/. Acesso em: 11 mar. 2020.

BOURDIEU, Pierre. Espaço físico, espaço social e espaço físico apropriado. *Estudos Avançados*, São Paulo, Universidade de São Paulo, v. 27, n. 79, p. 133-144, 2013. Disponível em: http://www.revistas.usp.br/eav/article/view/68707/71287. Acesso em: 18 mar. 2020.

Se não constar nome do autor, temos:

MANDADO DE INJUNÇÃO. *Revista de Direito Público*, São Paulo, v. 23, n. 94, p. 146-151, abr./jun. 1990.

2.5 Artigos de jornais

São elementos essenciais: autor, título do artigo, nome do jornal, local de publicação, numeração do ano e/ou volume (se houver), data de publicação, caderno. Estabelece a norma que, se o artigo não se encontra em caderno especial, a paginação do artigo precede a data; caso contrário, a paginação é o último elemento, ou seja, se o artigo consta de um caderno especial, o último elemento da referência é a paginação. Exemplos:

ARGUETA, Katyna. Mulheres, desenvolvimento sustentável e discriminação. *Folha de S. Paulo*, São Paulo, ano 100, n. 33.213, p. A3, 9 mar. 2020.

BLAY, Eva Alterman. Feminicídio e política. *O Estado de S. Paulo*, São Paulo, ano 141, n. 46.164, p. A2, 9 mar. 2020.

Se o texto consta de um caderno especial, o último elemento, como já dissemos, é a referência à página. Exemplo:

FRAGA, Érica; GERCINA, Cristiane. Licença estendida falha em manter mães no marcado. *Folha de S. Paulo*, São Paulo, ano 100, n. 33.213, 9 mar. 2020. Caderno Mercado, p. A19.

BRASIL, Ubiratan. Epopeia apaixonante. *O Estado de S. Paulo*, São Paulo, ano 34, n. 11.588, 9 mar. 2020. Caderno 2, p. C1.

Se se tratar de artigo não assinado, temos a entrada pela primeira palavra do título do artigo em letras maiúsculas. Exemplo:

POPULISMO penal. *Folha de S. Paulo,* São Paulo, ano 100, n. 33.213, p. A2, 9 mar. 2020.

A RUPTURA digital. *O Estado de S. Paulo*, São Paulo, ano 141, n. 46.164, p. A3, 9 mar. 2020.

Se se tratar de artigo publicado em meio eletrônico, temos:

MANSQUE, William; VALLE, Karine dalla. Formandos organizam manifestação de apoio a professor vaiado em cerimônia de formatura de Jornalismo. *Zero Hora,* Porto Alegre, 9 mar. 2020. Disponível em: https://gauchazh.clicrbs.com.br/educacao-e-emprego/noticia/2020/03/formandos-organizam-manifestacao-de-apoio-a-professor-vaiado-em-cerimonia-de-formatura-de-jornalismo-ck7kze6qg02tl01oav9jf1704.html. Acesso em: 10 mar. 2020.

PRAZERES, Leandro. Óleo no Nordeste: município tem aumento de até 570% de toxina cancerígena ligada a petróleo. *O Globo,* Rio de Janeiro, 11 mar. 2020. Disponível em: https://oglobo.globo.com/sociedade/oleo/oleo-no-nordeste-municipio-tem-aumento-de-ate-570-de-toxina-cancerigena-ligada-petroleo-24297829. Acesso em: 11 mar. 2020.

2.6 Eventos

Consideram-se congressos, semanas, seminários, encontros, cujos resultados são transcritos em atas, anais, *proceedings* etc. São elementos essenciais: nome do evento, numeração (se houver), ano e local de realização, título do documento, local da publicação, editora e data de publicação. Exemplos:

Para citar o evento (congresso, encontro, seminário, simpósio) no todo, temos:

CONGRESSO INTERNACIONAL DE DESEMPENHO NO SETOR PÚBLICO, 2., Florianópolis, set. 2019. Disponível em: http://cidesp.com.br/index.php/Icidesp/2cidesp/schedConf/presentations. Acesso em: 11 mar. 2020.

SIMPÓSIO DE GRUPOS DE PESQUISA SOBRE FORMAÇÃO DE PROFESSORES DO BRASIL, 2., 2011, Curitiba, Pontifícia Universidade Católica do Paraná, 2011. *Formação Docente,* v. 10, n. 18, p. 11-18, 21 dez. 2018.

Para citar um trabalho apresentado:

LIMA, Emilia de Freitas; MARIANO, André Luiz Sena. Grupo de estudos em intermulticulturalidade e formação de professores(as). *In*: SIMPÓSIO DE GRUPOS DE PESQUISA SOBRE FORMAÇÃO DE PROFESSORES DO BRASIL, 3., 2016, Guarulhos. *Formação Docente*, Belo Horizonte, v. 10, n. 18, p. 19-30, jan./jul. 2018.

Para citar trabalho apresentado, publicado em meio eletrônico:

QUEIROZ, Flávio de Lima. Indicadores de acesso à informação pública: uma perspectiva cidadã. *In*: ENCONTRO INTERNACIONAL PARTICIPAÇÃO, DEMOCRACIA E POLÍTICAS PÚBLICAS; 4., 2019, Porto Alegre. *Anais* [...] Porto Alegre: Universidade Federal do Rio Grande do Sul, 2019. Disponível em: https://pdpp2019.sinteseeventos.com.br/simposio/view?ID_SIMPOSIO=13. Acesso em: 10 mar. 2020.

BRITO, Luciana Ribeiro de. Insurgência estudantil: o caso das ocupações de escolas estaduais em São Paulo. *In*: CONFERÊNCIA INTERNACIONAL GREVES E CONFLITOS SOCIAIS, 4., 2018, São Paulo. *Anais* [...]. São Paulo: Faculdade de Filosofia, Letras e Ciências Humanas, Universidade de São Paulo, 10 a 13 jul. 2018. Disponível em: http://www.sinteseeventos.com.br/site/iassc/GT2/GT2-08-Luciana.pdf. Acesso em: 11 mar. 2010.

LIMA, Emilia de Freitas; MARIANO, André Luiz Sena. Grupo de estudos em intermulticulturalidade e formação de professores(as). *In*: SIMPÓSIO DE GRUPOS DE PESQUISA SOBRE FORMAÇÃO DE PROFESSORES DO BRASIL, 3., 2016, Guarulhos. *Formação Docente*, Belo Horizonte, v. 10, n. 18, p. 19-30, jan./jul. 2018. Disponível em: https://revformacaodocente.com.br/index.php/rbpfp/article/view/195/170. Acesso em: 11 mar. 2020.

2.7 Referência legislativa

São elementos essenciais: jurisdição, ou cabeçalho da entidade, em letras maiúsculas; epígrafe e ementa e dados da publicação. Exemplo:

BRASIL. [Constituição (1988)]. *Constituição da República Federativa do Brasil*. Texto constitucional promulgado em 5 de outubro de 1988, com as alterações determinadas pelas Emendas Constitucionais de Revisão n°s 1 a 6/94, pelas Emendas Constitucionais n°s 1/92 a 91/2016 e pelo Decreto

Legislativo n. 186/2008. Brasília: Senado Federal, Coordenação de Edições Técnicas, 2016.

BRASIL. (Código Civil [2002]). *Código Civil brasileiro e legislação correlata*. 2. ed. Brasília: Senado Federal, Subsecretaria de Edições Técnicas, 2008.

SÃO PAULO (Estado). Decreto n. 33.161, 2 abr. 1991. *São Paulo Legislação*: coletânea de leis e decretos. São Paulo, v. 27, n. 4, p. 42, abr. 1991.

SÃO PAULO. Lei n. 17.230, de 9 dezembro de 2019. Dispõe sobre o fornecimento de alimentação especial, na merenda escolar, adaptada para alunos com restrições alimentares, em todas as escolas da rede pública estadual de ensino do Estado de São Paulo. *Diário Oficial Estado de São Paulo*, v. 129, n. 233, 10 dez. 2019.

Se o texto provém de publicação eletrônica, temos:

SÃO PAULO. Lei n. 17.230, de 9 dezembro de 2019. Dispõe sobre o fornecimento de alimentação especial, na merenda escolar, adaptada para alunos com restrições alimentares, em todas as escolas da rede pública estadual de ensino do Estado de São Paulo. *Diário Oficial Estado de São Paulo*, v. 129, n. 233, 10 dez. 2019. Disponível em: http://dobuscadireta.imprensaoficial.com.br/default.aspx?DataPublicacao=20191210&Caderno=DOE-I&NumeroPagina=1. Acesso em: 11 mar. 2020.

2.8 Jurisprudência

Para a referência a acórdãos, decisão interlocutória, despacho, sentença, súmula, os elementos essenciais são: jurisdição (em letras maiúsculas), nome da corte ou tribunal, turma e/ou região (entre parênteses, se houver), vara, ofício, cartório, câmara, nome do relator (precedido da palavra *Relator*, se houver) (NBR 6013: 2018, n. 7.11.3). Exemplo:

BRASIL. Supremo Tribunal. Súmula 702. A competência do Tribunal de Justiça para julgar prefeitos restringe-se aos crimes de competência da Justiça comum estadual; nos demais casos, a competência originária caberá ao respectivo tribunal de segundo grau. *Diário da Justiça*, Brasília, p. 6, 13 out. 2003.

Se a informação provém de fonte eletrônica (Internet), acrescentam-se endereço eletrônico e data de acesso:

BRASIL. Supremo Tribunal. Súmula 702. A competência do Tribunal de Justiça para julgar prefeitos restringe-se aos crimes de competência da Justiça comum estadual; nos demais casos, a competência originária caberá ao respectivo tribunal de segundo grau. *Diário da Justiça*, Brasília, p. 6, 13 out. 2003. Disponível em: http://www.stf.jus.br/portal/jurisprudencia/listarJurisprudencia.asp?s1=702.NUME.%20NAO%20SFLSV.&base=baseSumulas. Acesso em: 11 mar. 2010.

2.9 Documento audiovisual (filmes, vídeos)[1]

Os elementos essenciais para citar filmes são: título, diretor e/ou produtor, local, empresa produtora ou distribuidora, data e especificação do suporte (NBR 6023:2018, n. 7.13.1). Exemplo:

SÃO BERNARDO. Direção: Leon Hirszman. Produção: Henrique Coutinho, Marcos Farias, Luna Moskovitch, Márcio Noronha. Intérpretes: Othon Bastos, Isabel Ribeiro, Vanda Lacerda, Nildo Parente, Mário Lago, Josef Guerreiro, Rodolfo Arena, Jofre Soares, José Labanca, José Policena e Andrey Salvador. Roteiro: Leon Hirszman, com base em romance homônimo de Graciliano Ramos. Empresa produtora: Saga Filmes. Embrafilme, 1973. (114 min), color., 35 mm.

PROFISSÃO repórter. Direção: Michelangelo Antonioni. Intérpretes: Ambroise Bia, Ángel de Pozo, Charles Mulvehill, Chuck Mulvehill, Ian Hendry, Jack Nicholson, James Campbell, Jenny Runacre, José María Cafarell, Maria Schneider, Steven Berkoff. Roteiro: Michelangelo Antonioni, Mark Peploe, Peter Wollen, Miguel de Echarri. Culver City, Califórnia, Sony Pictures, 1975. (126 min), son., color, 35 mm.

Se o suporte for eletrônico (DVD, fita de vídeo), temos:

PROFISSÃO repórter. Direção: Michelangelo Antonioni. Intérpretes: Ambroise Bia, Ángel de Pozo, Charles Mulvehill, Chuck Mulvehill, Ian Hendry, Jack Nicholson, James Campbell, Jenny Runacre, José María

---

[1] A NBR 6023 (2018, n. 3.7) considera documento "qualquer suporte que contenha informação registrada, formando uma unidade, que possa servir para consulta, estudo ou prova, incluindo impressos, manuscritos e registros audiovisuais, sonoros, magnéticos e eletrônicos, entre outros". Considera, ainda, documento audiovisual "documento que contém som e imagens" (n. 3.8) e documento sonoro "documento que contém o registro de vibrações sonoras (palavra, canto, música, entre outros)" (n. 3.9).

Cafarell, Maria Schneider, Steven Berkoff. Roteiro: Michelangelo Antonioni, Mark Peploe, Peter Wollen, Miguel de Echarri. Culver City, Califórnia, Sony Pictures, 1975. 1 DVD (126 min).

HISTÓRIA geral da arte: grandes gênios da pintura. *Vermeer. Van Eyck.* Madrid: Ediciones de Prado, 1995. n. 3. 1 fita de vídeo (18 min), VHS, son., color.

2.10 Documento sonoro

Os elementos essenciais são: título, intérprete, compositor, seguido da expressão *In*: e da referência do documento sonoro. Ao final da referência, informa-se a faixa referenciada. Exemplo:

FITA amarela. Intérprete: João Bosco. Compositor: Noel Rosa. *In: João Bosco acústico.* Rio de Janeiro: Sony Music Entertainment, 1992. 1 CD, faixa 8.

2.11 Documento iconográfico

A norma da ABNT considera documento iconográfico: pintura, gravura, ilustração, fotografia, desenho técnico, diafilme, transparência. São elementos essenciais: autor, título, data e especificação do suporte. Se se tratar de obra de arte sem titulação, escreve-se *[Sem título]*, entre colchetes.

SALGADO, Sebastião. [Uma das pessoas que chegaram a Serra Pelada na febre do ouro]. 1986. Fotografia.

Se a fonte da foto for livro, temos:

SALGADO, Sebastião. [Uma das pessoas que chegaram a Serra Pelada na febre do ouro]. 1986. Fotografia. *In*: SALGADO, Sebastião. *Gold.* Köln: Taschen, 1998.

Referência a uma tela:

PORTINARI, Candido. *Criança morta.* 1944. 1 original de arte, óleo sobre tela, 180 x 190 cm. Museu de Arte de São Paulo Assis Chateaubriand.

Se a tela provir de suporte eletrônico, temos:

PORTINARI, Candido. *Criança morta*. 1944. 1 original de arte, óleo sobre tela, 180 x 190 cm. Museu de Arte de São Paulo Assis Chateaubriand. Disponível em: http://enciclopedia.itaucultural.org.br/obra3327/crianca-morta. Acesso em: 12 mar. 2020.

2.12 Documento cartográfico

Compreende atlas, mapa, globo, fotografia aérea. São elementos essenciais: autor, título, local, editora, ano de publicação. Exemplo:

BRASSOLOTTO, Mercedes. *Estudando com mapas*: o Velho Mundo, a Oceania e o Mundo Polar. São Paulo: IBEP, [197-?].

BRASIL. Instituto Brasileiro de Geografia e Estatística. *São Paulo*. São Paulo, 1965. Mapa, color. Escala 1:1.000.000.

RELLEGARDE, Pedro Alcântara (org.). *Carta corographica da província do Rio de Janeiro*. Rio de Janeiro, 1983. Mapa.

Se a informação tiver como fonte a Internet, registra-se, ao final dos elementos já expostos, o endereço eletrônico. Exemplo:

INSTITUTO NACIONAL DE PESQUISAS ESPACIAIS (São José dos Campos). *Mapa de área de queimada*. Disponível em: http://queimadas.dgi.inpe.br/queimadas/aq1km/. Acesso em: 12 mar. 2020.

2.13 Correspondência

Compreende bilhete, carta, cartão etc. São elementos essenciais: remetente, título ou denominação, destinatário, local, data e descrição física. Exemplo:

ANDRADE, Mário. [*Carta*]. Destinatário: Manuel Bandeira. São Paulo, 7 abril de 1928.

Se a informação tem como fonte a Internet, temos:

ANDRADE, Mário. [*Carta*]. Destinatário: Manuel Bandeira. São Paulo, 7 abril de 1928. Disponível em: https://www.researchgate.net/publication/305502589_Carta_de_Mario_de_Andrade_a_Manuel_Bandeira_de_7_de_abril_de_1928. Acesso em: 12 mar. 2020.

LEITURA RECOMENDADA

ASSOCIAÇÃO BRASILEIRA DE NORMAS TÉCNICAS. *ABNT NBR 6023*: informação e documentação – referências – elaboração. Rio de Janeiro: ABNT, 2018.

ASSOCIAÇÃO BRASILEIRA DE NORMAS TÉCNICAS. *ABNT NBR 10520*: informação e documentação – citações em documentos – apresentação. Rio de Janeiro: ABNT, 2002.

BARBOSA, Adriana Cristina; MORAIS, Paulo Rogério; CAMPOS, Dinael Corrêa de. *In*: BAPTISTA, Makilim Nunes; CAMPOS, Dinael Corrêa de. *Metodologias de pesquisa em ciências*. 2. ed. Rio de Janeiro: LTC, 2016. Cap. 3.

KÖCHE, José Carlos. *Fundamentos de metodologia científica*: teoria da ciência e iniciação à pesquisa. 34. ed. Petrópolis: Vozes, 2015. Cap. 7.

MEDEIROS, João Bosco. *Redação científica*. 13. ed. São Paulo: Atlas, 2019. Caps. 10 e 11.

VANCOUVER: guia de referência. Disponível em: https://libguides.murdoch.edu.au/Vancouver/journal. Acesso em: 12 mar. 2020. [Para citar artigos de periódicos.]

VANCOUVER: guia de referência. Disponível em: https://libguides.murdoch.edu.au/Vancouver/book. Acesso em: 12 mar. 2020. [Para citar livros.]

Referências

ABRAMO, Perseu. Pesquisa em ciências sociais. *In*: HIRANO, Sedi (org.). *Pesquisa social*: projeto e planejamento. São Paulo: T. A. Queiroz, 1979.

ACKOFF, Russell L. *Planejamento de pesquisa social*. Tradução de Leonidas Hegenberg, Octanny Silveira da Mota. 2. ed. São Paulo: EPU: Edusp, 1975.

ALFONSO, Juan Maestre. *La investigación en antropología social*. Madri: Akal, 1974.

ALVES, Danny José. *O teste sociométrico*: sociogramas. 2. ed. Porto Alegre: Globo, 1974.

AMARAL, Hélio Soares do. *Comunicação, pesquisa e documentação*: método e técnica de trabalho acadêmico e de redação jornalística. Rio de Janeiro: Graal, 1981.

ANDER-EGG, Ezequiel. *Introducción a las técnicas de investigación social*: para trabajadores sociales. 7. ed. Buenos Aires: Humanitas, 1978.

ANDRADE, Maria Margarida de. *Como preparar trabalhos para cursos de pós-graduação*: noções práticas. 2. ed. São Paulo: Atlas, 1997.

ARAGÃO, Rodrigo Moura Lima de. Modelos de estruturação do artigo científico: retrato e discussão a partir de instruções aos autores da SciELO Brasil. *Cadernos de Letras da UFF*, Rio de Janeiro, n. 43, p. 153-163, 2011. Disponível em: http://www.cadernosdeletras.uff.br/joomla/images/stories/edicoes/43/artigo8.pdf. Acesso em: 28 mar. 2020.

ARAUJO, Manuel Mora *et al*. *El análisis de datos en la investigación social*. Buenos Aires: Nueva Visión, 1975.

ASSOCIAÇÃO BRASILEIRA DE NORMAS TÉCNICAS. *ABNT NBR 6023*: informação e documentação – referências – elaboração. Rio de Janeiro: ABNT, 2018.

ASSOCIAÇÃO BRASILEIRA DE NORMAS TÉCNICAS. *ABNT NBR 10719*: apresentação de relatório técnico e/ou científico. Rio de Janeiro: ABNT, 2011.

ASSOCIAÇÃO BRASILEIRA DE NORMAS TÉCNICAS. *ABNT NBR 14724*: informação e documentação – trabalhos acadêmicos – apresentação. Rio de Janeiro: ABNT, 2011.

ASSOCIAÇÃO BRASILEIRA DE NORMAS TÉCNICAS. *ABNT NBR 15287*: informação e documentação – projetos de pesquisa – apresentação. Rio de Janeiro: ABNT, 2011.

ASSOCIAÇÃO BRASILEIRA DE NORMAS TÉCNICAS. *ABNT NBR 6022*: informação e documentação – artigo em publicação periódica científica impressa – apresentação. Rio de Janeiro: ABNT, 2003.

ASSOCIAÇÃO BRASILEIRA DE NORMAS TÉCNICAS. *ABNT NBR 6028*: informação e documentação – resumo – apresentação. Rio de Janeiro: ABNT, 2003.

ASSOCIAÇÃO BRASILEIRA DE NORMAS TÉCNICAS. *ABNT NBR 10520*: informação e documentação – citações em documentos – apresentação. Rio de Janeiro: ABNT, 2002.

ASTI VERA, Armando. *Metodologia da pesquisa científica*. Tradução de Maria Helena Guedes Crêspo, Beatriz Marques Magalhães. 5. ed. Porto Alegre: Globo, 1979.

AUGRAS, Monique. *Opinião pública*: teoria e pesquisa. 2. ed. Petrópolis: Vozes, 1974.

ÁVILA, Vicente Fideles de. *A pesquisa na vida e na universidade*: ensaio de curso para estudantes, professores e outros profissionais. 2. ed. Campo Grande: UFMS, 2000.

AZEVEDO, Amilcar Gomes; CAMPOS, Paulo H. B. *Estatística básica*. 3. ed. Rio de Janeiro: Livros Técnicos e Científicos, 1978.

BAPTISTA, Makilim Nunes; CAMPOS, Dinael Corrêa de. *Metodologias de pesquisa em ciências*: análises quantitativa e qualitativa. 2. ed. Rio de Janeiro: LTC, 2016.

BARBOSA FILHO, Manuel. *Introdução à pesquisa*: métodos, técnicas e instrumentos. 2. ed. Rio de Janeiro: Livros Técnicos e Científicos, 1980.

BARDAVID, Stella. *O perfil da mãe que deixa o filho recém-nascido para adoção*. 1980 Tese (Doutorado em Ciências Sociais) – Fundação Escola de Sociologia e Política de São Paulo, São Paulo, 1980.

BARDIN, Laurende. *Análise de conteúdo*. Tradução de Luís Antero Reto, Augusto Pinheiro. São Paulo: Edições 70, 2016.

BARQUERO, Ricardo Velilla. *Como se realiza un trabajo monográfico*. Barcelona: Eunibar, 1979.

BARRASS, Robert. *Os cientistas precisam escrever*: guia de redação para cientistas, engenheiros e estudantes. Tradução de Leila Novaes, Leonidas Hegenberg. São Paulo: T. A. Queiroz: Edusp, 1979.

BARROS, Aidil Jesus Paes de; LEHFELD, Neide Aparecida de Souza. *Fundamentos de metodologia*: um guia para a iniciação científica. São Paulo: McGraw-Hill, 1986.

BELTRÃO, Pedro Calderon. *Demografia*: ciência da população, análise e teoria. Porto Alegre: Sulina, 1972.

BERNAL TORRES, César Augusto. *Metodología de la investigación*. 2. ed. México: Pearson, 2006.

BEST, J. W. *Como investigar en educación*. 2. ed. Madri: Morata, 1972.

BLALOCK JR., H. M. *Introdução à pesquisa social*. Tradução de Elisa L. Caillaux. 2. ed. Rio de Janeiro: Zahar, 1976.

BOUDON, Raymond. *Métodos quantitativos em sociologia*. Petrópolis: Vozes, 1971.

BOUDON, Raymond; CHAZEL, François; LAZARSFELD, Paul. *Metodología de las ciencias sociales*. 2. ed. Barcelona: Laia, 1979. 3 v.

BOYD JR.; Harper; WESTFALL, Ralph. *Pesquisa mercadológica*: textos e casos. Tradução de Afonso C. A. Arantes, Maria Isabel R. Hopp. 3. ed. Rio de Janeiro: Getulio Vargas, 1978.

BRANDÃO, Antônio Salazar; PEREIRA, Lia Valls (org.). *Mercosul*: perspectivas da integração. Fundação Getulio Vargas, 1995.

BRANDÃO, Carlos Rodrigues (org.). *Repensando a pesquisa participante*. 3. ed. São Paulo: Brasiliense, 1987.

BRANDÃO, Carlos Rodrigues (org.). *Pesquisa participante*. 5. ed. São Paulo: Brasiliense, 1985.

BRASILEIRO, Ada Magaly Matias. *Manual de produção de textos acadêmicos e científicos*. São Paulo: Atlas, 2013.

BRITO, Murillo Marschner Alves de. O uso da entrevista na pesquisa empírica. *In*: MÉTODOS de pesquisa em ciências sociais: Bloco quantitativo. São Paulo: Sesc São Paulo: Cebrap, 2016. Disponível em: https://www.sescsp.org.br/files/unidades/abas/eea82ab5/4675/4fdb/bfcd/2344daba73be.pdf. Acesso em: 26 mar. 2020. p. 32-51.

BRUYNE, Paul de; HERMAN, Jacques; SCHOUTHEETE, Marc de. *Dinâmica da pesquisa em ciências sociais*: os polos da prática metodológica. Tradução de Ruth Joffily. Rio de Janeiro: Francisco Alves, 1977.

BUNGE, Mario. *Epistemologia*: curso de atualização. Tradução de Claudio Navarra. São Paulo: T. A. Queiroz: Edusp, 1980.

BUNGE, Mario. *La investigación científica*: su estrategia y su filosofía. 5. ed. Barcelona: Ariel, 1976.

BUNGE, Mario. *Teoría y realidad*. Barcelona: Ariel, 1972.

CALAIS, Sandra Leal. Delineamento de levantamento ou *survey*. *In*: BAPTISTA, Makilim Nunes; CAMPOS, Dinael Corrêa de. *Metodologias de pesquisa em ciências*: análises quantitativa e qualitativa. 2. ed. Rio de Janeiro: LTC, 2016. p. 103-114.

CALDERON, Alor C. *Antropología social*. 4. ed. México: Oasis, 1971.

CAMPBELL, Donald T.; STANLEY, Julian C. *Delineamentos experimentais e quase-experimentais de pesquisa*. Tradução de Renato Alberto T. Di Dio. São Paulo: EPU: Edusp, 1979.

CAMPOS, Dinael Corrêa de. Análise de conteúdo na pesquisa qualitativa. *In*: BAPTISTA, Makilim Nunes; CAMPOS, Dinael Corrêa de. *Metodologias de pesquisa em ciências*: análises quantitativa e qualitativa. 2. ed. Rio de Janeiro: LTC, 2016. p. 322-348.

CANO FLORES, Milagros. *Investigación participativa*: inícios y desarrollos. Xalapa: Nueva, 2003.

CAPALBO, Creusa. *Metodologia das ciências sociais*: a fenomenologia de Alfred Schutz. Rio de Janeiro: Antares, 1979.

CASTRO, Claudio de Moura. *A prática da pesquisa*. 2. ed. São Paulo: Pearson Prentice Hall, 2014.

CERVO, Amado L.; BERVIAN, Pedro A.; SILVA, Roberto da. *Metodologia científica*. 6. ed. São Paulo: Pearson Prentice Hall, 2014.

CLARK, María Angélica Gallardo. *La praxis del trabajo social en una dirección científica*: teoría, metodología, instrumental de campo. Buenos Aires: Ecro, 1973.

COHEN, Morris; NAGEL, Ernest. *Introducción a la lógica y al método científico*. 2. ed. Buenos Aires: Amorrortu, 1971. 2 v.

COPI, Irving M. *Introdução à lógica*. Tradução de Álvaro Cabral. São Paulo: Mestre Jou, 1974.

DANHONE, Sueli Terezinha. *Menores de condutas anti-sociais e a organização da sociedade*. 1980. Dissertação (Mestrado em Ciências Sociais) – Fundação Escola de Sociologia e Política de São Paulo, São Paulo, 1980. 2 v.

DEMO, Pedro. *Metodologia científica em ciências sociais*. 3. ed. São Paulo: Atlas, 2014.

DURKHEIM, Émile. *O suicídio*: estudo sociológico. Tradução de Luz Cary, Margarida Garrido, J. Vasconcelos Esteves. 4. ed. Lisboa: Presença, 1987.

DUVERGER, Maurice. *Ciência política*: teoria e método. Tradução de Heloísa de Castro Lima. 2. ed. Rio de Janeiro: Zahar, 1976.

EISMAN, Leonor; BRAVO, Pilar Cólas; PINA, Fuensanta Hernández. *Métodos de investigación em psicopedagogía*. Espanha: McGraw-Hill, 1998.

ENGELS, Friederich. *Dialética da natureza*. Tradução de Joaquim José Moura Ramos, Eduardo Lúcio Nogueira. 2. ed. Lisboa: Presença; São Paulo: Martins Fontes, 1978.

FALS BORDA, Orlando. *El problema de como investigar la realidad para tranformala por la práxis*. Bogotá: Tercer Mundo, 1990.

FAPESP. *Manual SAGe*: versão 1.2. 2001. Disponível em: http://www.fapesp.br/docs/manual_sage_submissao_rc.pdf. Acesso em: 23 mar. 2020.

FEITOSA, Vera Cristina. *Redação de textos científicos*. 2. ed. Campinas: Papirus, 1995.

FERNANDEZ, Juan Antonio Rodrigues. *A hipótese na investigação científica*: o problema da formulação da hipótese e a qualidade da pesquisa. 1979. Dissertação (Mestrado em Metodologia Científica) – Fundação Escola de Sociologia e Política de São Paulo, São Paulo, 1979.

FESTINGER, Leon; KATZ, Daniel. *A pesquisa na psicologia social*. Tradução de Gastão Jacinto Gomes. Rio de Janeiro: Fundação Getulio Vargas, 1974.

FEYERABEND, Paul. *Contra o método*: esboço de uma teoria anárquica da teoria do conhecimento. Tradução de Octanny Silveira da Mota, Leonidas Hegenberg. Rio de Janeiro: Francisco Alves, 1977. [Há uma nova edição: FEYERABEND, Paul. *Contra o método*. Tradução de Cezar Augusto Mortari. 2. ed. São Paulo: Editora Unesp, 2011].

FONSECA, Edson Nery. *Problemas de comunicação da informação científica*. 3. ed. São Paulo: Thesaurus, 1975.

FREITAS, Sônia Maria. *História oral*: possibilidades e procedimentos. São Paulo: Humanitas, 2002.

FUNDAÇÃO INSTITUTO BRASILEIRO DE GEOGRAFIA E ESTATÍSTICA (IBGE). *Anuário Estatístico do Brasil*, 1994. Rio de Janeiro: IBGE, 1994. Disponível em: https://biblioteca.ibge.gov.br/visualizacao/periodicos/20/aeb_1994.pdf. Acesso em: 26 mar. 2020.

GAJARDO, Marcela. *Pesquisa participante na América Latina*. São Paulo: Brasiliense, 1986.

GALLIANO, A. Guilherme (org.). *O método científico*: teoria e prática. São Paulo: Harper & Row do Brasil, 1979.

GALTUNG, Johan. *Teoría y métodos de la investigación social*. 5. ed. Buenos Aires: Eudeba, 1978. 2 v.

GATTI, Bernadete A.; FERES, Nagib Lima. *Estatística básica para ciências humanas*. São Paulo: Alfa-Omega, 1975.

GIDDENS, Antony. *Novas regras do método sociológico*: uma crítica positiva das sociologias compreensivas. Tradução de Maria José da Silveira Lindoso. Rio de Janeiro: Zahar, 1978.

GIL, Antonio Carlos. *Como elaborar projetos de pesquisa*. 6. ed. São Paulo: Atlas, 2017.

GIL, Antonio Carlos. *Métodos e técnicas de pesquisa social*. 6. ed. São Paulo: Atlas, 2016.

GILL, Scherto; GOODSON, Ivor. Métodos de história de vida e narrativa. *In*: SOMEKH, Bridget; LEWIN, Cathy (org.). *Teoria e métodos de pesquisa social*. Tradução de Ricardo A. Rosenbusch. Petrópolis: Vozes, 2015. p. 215-224.

GLOCK, Charles Y. *Diseño y análisis de encuestas en sociología*. Buenos Aires: Nueva Visión, 1973.

GOLDMANN, Lucien. *Dialética e ciências humanas*. Tradução de João Arsênio Nunes, José Vasconcelos Esteves. Lisboa: Presença, 1972. 2. v.

GONÇALVES, Albertino. *Métodos e técnicas de investigação social* I. Universidade do Minho, Instituto de Ciências Sociais, 2004. Disponível em: https://tendimag.files.wordpress.com/2012/09/mc3a9todos-e-tc3a9cnicas-de-investigac3a7c3a3o-social-i.pdf. Acesso em: 26 mar. 2020.

GOODE, William J.; HATT, Paul K. *Métodos em pesquisa social*. Tradução de Carolina Martuscelli Bori. 3. ed. São Paulo: Nacional, 1969.

GRAWITZ, Madeleine. *Métodos y técnicas de las ciencias sociales*. Barcelona: Hispano Europea, 1975. 2 v.

GUIMARÃES, Elisa. *Texto, discurso e ensino*. São Paulo: Contexto, 2013.

HAGUETTE, Teresa Maria Frota. *Metodologias qualitativas na sociologia*. Petrópolis: Vozes, 2001.

HEGENBERG, Leonidas. *Explicações científicas*: introdução à filosofia da ciência. 2. ed. São Paulo: EPU: Edusp, 1973

HIRANO, Sedi (org.). *Pesquisa social*: projeto e planejamento. São Paulo: T. A. Queiroz, 1979.

HOFMANN, Abraham. *Los gráficos en la gestión*. Barcelona: Técnicos, 1974.

HOHENDORFF, Jean von. Como escrever um artigo de revisão de literatura. *In*: KOLLER, Sílvia H.; COUTO, Maria Clara P. de Paula; HOHENDORFF, Jean Von (org.). *Manual de produção científica*. Porto Alegre: Penso, 2014. p. 39-54.

HYMAN, Herbert. *Planejamento e análise da pesquisa*: princípios, casos e processos. Tradução de Edith Beatriz Bittencourt Sampaio. Rio de Janeiro: Lidador, 1967.

INSTITUTO BRASILEIRO DE GEOGRAFIA E ESTATÍSTICA (IBGE). *Síntese de indicadores sociais: uma análise das condições de vida da população brasileira 2016*. Rio de Janeiro: IBGE, 2016. Disponível em: https://biblioteca.ibge.gov.br/visualizacao/livros/liv98965.pdf. Acesso em: 27 mar. 2020.

INSTITUTO BRASILEIRO DE GEOGRAFIA E ESTATÍSTICA (IBGE). *Contagem da população 1996*. Rio de Janeiro: IBGE, 1997. Disponível em: https://biblioteca.ibge.gov.br/visualizacao/livros/liv26412.pdf. Acesso em: 26 mar. 2020.

INSTITUTO BRASILEIRO DE GEOGRAFIA E ESTATÍSTICA (IBGE). *Pesquisa nacional por amostra de domicílios*: PNAD de 1995. Rio de Janeiro: IBGE, 1995. Disponível em: https://biblioteca.ibge.gov.br/biblioteca-catalogo.html?view=detalhes&id=5382. Acesso em: 27 mar. 2020.

FUNDAÇÃO INSTITUTO BRASILEIRO DE GEOGRAFIA E ESTATÍSTICA (IBGE). *Anuário Estatístico do Brasil, 1994*. Rio de Janeiro: IBGE, 1994. Disponível em: https://biblioteca.ibge.gov.br/visualizacao/periodicos/20/aeb_1994.pdf. Acesso em: 26 mar. 2020.

INSTITUTO BRASILEIRO DE GEOGRAFIA E ESTATÍSTICA (IBGE). *Normas de apresentação tabular*. Rio de Janeiro: Fundação Instituto Brasileiro de Geografia e Estatística – IBGE, 1993. Disponível em: http://biblioteca.ibge.gov.br/index.php/biblioteca-catalogo?view=detalhes&id=223907. Acesso em: 5 set. 2016.

KAPLAN, Abraham. *A conduta na pesquisa*: metodologia para as ciências do comportamento. Tradução de Leonidas Hegenberg, Octanny Silveira da Mota. 2. ed. São Paulo: EPU: Edusp, 1975.

KAUFMANN, Felix. *Metodologia das ciências sociais*. Tradução de José Augusto Guilhon de Albuquerque. Rio de Janeiro: Francisco Alves, 1977.

KAUFMANN, Jean-Claude. *A entrevista compreensiva*: um guia para pesquisa de campo. Tradução de Thiago de Abreu e Lima Florencio. Petrópolis: Vozes; Maceió: Edufal, 2013.

KERLINGER, Fred N. *Metodologia da pesquisa em ciências sociais*: um tratamento conceitual. Tradução de Helena Mendes Rotundo. São Paulo: EPU: Edusp, 1980.

KERLINGER, Fred N. *Foundations of behavioral research*. New York: Holt Rinehart and Winston, 1973.

KNELLER, George F. *A ciência como atividade humana*. Tradução de Antônio José de Souza. Rio de Janeiro: Zahar; São Paulo: Edusp, 1980.

KÖCHE, José Carlos. *Fundamentos de metodologia científica*. 34. ed. Petrópolis: Vozes, 2015.

KOLLER, Sílvia H.; COUTO, Maria Clara P. de Paula; HOHENDORFF, Jean von (org.). *Manual de produção científica*. Porto Alegre: Penso, 2014.

KONDER, Leandro. *O que é a dialética*. 2. ed. São Paulo: Brasiliense, 1981.

KOPNIN, P. V. *A dialética como lógica e teoria do conhecimento*. Tradução de Paulo Bezerra. Rio de Janeiro: Civilização Brasileira, 1978.

LAKATOS, Eva Maria; MARCONI, Marina de Andrade. *Sociologia geral*. 8. ed. São Paulo: Atlas, 2019.

LEBRET, L. J. *Manual de encuesta social*. Madri: Rialp, 1961. 2 v.

LEFEBVRE, Henri. *Lógica formal/lógica dialética*. Tradução de Carlos Nelson Coutinho. 2. ed. Rio de Janeiro: Civilização Brasileira, 1979.

LEITE, Francisco Tarciso. *Metodologia científica*: métodos e técnicas de pesquisa. 3. ed. Aparecida: Ideias e Letras, 2015.

LEITE, José Alfredo Américo. *Metodologia de elaboração de teses*. São Paulo: McGraw-Hill do Brasil, 1978.

LEITE, Pedro Sisnando. *A prática de elaboração de relatórios*. 2. ed. Fortaleza: Banco do Nordeste do Brasil, 1985.

LEHFELD, Neide Aparecida de Souza. *Estudo de grupos familiares migrantes carentes*: suas formas de organização interna. 1980. Dissertação (Mestrado em Ciências Sociais) – Fundação Escola de Sociologia e Política de São Paulo, São Paulo, 1980.

LELLIS, Regina de Souza. *A família carente e sua influência na origem da marginalização social*. 1980. Dissertação (Mestrado em Ciências Sociais) – Fundação Escola de Sociologia e Política de São Paulo, São Paulo, 1980. 2 v.

LIMA, Márcia. Introdução aos métodos quantitativos em ciências sociais. *In*: MÉTODOS de pesquisa em ciências sociais: Bloco quantitativo. São Paulo: Sesc São Paulo: Cebrap, 2016. Disponível em: https://www.sescsp.org.br/files/unidades/abas/eea82ab5/4675/4fdb/bfcd/2344daba73be.pdf. Acesso em: 26 mar. 2020. p. 10-31.

LODI, João Bosco. *A entrevista*: teoria e prática. 2. ed. São Paulo: Pioneira, 1974.

MAGEE, Bryan. *As ideias de Popper*. Tradução de Leonidas Hegenberg. 3. ed. São Paulo: Cultrix, 1979.

MANN, Peter H. *Métodos de investigação sociológica*. Tradução de Octavio Alves Velho. Rio de Janeiro: Zahar, 1970.

MANZO, Abelardo J. *Manual para la preparación de monografías*: una guía para presentar informes y tesis. 2. ed. Buenos Aires: Humanitas, 1973.

MARCONI, Marina de Andrade. *Garimpos e garimpeiros em Patrocínio Paulista*. São Paulo: Secretaria da Cultura, Ciência e Tecnologia, 1978.

MARCONI, Marina de Andrade; LAKATOS, Eva Maria. *Metodologia do trabalho científico*. 8. ed. São Paulo: Atlas, 2017.

MARINHO, Pedro. *A pesquisa em ciências humanas*. Petrópolis: Vozes, 1980.

MEDEIROS, João Bosco. *Redação científica*: a prática de fichamentos, resumos, resenhas. 13. ed. São Paulo: Atlas, 2019.

MEDEIROS, João Bosco; TOMASI, Carolina. *Redação técnica*: elaboração de relatórios técnico-científicos e técnica de normalização textual. 2. ed. São Paulo: Atlas, 2010.

MEDEIROS, João Bosco; TOMASI, Carolina. 2. ed. *Redação de artigos científicos*. São Paulo: Atlas, 2020.

MELLO, Fernando Homem de. *O problema alimentar no Brasil*. São Paulo: Paz e Terra, 1983.

MÉTODOS de pesquisa em ciências sociais: bloco quantitativo. São Paulo: Sesc São Paulo: Cebrap, 2016. Disponível em: https://www.sescsp.org.br/files/unidades/abas/eea82ab5/4675/4fdb/bfcd/2344daba73be.pdf. Acesso em: 26 mar. 2020.

MICHEL, Maria Helena. *Metodologia e pesquisa científica em ciências sociais*: um guia prático para acompanhamento da disciplina e elaboração de trabalhos monográficos. 3. ed. São Paulo: Atlas, 2015.

MONTENEGRO, E. J. C. *Estatística programada passo a passo*. São Paulo: Centrais Impressora Brasileira, 1981.

MORAES, Irany Novah. *Elaboração da pesquisa científica*. 2. ed. São Paulo: Alamo, Faculdade Ibero-Americana, 1985.

MORAL, Ireneo Gonzales. *Metodología*. Santander: Sal Terrae, 1955.

MOSS, William. *Oral history program manual*. New York: Praeger, 1974.

MURCIA FLORIAN, Jorge. *Investigación para cambiar*. Bogotá: Magistério, 1997.

MUSSOLINI, Gioconda (org.). *Evolução, raça e cultura*: leituras de antropologia física. São Paulo: Nacional: Edusp, 1969.

NAGEL, Ernest. *La estructura de la ciencia*: problemas de la lógica de la investigación científica. 3. ed. Buenos Aires: Paidós, 1978.

NASCIMENTO, Francisco Paulo do; SOUZA, Flávio Luís Leite. *Metodologia da pesquisa científica*: teoria e prática. Brasília: Thesaurus, 2015.

NÉRICI, Imídeo Giuseppe. *Introdução à lógica*. 5. ed. São Paulo: Nobel, 1978.

NEVIS, Allan. *Oral history*: how it was born. Nashville: Baum, Willa, 1985.

NOGUEIRA, Oracy. *Pesquisa social*: introdução às suas técnicas. São Paulo: Nacional, 1968.

NUNES, Edson de Oliveira (org.). *A aventura sociológica*: objetividade, paixão, improviso e método na pesquisa social. Rio de Janeiro: Zahar, 1978.

PARDINAS, Felipe. *Metodología y técnicas de investigación en ciencias sociales*. 2. ed. México: Siglo Veintiuno, 1977.

PEREIRA, Wlademir. *Manual de introdução à economia*. São Paulo: Saraiva, 1981.

PEREIRA, Wlademir; KIRSTEN, José Tiacci; ALVES, Walter. *Estatística para as ciências sociais*: teoria e aplicações. São Paulo: Saraiva, 1980.

PINTO, Elza Rocha. Conceitos fundamentais dos métodos projetivos. *Ágora*, Rio de Janeiro, v. 17, n. 1, jan./jun. 2014. Disponível em: http://www.scielo.br/scielo.php?script=sci_arttext&pid=S1516-14982014000100009. Acesso em: 26 mar. 2020.

POPPER, Karl S. *A lógica das ciências sociais*. Tradução de Estevão de Rezende Martins, Apio Cláudio Muniz Acquarone Filho, Vilma de Oliveira Moraes e Silva. Rio de Janeiro: Tempo Brasileiro, 1978.

POPPER, Karl S. *Autobiografia intelectual*. Tradução de Leonidas Hegenberg, Octanny Silveira da Motta. São Paulo: Cultrix: Edusp, 1977.

POPPER, Karl S. *A lógica da pesquisa científica*. Tradução de Leonidas Hegenberg, Octanny Silveira da Mota. 2. ed. São Paulo: Cultrix, 1975a.

POPPER, Karl S. *Conhecimento objetivo*: uma abordagem evolucionária. Belo Horizonte: Itatiaia; São Paulo: Edusp, 1975b.

POPPER, Karl S. *Conjecturas e refutações*. Tradução de Sérgio Bath. Brasília: Universidade de Brasília, 1972.

PRADO JR., Caio. *Dialética do conhecimento*. 2. ed. São Paulo: Brasiliense, 1980.

PUJADAS, Miñoz J. J. El método biográfico: el uso de las historias de vida en ciencias sociales. *Cuadernos metodológicos*. Madri: Centro de Investigaciones Sociológicas, 1992.

REHFELDT, Gládis Knak. *Monografia e tese*: guia prático. Porto Alegre: Sulina, 1980.

REY, Luís. *Como redigir trabalhos científicos*. São Paulo: Edgard Blücher, 1978.

RICHARDSON, Roberto Jarry. *Pesquisa social*: métodos e técnicas. 3. ed. São Paulo: Atlas, 2015.

ROSENBERG, Morris. *A lógica da análise de levantamento de dados*. Tradução de Leonidas Hegenberg, Octanny Silveira da Mota. São Paulo: Cultrix: Edusp, 1976.

RUDIO, Franz Victor. *Introdução ao projeto de pesquisa científica*. 42. ed. Petrópolis: Vozes, 2014.

RUIZ, João Álvaro. *Metodologia científica*: guia para eficiência nos estudos. 2. ed. São Paulo: Atlas, 1980.

RUMMEL, J. Francis. *Introdução aos procedimentos de pesquisa em educação*. Tradução de Jurema Alcides Cunha. 3. ed. Porto Alegre: Globo, 1977.

SALMON, Wesley C. *Lógica*. Tradução de Leonidas Hegenberg, Octanny Silveira da Mota. 4. ed. Rio de Janeiro: Zahar, 1978.

SALOMON, Délcio Vieira. *Como fazer uma monografia*. 13. ed. São Paulo: WMF Martins Fontes, 2014.

SALVADOR, Ângelo Domingos. *Métodos e técnicas de pesquisa bibliográfica*: elaboração de trabalhos científicos. 8. ed. Porto Alegre: Sulina, 1980.

SAMPIERI, Roberto Hernández; COLLADO, Carlos Fernández; LUCIO, María del Pilar Baptista. *Metodologia de pesquisa*. Tradução de Daisy Vaz de Moraes. 5. ed. Porto Alegre: Penso, 2013.

SANTOS, Maria de Lourdes Lúcio dos. *A necessidade da informação ocupacional na escolha da profissão*: um estudo de caso. 1980. Dissertação (Mestrado em Ciências Sociais) – Fundação Escola de Sociologia e Política da São Paulo, São Paulo, 1980.

SARTRE, Jean-Paul. *Questão de método*. Tradução de Bento Prado Júnior. São Paulo: Difusão Europeia do Livro, 1966.

SCHRADER, Achim. *Introdução à pesquisa social empírica*: um guia para o planejamento, a execução e a avaliação de projetos de pesquisa não experimentais. Tradução de Manfredo Berger. 2. ed. Porto Alegre: Globo: Universidade Federal do Rio Grande do Sul, 1974.

SELLTIZ, Claire; JAHODA, Marie; DEUTSCH, Morton; COOK, Stuart W. *Métodos de pesquisa nas relações sociais*. Tradução de Dante Moreira Leite. São Paulo: Herder: Edusp, 1965.

SEVERINO, Antônio Joaquim. *Metodologia do trabalho científico*. 24. ed. São Paulo: Cortez, 2016.

SOMEKH, Bridget; LEWIN, Cathy (org.). *Teoria e métodos de pesquisa social*. Tradução de Ricardo A. Rosenbusch. Petrópolis: Vozes, 2015.

SOUZA, Aluísio José Maria de; REGO FILHO, Antonio Serafim; LINS FILHO, João Batista Correa; LYRA, José Hailton Bezerra; COUTO, Luiz Albuquerque; SILVA, Manuelito Gomes da. *Iniciação à lógica e à metodologia da ciência*. São Paulo: Cultrix, 1976.

SOUZA, Gilda de Mello e. *A ideia e o figurado*. São Paulo: Duas Cidades: Editora 34, 2005.

SOUZA, Gilda de Mello e. *O tupi e o alaúde*. São Paulo: Duas Cidades: Editora 34, 2003.

SOUZA, Gilda de Mello e. *O baile das quatro artes*: exercícios de leitura. São Paulo: Duas Cidades, 1980.

TAGLIACARNE, Guglielmo. *Pesquisa de mercado*: técnica e prática. Tradução de Maria de Lourdes Rosa da Silva. 2. ed. São Paulo: Atlas, 1976.

TELLES JR., Goffredo. *Tratado da consequência*: curso de lógica formal. 5. ed. São Paulo: José Bushatsky, 1980.

THALHEIMER, August. *Introdução ao materialismo dialético*. Tradução de Moniz Bandeira. São Paulo: Ciências Humanas, 1979.

THIOLLENT, Michel J. M. *Metodologia da pesquisa-ação*. 3. ed. São Paulo: Cortez: Autores Associados, 1986.

THIOLLENT, Michel J. M. *Crítica metodológica, investigação social e enquete operária*. São Paulo: Polis, 1980.

THOMPSON, Paul. *Problems of method in oral history*. Essex: Oral History Journal, 1972.

TOLEDO, Roberto de. *Folha de S. Paulo*, São Paulo, 9 mar. 1997, p. 3-6.

TOMASI, Carolina; MEDEIROS, João Bosco. *Comunicação científica*: normas técnicas para redação científica. São Paulo: Atlas, 2008.

TRIPODI, Tony; FELLIN, Phillip; MEYER, Henry. *Análise da pesquisa social*: diretrizes para o uso de pesquisa em serviço social e em ciências sociais. Tradução de Geni Hirata. Rio de Janeiro: Francisco Alves, 1975.

TRIVIÑOS, Augusto Nibaldo Silva. *Introdução à pesquisa em ciências sociais*: a pesquisa qualitativa em educação. São Paulo: Atlas, 1987.

TORINI, Danilo. Questionários on-line. *In*: MÉTODOS de pesquisa em ciências sociais: bloco quantitativo. São Paulo: Sesc São Paulo: Cebrap, 2016. Disponível em:

https://www.sescsp.org.br/files/unidades/abas/eea82ab5/4675/4fdb/bfcd/2344daba73be.pdf. Acesso em: 26 mar. 2020. p. 52-75.

TRUJILLO FERRARI, Alfonso. *Metodologia da pesquisa científica*. Rio de Janeiro: McGraw-Hill do Brasil, 1982.

TRUJILLO FERRARI, Alfonso. *Metodologia da ciência*. 3. ed. Rio de Janeiro: Kennedy, 1974.

VEGA, Javier Lasso de la. *Manual de documentación*. Barcelona: Labor, 1969.

VENDRAMINI, Claudette Maria Medeiros. Estatística e delineamentos de pesquisa. *In*: BAPTISTA, Makilim Nunes; CAMPOS, Dinael Corrêa de. *Metodologias de pesquisa em ciências*: análises quantitativa e qualitativa. 2. ed. Rio de Janeiro: LTC, 2016. p. 208-228.

WHITNEY, Frederick L. *Elementos de investigación*. Barcelona: Omega, 1958.

WITT, Aracy. *Metodologia de pesquisa*: questionário e formulário. 3. ed. São Paulo: Resenha Tributária, 1975.

YOUNG, Pauline. *Métodos científicos de investigación social*. México: Instituto de Investigaciones Sociales de la Universidad del México, 1960.

ZEISEL, Hans. *Say it with figures*. 4. ed. New York: Harper & Row, 1957.

ZETTERBERG, Hans. *Teoría y verificación en sociología*. Buenos Aires: Nueva Visión, 1973.

Índice remissivo

A
Amostra, 29
   a priori, 40
   intencional, 42
   por cotas, 43
   por *juris*, 42
   por tipicidade, 43
   principal 40
Amostragem, 17, 29
   aleatória de múltiplo estágio, 32
   aleatória simples, 30
   de fases múltiplas, multifásica ou em várias etapas, 36
   de vários degraus ou estágios múltiplos, 35
   estratificada, 37
   não probabilista, 41
   população, 29
   por área, 33
   por conglomerados ou grupos, 34
   por cotas: etapas, 44
   probabilista, 30
   procedimento, 34
   resumo 46
   sistemática, 32
   tipos, 47-49
   universo, 29
Amostra-tipo, 40
Amostra-padrão, 40
Amplitude
   semiquartil (Q), 188
   total, 187
Análise (ou explicação), 22
Análise de conteúdo, 129
Análise e intepretação dos dados, 22, 167
   análise na pesquisa qualitativa: pesquisa social e estatística, 237
   apresentação dos dados, 204
   comparação de frequências, 194
   dados não tabulados, 168
   medias de dispersão, 185
   medidas de posição, 167
   teste de hipóteses como instrumental de validação da interpretação (estatística inferencial), 229
Análise na pesquisa qualitativa: pesquisa social e estatística, 237
Anexo:
   relatório de pesquisa, 247
Apêndice:
   relatório de pesquisa, 247
Apresentação de citações em trabalhos acadêmico-científicos, 263
Apresentação de dados, 204
   gráficos, 214
   quadros, 207
   representação escrita, 207
   semitabela, 207
   série categórica ou especificada, 206
   série estatística, 204
   série geográfica, territorial ou regional, 205
   série ordenada ou distribuição de frequências, 206
   série temporal, cronológica ou marcha, 204
   tabela, 207
Apud: uso, 273
Arquivos
   particulares, 55
   públicos, 55
Artigo científico

de metanálise, 258
de revisão, 258
fonte bibliográfica, 65
original, 258
Associação Brasileiro de Normas Técnicas (ABNT)
   NBR 6022 da ABNT: artigo científico, 257
   NBR 6023 da ABNT: referência bibliográfica, 68, 247, 276
   NBR 10520 da ABNT: citações diretas e indiretas, 263
   NBR 10724 da ABNT: estrutura de trabalhos científicos, 250
   NBR 12256 da ABNT: definição de quadro e tabela, 208
   NBR 14724 da ABNT: definição de quadro e tabela, 208
Atas, 55
Atitude, 112
Autobiografia, 54, 61

C

Canções folclóricas, 54, 62
Capa
   relatório de pesquisa, 244
Capes
   relatório progressivo, 249
Cartas, 54
Cartograma, 225
Censo, 54
Citações diretas e indiretas em trabalhos acadêmico-científicos, 263
   acréscimo de texto, 268
   autoria é uma instituição, 266
   citação de citação, 268
   citação direta com mais de três linhas, 265
   citação direta ocupado até três linhas, 263-264
   citação direta, 263
   citação indireta, 267
   coincidência de sobrenome de autores, 264
   destaque, 269
   diversos documentos de um mesmo autor, cujas datas coincidam, 264
   expressões latinas, 271 s
   forma para a citação do sobrenome de autores, 265

   sistema autor-data, 269
   sistema de chamada, 269
   sistema numérico, 270
   supressão de texto, 268
CNPq, 96
   relatório progressivo, 249
Codificação, 20, 21, 151
   classificação, 151
   validez, 156
Código
   qualitativo, 154
   operações, 152
Comparação de frequências, 50, 194
   percentagem, 196
   proporção, 196
   razão, 194
   taxas, 202
Compilação
   fonte bibliográfica, 67
Congresso
   citação em referência bibliográfica, 287
Conselho Nacional de Desenvolvimento Científico e Tecnológico (CNPq), 10
Construção de gráficos, 228
Construção de tipos, 23
Contratos, 54
Coordenador em referência bibliográfica, 283
Crítica
   da autenticidade, 73
   da autoria, 73
   da interpretação, 73
   da origem, 73
   do texto, 73
   do valor interno, 73
   documental e bibliográfica, 73
   interna, 73
Cronograma de pesquisa, 11

D

Dados
   fatores que levam a erro, 58
Dados coletados, 56
   classificação, 151
   codificação, 151
   organização, 149
   pré-codificação das perguntas, 153
Dados não tabulados, 168, 170
   desvio-padrão, 189
   média ($\bar{X}$), 168

mediana, 169
moda (Mo), 170
Dados tabulados, 190
    decis, 189
    distribuições simétricas e
        assimétricas, 184
    influência de valores extremos, 183
    média aritmética, 170
    moda, 181
    percentis, 179
    quartis, 175
    relações entre média aritmética, mediana
        e moda, 181
Debates, 55
Decis, 179
Definição
    dos termos, 14, 58
    operacional, 15
    simples, 15
Delimitação da pesquisa, 16
Desenvolvimento no relatório de
    pesquisa, 245
Desvio-padrão
    dados não tabulados, 189
    dados tabulados, 190
Diagrama, 221
Diário, 54, 61
Dissertação de mestrado, 250, 251, 256
    argumentativa, 256
    estrutura, 256
    expositiva, 256
Distribuição de frequências, 161
    classe de valores, 163
    redução dos dados, 164
Distribuições simétricas e assimétricas, 184
Documento
    audiovisual (filmes, vídeos)
    canções folclóricas, 62
    contemporâneo, 54
    de arquivos públicos, 54
    em referência bibliográfica, 290
    escrito, 57
    folclore, 63
    iconografia, 62
    jurídico, 55
    o que é para a NBR 6023 (referências
        bibliográficas), 290
    oficial, 55
    particular, 61

    pessoal: problemas, 61
    retrospectivo, 54
    vestuário, 63
Documentação direta, 75
    pesquisa de campo, 75
    pesquisas quantitativas descritivas, 76
Documentação indireta, 53

E
Émile Durkheim, 60
Entrevista, 88
    clínica, 90
    contato inicial, 92
    diretrizes, 91
    focalizada, 90
    formulação das perguntas, 93
    não dirigida, 90
    não padronizada ou não estruturada, 90
    objetivo, 89
    padronizada ou estruturada, 89
    painel, 90
    preparação, 91
    registro de resposta, 93
    requisitos, 93
    término, 93
    tipos, 89
    vantagens e limitações, 90
Equiparação de grupos, 50
Erro
    correlação entre uma pesquisa limitada e
        os dados censitários, 58
    definição dos termos, 58
    estudo baseado exclusivamente na análise
        e interpretação de dados existentes, 58
    forma de coleta de dados, 58
    informações recolhidas dos
        interessados, 58
    negligência, 58
    publicações administrativas, 60
    utilização dos dados estatísticos
        existentes para a verificação de uma
        teoria social, 60
Escala, 113
    de Bogardus, 118
    de classificação direta, 117
    de comparações binárias ou de pares, 117
    de Crespi, 119
    de distância social, 118
    de Dodd, 119

de intensidade, 118
de intervalo, 115
de Lickert, 121
de ordenação, 116
de pontos, 117
de Thurstone, 120
nominal, 113
ordinal, 114
Escalograma de Guttman, 123
Especificação, 22
Estilo
    relatório de pesquisa, 248
Estudos
    de avaliação de programa, 77
    de descrição de população, 77
    de manipulação experimental, 78
    de relações de variáveis, 77
    de verificação de hipótese, 77
    exploratórios descritivos combinados, 78
    que usam procedimentos específicos para coleta de dados, 78
Et al.: uso, 274
Explicação, 22
Expressões latinas em citações diretas e indiretas, 271 s

F

Fapesp:
    relatório progressivo, 249
Ficha
    bibliográfica, 72
    classificação, 72
    crítica documental, 72
    de citação direta, 69, 71
    de comentário, 69, 70
    de glosa, 69, 70
    de informação geral, 69, 70
    de resumo, 69, 71, 72
    redação, 69
Fichamento, 67, 69
    tipo de anotações, 69
Fichários, 18
Filme, 54
Folclore, 63
Folha de rosto
    relatório de pesquisa, 244
Fonte bibliográfica, 63
    artigos científicos, 65
    compilação, 67

fichamento, 67
identificação, 66
imprensa escrita, 64
livros, 65
localização, 67
material cartográfico, 65
meios audiovisuais, 64
monografias, 65
publicações avulsas, 65
teses, 65
Fonte de documentos, 55
    arquivos particulares, 55
    arquivos públicos, 55
    fontes estatísticas, 56
Fontes
    de pesquisa, 13
    estatísticas, 55
Fontes estatísticas
    Instituto Brasileiro de Geografia e Estatística (IBGE), 56
    Instituto Brasileiro de Opinião Pública e Estatística (Ibope), 56
    Instituto Gallup, 56
Formulário, 110
    apresentação, 111
    vantagens e desvantagens, 110
Fotografia, 54, 62
Frequência
    comparação, 50

G

Glossário
    relatório de pesquisa, 247
Gráfico, 54, 214
    analítico (ou de análise), 26, 214
    construção, 228
    de barras, 218
    de base matemática: gráficos de superfície, 217
    de base matemática: gráficos estereométricos, 224
    de base matemática: gráficos lineares, 215
    de círculos concêntricos, 222
    de colunas, 217
    de setores, 221
    de superfície: gráfico de setores, 221
    diagrama, 221
    histograma, 219
Gráfico de base matemática, 214

gráficos lineares, 215
Gráfico de base não matemática, 215, 225
   cartograma, 225
   livres ou especiais, 228
   organograma, 228
   pictograma, 227
Gráfico de base não matemática livres ou especiais, 228
Gráfico de superfície, 217
   circulares, 221
   retangulares, 217
Gráfico estereométrico, 224
Gráfico informativo (ou de informação), 25, 214
Gráfico linear, 215
Gravações digitais, 54
Gravuras, 54
Grupos
   equiparação, 50

H
Hipótese
   construção, 15
Histograma, 218
História de vida, 136
   características, 137
   conceito, 137
   fases, 138
   importância, 138
   origem, 137
   planejamento, 143
   roteiro, 139
   tema de pesquisa, 139
História oral, 140
   características, 141
   classificação, 142
   conceito, 141
   crítica, 143
   diretrizes da entrevista, 143
   importância, 143
   origem, 140

I
IBGE:
   normas de apresentação tabular, 208
Ibidem: uso, 272
Iconografia, 62
Idem: uso, 271-272
Imprensa escrita, 64

In: uso, 275
Índice remissivo
   relatório de pesquisa, 247
Instituição patrocinadora, 96
Instituto Brasileiro de Geografia e Estatística (IBGE), 56
Instituto Brasileiro de Opinião Pública e Estatística (Ibope), 56
Instituto Galup, 56
Instrumental de pesquisa, 18
Interpretação, 22, 23
Introdução no relatório de pesquisa: elementos, 244
Investigação
   o que pode comprometer, 23

J
Jurisprudência
   referência bibliográfica, 289

L
Levantamento de dados em pesquisa, 12
Livro
   fonte bibliográfica, 65

M
Mapas, 54
Material cartográfico, 54, 65
Média ($\bar{X}$), 168
Média aritmética, 170
Mediana (Md), 168, 174
Medida
   de dispersão (variabilidade), 185
   de opinião e atitudes, 112
   de personalidade (ou escalas da personalidade), 126
   de posição, 167
Medida de posição
   amplitude semiquartil (Q), 188
   amplitude total, 187
   desvio-padrão (σ), 189
Meio audiovisual, 64
Memória, 61
Metanálise
   artigo científico, 258
Moda (Mo), 170, 181
Monografia
   definição, 252-253
   fonte bibliográfica, 65

N

NBR 6022 da ABNT
    artigo científico, 257
NBR 6023 da ABNT
    referência bibliográfica, 68, 247, 276
NBR 10520 da ABNT
    citações diretas e indiretas, 263
NBR 10724 da ABNT
    estrutura de trabalhos científicos, 250
NBR 12256 da ABNT
    definição de quadro e tabela, 208
NBR 14724 da ABNT
    definição de quadro e tabela, 208
Norma Vancouver, 277
Normas de apresentação tabular (IBGE), 208
Normas gerais de representação de
    tabelas, 210

O

Objeto
    documentação, 62
Observação
    assistemática, 85
    direta extensiva, 94
    direta extensiva: questionário, 94
    em equipe, 87
    em laboratório, 88
    indireta intensiva, 83
    indireta intensiva: entrevista, 88
    indireta intensiva: observação
        assistemática, 85
    individual, 87
    na vida real, 88
Observação indireta intensiva, 83
    observação em equipe, 87
    observação em laboratório, 88
    observação individual, 87
    observação na vida real, 88
    observação não participante, 86
    observação participante, 86
    observação sistemática, 86
Observação não participante, 86
Observação participante, 86
Observação sistemática, 86
Op. cit: uso, 272-273
Operações de código, 152
Opinião, 112
Organização dos dados coletados, 149

Organização quantitativa dos dados, 4
Organizador em referência bibliográfica, 283
Organograma, 228

P

Painel: entrevista, 90
Passim: uso, 273
Percentagem, 196
Percentis, 189
Pergunta
    abertas, 97
    aplicada, 6, 7
    de ação, 102
    de fato, 101
    de múltipla escolha, 99
    de opinião, 103
    de ou sobre intenção, 103
    deformação, 105
    fechada ou dicotômica, 98
    ordem, 109
Pergunta-índice ou pergunta-teste, 103
Pesquisa, 1
    amostragem, 17
    análise e interpretação dos dados, 22
    análise (ou explicação), 22
    básica ou fundamental, 6
    bibliográfica, 63
    campo da pesquisa social, 5
    característica, 4
    coleta de dados, 19
    conceito, 1
    conclusão do projeto, 26
    Conselho Nacional de Desenvolvimento
        Científico e Tecnológico (CNPq), 10
    constituição de equipe de trabalho, 11
    construção de hipóteses, 15
    construção de tipos, 23
    construção de modelos, 23
    cronograma, 11
    de campo, 75
    de ciência da vida, 7
    de ciência física, 7
    de laboratório, 82
    decisão, 10
    definição dos termos, 14
    delimitação, 16
    descritiva, 6,7
    documental, 53, 54
    elaboração de um plano, 11

Índice remissivo

escolha do tema, 11
especificação de objetivos, 10
estudos de verificação, 7
estudos descritivos, 7
estudos formulativos, 7
execução, 19
experimental, 7, 79
exploração técnica, sistemática e exata, 4
exploratória, 78
fases, 11
fichários, 18
finalidade, 2
fontes primárias, 13
fontes secundárias, 13
formulação do problema, 13
gráfico, 24
grupal, 7
histórica, 6
indicação de variáveis, 16
individual, 7
interdisciplinar, 8
levantamento de dados, 12
levantamento de recursos, 11
ligação com a teoria, 23
lógica e objetiva, 4
mercadológica, 144
métodos, 17
monodisciplinar, 8
o que pode comprometer, 23
organização do instrumental de pesquisa, 18
organização quantitativa dos dados, 4
pesquisa bibliográfica, 12
planejamento, 9
preparação, 10
pré-teste, 19
procedimento sistematizado, 4
quadro, 24, 25
questionário, 19
registro meticuloso e detalhado da pesquisa, 5
relatório, 26
representação dos dados, 24
seleção de métodos, 17
seleção de técnicas, 17
seleção, codificação e tabulação dos dados, 20
social, 7
tabela, 24
técnica, 17
tecnológica, 7
teste de instrumentos e procedimentos, 19
tipos, 6
Pesquisa de mercado, 144
   desk research, 146
   discussão em grupo, 145
   pesquisa de audiência, 145
   store-audit, 145
   teste de produto, 145
Pesquisa exploratória
   estudos de manipulação experimental, 78
   estudos exploratórios descritivos combinados, 78
   estudos que usam procedimentos específicos para coleta de dados, 78
Pesquisa-ação participativa, 80
   Fases, 81
   fase de execução e avaliação, 82
   fase inicial, 81
   fase intermediária, 81
Pesquisa quantitativa descritiva, 76
   estudos de avaliação de programa, 77
   estudos de descrição de população, 77
   estudos de relações de variáveis, 77
   estudos de verificação de hipótese, 77
Pictograma, 227
Pinturas, 54
Planejamento de pesquisa, 9
Plano de pesquisa, 11
Pré-codificação das perguntas, 153
Pré-teste, 96
Problema
   formulação, 13
Proporção
   comparação de frequências, 196
Publicações parlamentares e administrativas, 54

Q

Quadro, 25, 207
Quartis, 175
Questionário, 94
   bateria, 104
   classificação das perguntas, 97
   conformismo ou deformação conservadora, 106
   conteúdo, 104

deformação das perguntas, 105
efeito de certas palavras e
  estereótipos, 106
elaboração, 95
indicação da instituição patrocinadora, 96
influência da simpatia ou da
  antipatia, 108
influência das personalidades, 107
ordem das perguntas, 109
pergunta de ação, 102
pergunta de fato, 101
pergunta de opinião, 103
pergunta de ou sobre intenção, 103
pergunta-índice ou pergunta-teste, 103
pergunta aberta, 97
pergunta de múltipla escolha, 99
pergunta fechada ou dicotômica, 98
pré-teste, 96
vantagens e desvantagens, 94
vocabulário, 104

R
Randomização, 51
Razão, 194
Recursos da pesquisa, 11
Redação da ficha, 69
Redação e estilo, 248
Referência bibliográfica
  ano de publicação, 280
  até três autores, 277
  autoria é uma instituição, 266
  citação de artigo científico, 285
  citação de artigo de jornal, 286
  citação de congresso, 287
  citação de dissertação de mestrado, 284
  citação de eventos, 287
  citação de livros que apresentam
    "indicação explícita de
    responsabilidade pelo conjunto da
    obra" (org.; coord.), 283
  citação de mais de um livro do mesmo
    autor, 282
  citação de simpósio, 287
  citação de tese de mestrado, 284
  citação de texto em meio eletrônico, 288
  correspondência, 292
  documento audiovisual (filmes,
    vídeos), 290
  documento cartográfico, 292

documento iconográfico, 291
documento sonoro, 291
duas ou mais editoras, 280
edição, 279
editora, 279
elementos complementares, 281
grafia do nome dos autores, 278
grafia do subtítulo, 279
grafia do título, 278
indicação de autoria da tradução, 281
indicação de página, 281
indicação de volume, 281
jurisprudência, 289
livro, 277
local da publicação, 279
parte de um livro (capítulo), 283
prática de elaboração, 276
quatro ou mais autores, 277
referência legislativa, 288
Relações causais entre duas variáveis, 50
Relações entre média aritmética, mediana e
  moda, 181
Relações entre média aritmética, mediana e
  moda
  distribuições simétricas e
    assimétricas, 184
  influência de valores extremos, 183
Relato de viagem, 54
Relatório de pesquisa, 26
  análise e interpretação dos dados, 245
  anexo, 247
  apêndices, 247
  capa, 244
  elementos da introdução, 244
  elementos do desenvolvimento, 245
  elementos pós-textuais, 247
  elementos pré-textuais, 244
  elementos textuais, 244
  estilo 248
  estrutura, 242
  folha de rosto, 244
  formulário de identificação, 247
  glossário, 247
  índice remissivo, 247
  redação, 248
  referências bibliográficas, 247
  verso da folha de rosto, 244
Relatório progressivo, 249
Representação escrita, 207

Resenha crítica, 259
    estrutura, 259

S
Semitabela, 207
Série
    categórica ou especificada, 206
    estatística, 204
    geográfica, territorial ou regional, 205
    ordenada ou distribuição de frequências, 206
    temporal, cronológica ou marcha, 204
Sic: uso, 3276
Simpósio
    citação em referência bibliográfica, 287
Sistema autor-data, 269
Sistema de chamada em citações diretas e indiretas, 269
Sistema numérico
    citação direta e indireta, 270
    organização da lista bibliográfica por ordem alfabética, 271
    organização da lista bibliográfica por ordem numérica, 271
Sociedade pré-letrada, 55
Sociograma, 126
Sociometria, 126

T
Tabela, 24, 25, 207
    complexa, 210
    elementos, 208
    normas gerais de representação, 210
Tabulação, 20, 21,156
    computadorizada, 157
    manual, 156
    mecânica, 157
Taxa, 202
    de crescimento, 203
    de natalidade (ou de fecundidade), 202
TCC: estrutura, 251
Técnica de pesquisa, 53
    análise de conteúdo, 129
    arquivo público, 55
    autobiografias, 61
    bibliográfica, 63
    dados coletados, 56
    de campo, 75
    de laboratório, 82
    distribuição de frequências, 161
    documentação direta, 75
    documentação indireta, 53
    documental, 53,54
    documento escrito, 57
    documento particular, 61
    entrevista, 88
    erros clássicos, 58
    experimental, 79
    fatores que levam a erro, 58
    fonte de documentos, 55
    formulário, 110
    fotografia, 62
    história de vida, 136
    história oral, 140
    iconografia, 62
    instituição patrocinadora, 96
    medidas de opinião e atitudes, 112
    mercadológica, 144
    objeto, 62
    observação direta extensiva, 94
    observação indireta intensiva, 83
    outras, 125
    pesquisa-ação participativa, 80
    problemas com documentos pessoais, 61
    quantitativa descritiva, 76
    sociometria, 126
    tabulação, 156
    técnicas de pesquisa mercadológica, 144
    tipos de documentos, 57
Tema de pesquisa, 11
    qualidades relevantes, 255
Teoria
    instrumento de ciência, 3
Termos: definição, 14
Tese de doutorado e dissertações de mestrado
    citação de tese de doutorado e dissertação de mestrado, 284
Tese de doutorado, 250, 256
Tese
    estrutura, 251
    fonte bibliográfica, 65
Teste, 125
    de Apercepção Temática (TAT), 125
    de aptidão, 126
    de hipótese: teste de χ^2 (qui quadrado), 233
    de hipóteses como instrumental de validação da interpretação (estatística

inferencial), 229
de hipóteses: teste *t* de Student, 231
de instrumentos e procedimentos, 19
de Rorschach, 125
de χ2 (qui quadrado), 233
t de Student, 231
teste psicológico, 125
Tipos de documento, 57
Tipos de fonte bibliográfica, 63
Tipos
   construção, 23
Trabalho científico, 241
   características, 241
   conceito, 241
   dissertação de mestrado, 250
   relatório progressivo, 249
   relatório, 242
   resenha, 259
   TCC, 250
   tese de doutorado, 250, 256
Trabalho de conclusão de curso (TCC), 250, 252
   características, 253
   conceito, 252
   conclusão, 255
   desenvolvimento, 255
   escolha do tema, 253, 254
   introdução 255
Trabalhos acadêmicos
   artigo científico, 257
   dissertação de mestrado, 256
   escolha do tema, 254
   estrutura, 251
   estrutura, 254
   tese de doutorado, 250, 256
Tradução (autoria) em referências bibliográfica, 281

V
Variáveis, 16
Verso da folha de rosto
   relatório de pesquisa, 244
Vestuário, 54, 63